Transforming Self and Community

목회 상담과 영성 지도의 새로운 전망

렌 스페리(Len Sperry) 지음
문희경 옮김

솔로몬

목회 상담과 영성 지도의 새로운 전망

2011년 11월 20일 초판 2쇄 발행

지은이 | 렌 스페리
옮긴이 | 문희경
펴낸이 | 박영호
펴낸곳 | 도서출판 솔로몬

주소 | 서울시 동작구 사당 3동 207-3 신주빌딩 1층
전화 | 599-1482
팩스 | 592-2104
직영서점 | 596-5225

등록일 | 1990년 7월 31일
등록번호 | 제 16-24호

TRANSFORMING SELF AND COMMUNITY
Copyright ⓒ 2002 by the Order of Saint Benedict, Saint John's Abbey, Collegeville, Minnesota 56321, United States of America. All rights reserved

Korean translation copyright ⓒ 2005 by Solomon Christian Press
Korean translation rights arranged with Liturgical Press
through Eric Yang Agency

이 책의 한국어판 저작권은 에릭양 에이전시를 통한
Liturgical Press사와의 독점계약으로 한국어 판권을
'도서출판 솔로몬'이 소유합니다.
저작권법에 의하여 한국 내에서 보호를 받는 저작물이므로
무단전재와 복제를 금합니다.

ISBN 978-89-8255-396-7

차례

*1*장   영성 지도와 목회 상담: 최근의 동향 / 12

*2*장   현대 목회 상담과 영성 지도의 이론적 기초 / 40

*3*장   변화에 대한 영적 관점 / 72

*4*장   변화에 대한 도덕적 관점 / 86

*5*장   변화에 대한 심리적 관점 / 112

*6*장   영성 지도와 목회 상담의 통합 모델 / 136

*7*장   영성 지도에 대한 통합적 접근: 사례 연구 / 166

*8*장   목회 상담에 대한 통합적 접근: 사례 연구 / 184

*9*장   영성 지도와 목회 상담: 몇 가지 미래의 전망들 / 204

서문

우리는 자기를 고상하게 여기면서도 동시에 영혼에 상처를 주는 시대와 문화의 한 지점에 살고 있다. 이 시대는 자기애(narcissism)와 물질주의의 문화 속에 영적인 갈망이 있는 시대다. 이러한 문화가 약속하는 자기 실현과 변화는 공허하고 덧없는 것이다. 성인들, 특히 베이비 붐 시대에 태어난 사람들이 보다 참되고 실질적인 유형의 영적 실현을 추구하고 있고, 안내를 받기 위해서 영성 지도(spiritual direction)와 목회 상담에 의지하고 있는 것은 놀라운 일이 아니다. 이러한 개인들은 불안과 우울의 제거뿐만 아니라 그들의 삶에서 의미와 목적에 대한 보다 깊은 느낌, 더 큰 수준의 영적·심리적 전체성과 웰빙, 그리고 도덕적 관심사의 해결을 위해 애쓰고 있다.

그런데 불행하게도 현재 실행되고 있는 영성 지도와 목회 상담은 모두 내담자의 필요와 기대에 대해 단지 부분적으로만 반응하는 경향이 있다. 그것은 영성 지도와 목회 상담 실제의 저변에 깔려 있는 많은 이론들이 영성보다는 심리학에 더 많은 기초를 두고, 인격과 도덕적 관심사는 최소화하거나 배제하고, 심지어는 의도하지 않았더라도 개인주의와 영적 자기애를 조장할 수 있기 때문이다. 따라서 보다 전체론적이며, 영적 및 도덕적 구성 개념들을 심리학적 구성 개념들과 통합하고 사회적 변화를 포함하는 변화의 모든 측면들을 강조하는 영성 지도와 목회 상담의 접근 방식이 필요하다.

전체성과 변화의 추구

오랫동안 나는 영성, 목회 상담 및 영성 지도의 주제들을 포함하는 다양한 과목들을 가르쳐 왔고, 영성 중심의 심리 치료 및 목회 상담, 그리고 영성 지도를 해왔다. 지난 10년 동안 나는 전문적인 사역자들을 포함하여 점점 더 많은 개인들이 심리적 문제들과 관심사들뿐만 아니라 영적이고 도덕적인 관심사들에 대해 나의 도움을 구했다는 사실에 주목하기 시작했다. 또한 대부분의 개인들은 매일 매일의 삶에서 영적 차원을 통합하는 것을 추구하고 있다. 나 역시 나의 개인적인 삶과 전문가로서의 삶 모두에서 도덕적 차원뿐만 아니라 영적 차원을 더 잘 통합하려고 애써 왔다.

나의 내담자들의 요구가 독특한 것인지 아니면 일반적인 것인지에 관한 질문은 흥미로운 것이었다. 그래서 나는 비공식적인 조사에 착수하여 이러한 문제들에 대해 기꺼이 이야기를 나누려고 하는 여러 명의 심리 치료사들과 영성 지도자들 및 목회 상담자들에게 물어보았다. 나는 그들에게 잠재적인 내담자들이 치료, 상담 또는 지도시에 어떤 유형의 관심사들과 기대들을 갖고 오는지에 대해 물었다. 이 질문의 결과는 두 가지로 나타났다. 첫째, 현재의 내담자들뿐만 아니라 잠재적인 내담자들은 심리적 및 영적 영역을 넘어서는 관심사들을 표현했다. 둘째, 그들 중 많은 수가 그들에게 상담해 주고 있는 전문가들이 심리적이고 영적인 문제들과 관심사들뿐만 아니라 도덕적인 문제들과 관심사들에 대해서도 그들을 기꺼이 도와줄 것이고 도와줄 수 있다고 생각하며 기대했다.

이러한 기대들은 나를 놀라게 하는 것이었기 때문에 나는 이러한 질문과 관계가 있는 조사 자료들을 찾아보았다. 나는 이 문제와 직접적으로 관계가 있는 조사 연구를 발견할 수는 없었지만, 사회사업가들에 의해 활용된 종교적이고 영적인 개입에 관한 한 조사를 발견했다. 그 연구의 저자인 로널드 불리스(Ronald Bullis)는 조사한 치료사들 중 16% 이상이 "종교적/영적 용서, 참회 또는 회심"을 권고했다고 밝혔다.[1] 비록 이 조사가 내담자들이 얼마나 자주 도덕적인 관심사들을 치료사에게 가져오는지를 조사하기 위한 것은 아니었지만, 어떤 내담자들은 이러한 관심사들을 가져온다는 점과 어떤 치료사들은 그러한 내담자의 관심사들에 대해 반응했다는 점은 명백한 것이다.

나는 도덕적 관심사들에 대한 수용성이 치료사들과 목회 상담자들 및 영성 지도자들이 훈련받고 수퍼비전을 받았던 방식과 어떤 관계가 있는지를 알고 싶었다. 대학원생과 학술원 회원으로서의 내 경험으로부터 나는 영성 지도와 목회 상담의 대학원 훈련 프로그램들이 대부분 심리적이고 영적인 차원에 초점이 맞춰져 있고 내담자의 도덕적 관심사들을 경시한다는 것을 관찰했다. 도덕적 관심사들은 대부분의 프로그램이 받아들이는 심리 영성적 초점과는 일치하지 않는 것처럼 보인다. 현재로서는 그러한 훈련 프로그램들이 통합적인 훈련 방식 - 영적, 심리적 및 도덕적 차원을 포함하는 접근 방식 - 을 우선적으로 고려하는 것 같지는 않다.

영성 지도와 목회 상담 분야의 최근 문헌에 대한 나의 비평은 유사한 분위기를 반영한다. 최근에 두 전문 분야에서는 이론과 실제의 여러 영역에서 점점 더 많은 서적과 논문이 출간되고 있긴 하지만, 내담자들의 도덕적 관심사들에 관한 것은 매우 적다. 실제로 임상 실제에서의 전문가 윤리와 윤리적 지침들을 제외하면 도덕적 차원에 관한 것은 거의 없다.

본질적으로 내담자들이 기대하는 것과 상담자들과 지도자들이 전문적으로 논의하기에 적절할 것이라고 생각하는 것 사이에는 불일치가 존재한다. 내담자들은 도덕적 문제들과 관심사들을 논의하고 다루기를 원하는데, 목회 상담자들과 영성 지도자들은 전문적인 훈련, 협회 또는 발표된 문헌에 의해 그것들을 다루도록 고무되지 않는 것 같다. 이러한 불일치는 실망스러운 것으로 보일 수 있지만, 나는 그것을 도전으로 받아들였다. 도전은 실제적인 영성 지도와 목회 상담을 위해서 영적 및 심리적 차원을 도덕적 차원과 통합하는 방법들을 개념화하고 활용하는 것이다.

    이 책의 논제를 추구하는 또 하나의 이유가 있다. 약 2년 전부터 나는 회심 또는 변화의 차원들에 관심을 갖기 시작했다. 나는 이러한 변화의 차원들이 심리 치료 내담자들과 작업하는 데 유용한 것인지 알고 싶었다. 그 차원들은 다양한 문제들과 관심사들, 특히 종교적, 영적 및 도덕적 관심사들을 가지고 있는 내담자들과 사례를 공식화하는 데 있어서 유용한 것으로 증명되었다. 나는 계속해서 이것을 적용하는 것에 대해 설명하는 논문을 발표했다. 나는 왜 영성 지도와 목회 상담 문헌에 이러한 차원들에 대한 언급이 거의 없거나 전혀 없는지에 대해 의문을 품기 시작했다. 자기-초월 이론에 대한 문헌이 변화에 대한 나의 관심에 가장 가까웠지만, 자기-초월을 목회 상담과 영성 지도에 활용하는 것에 대해 알면 알수록 나는 더욱 불편해졌다.[2] 자기-초월은 표면상 단지 변화의 한 측면, 즉 사회적 변화가 아닌 개인적 변화에만 초점을 맞춘 것 같았다. 다른 이론들도 개인에게만 배타적으로 집중할 뿐 공동체에 대해서는 거의 또는 전혀 관심을 보이지 않았다. 왜 이렇게 초점이 제한되었을까? 그러한 초점은 기독교의 메시지와도 일치하지 않는 것 같다. 나는 이 문제에 대한 관심이 고조되었고, 이제 그 논제를 심도 있게 탐구하기에 이르렀다.

    변화의 차원들은 내담자의 기능화에 대해 생각할 수 있는 유용한 틀인 것처럼 보였지만, 그 밖의 것에 대해서는 거의 그렇지 않았다. 이러한 차원들에 대한 통찰력을 임상적으로 보다 유용한 다른 종교적, 영적, 심리적 개념들 또는 다른 구성 개념들과 조합하는 것이 가능할까? 나는 한 순간에 영성 지도와 목회 상담의 실제를 위한 새로운 이론이 출현할 수 있다고 생각하기도 했다. 이러한 다양한 의문점들에 대한 대답을 찾기 위해서 나는 이 책을 집필하게 되었다. 이 계획 때문에 나는 목회 상담과 영성 지도에 관한 문헌뿐만 아니라 윤리 철학, 윤리 심리학, 윤리 신학, 영성 및 비판 심리학(critical psychology)에 관한 문헌에 이르기까지 광범위한 독서를 하게 되었다. 또한 나는 영성 지도와 목회 상담을 가르치거나 훈련시키거나 실제로 하고 있는 분들과도 대화를 나누게 되었다. 나는 이러한 훌륭한 분들이 나에게 베풀어 준 시간과 통찰력에 대해 무척 감사를 드린다.

그러므로 이 책의 목적은 이중적이다. 이 책의 첫 번째 목적은 현재 실행되고 있는 영성 지도와 목회 상담의 저변에 깔려 있는 이론들을 비판적으로 분석하는 것이다. 이 책의 두 번째 목적은 기존의 이론들이 안고 있던 한계들, 즉 환원주의와 자기애, 자기-개발 및 자기-초월에 대해 강조하는 것을 넘어서서 목회 상담과 영적 지도의 통합 모델을 개발하고 예증하는 것이다. 제안된 모델은 전체론적이고 통합적이며, 자기의 변화와 사회의 변화를 모두 강조한다.

자기와 공동체의 변화

이 책은 영성, 영성 지도 및 목회 상담에 대해 개관적인 관점을 제공한다. 이 관점은 변화의 과정을 강조하고, 최근의 이론과 연구의 성과를 통합한다. 이것은 각 개인들의 발달상의 결핍과 미해결 과제뿐만 아니라 그들의 독특한 영적 순례, 그들의 경험들과 성장하고 변화하려는 노력, 그들의 강점과 성취를 이해하고 존중할 수 있는 심리 영성-도덕적(psychospiritualmoral) 관점을 제공한다. 또한 이 책은 영성 지도와 목회 상담의 실제를 위해 임상적으로 유용한 지침들을 설명하고 예증해 준다.

당신은 이제 영성 지도와 목회 상담에 영향을 주고 있는 영성 분야의 최근 흐름에 대해 소개받게 될 것이다. 여기에는 '긍정의 심리학'(positive psychology)의 출현과 사람의 강점과 미덕에 대해 초점을 맞춘 그 분야의 연구, 영적 실천을 강조하고 대상 관계 이론과 자기 심리학의 새로운 돌파구를 마련한 '초개인 심리 치료'(transpersonal psychotherapy), 그리고 자기-초월과 자기-변화에 대한 최근의 연구가 포함된다. 이 책은 영성 지도와 목회 상담에 대한 공통적인 토대를 제공해 주는 전체론적이고 통합적인 모델을 설명하고 예증해 준다. 뿐만 아니라 목표와 초점을 평가하여 선택하고, 개입을 계획하고, 그 과정을 모니터링하기 위해 임상적으로 유용한 '지도'(map)와 실제적인 지침들을 제공해 준다. 또한 이 책은 임상적으로 유용하고 가치 있는 방식으로 통합 모델을 명확하게 설명하고 예증해 주는 풍성하고 설득력 있는 사례 자료를 제공해 준다.

이 책은 주로 영성 지도나 목회 상담을 훈련시키거나, 가르치거나, 또는 배우는 과정 중에 있는 전문가들을 위해 쓰여졌다. 그럼에도 불구하고 영적 구도자들, 내담자들 또는 영적 지도나 목회 상담의 잠재적인 내담자들도 이 책이 유익하다는 것을 발견할 수 있을 것이다.

이 책은 총 8개의 장으로 구성되어 있다. 1장에서는 목회 상담과 영성 지도를 원하는 개인들의 관심사들에 대한 분석을 포함하여, 목회 상담과 영성 지도의 실제에 대해 전체적으로 살펴볼 것이다. 1장에서는 점차 전문화되고 있는 경향과 심리학적 구성 개념들, 환원주의 및 개인주의에 대한 과잉-의존이 두 전문 분야에 미치는 영향을 포함하여 목회 상담과 영성 지도의 실제에 있어서 최근의 흐름을 살펴볼 것이다. 2장에서는 목회 상담과 영성 지도의 실제의 저변에 깔려 있는 네 가지의 두드러진 이론들을 면밀히 살펴볼 것이다. 또한 이들 이론들을 비판하고 보다 전체론적이고 통합적인 모델을 위한 기준들을 제시할 것이다. 3장, 4장 및 5장에서는 영적, 심리적 및 도덕적 관점에서 다양한 구성 개념들(constructs)을 상세하게 살펴보고 숙고할 것이다. 왜냐하면 그것들은 목회 상담과 영성 지도의 실제와 관련이 있기 때문이다. 6장에서는 전체론적인 모델을 제시할 것이다. 그것은 영성 및 영적 실천과 같은 영적 관점, 성격들(characters) 및 미덕들(virtues)과 같은 도덕적 관점, 그리고 자기 및 자기 능력과 같은 관점의 차원에서 나온 핵심적인 구성 개념들을 회심과 같은 변화의 결과적 차원들과 관련시켜 통합한다. 이것은 이러한 통합적인 토대와 모델의 가치와 임상적 유용성을 설명하고 예증해 줄 것이다.

7장과 8장에서는 통합 모델을 예증할 것이다. 7장에서는 영성 지도 사례에 대한 심도 있는 설명을 제시할 것이다. 사례는 영적 평가와 개입이라는 측면에서 통합 모델의 가치와 유용성을 예증해 준다. 마찬가지로 8장에서는 목회 상담 사례에 대한 심도 있는 설명과 통합 모델의 임상적 유용성과 가치를 제시할 것이다. 마지막으로 9장에서는 이 책의 중요한 점들을 요약하고 영성 지도와 목회 상담의 이론과 실제에 관한 미래의 전망을 제시할 것이다.

용어 설명: 영성 지도(spiritual direction)는 유구한 역사적 전통을 갖고 있다. 그러나 어떤 사람에게는 '지도'라는 용어가 상호성에 기초한 관계보다는 가부장적 태도나 영적 우월성에 기초한 관계를 의미한다. 따라서 그들은 '영적 우정'(spiritual friendship), '영적 교우'(spiritual companioning) 또는 단순히 '영적 안내'(spiritual guidance)와 같은 표현을 선호한다. 나는 지도자를 피지도자와 상호 협력하는 영적 순례의 동반자로 본다. 통합 모델이 이런 정서를 반영하기 때문에 나는 전통적인 용어를 존속시키기로 했다.

1장 | 영성 지도와 목회 상담: 최근의 동향

Transforming Self and Community

오늘날 점점 더 많은 사람들이 영성을 추구하고 그들의 삶 속에서 영적 차원을 통합하는 방법들을 모색하고 있다. 왜 이런 일들이 일어나고 있을까? 많은 설명들이 제시되었는데, 대부분은 문화적인 영향력을 지적한다. 로널드 롤하이저(Ronald Rolheiser)는 현대 문화가 미국인들에게 깊은 상처를 입혔다고 주장했다.1) 그는 상처를 주는 요인들로 자기애, 실용주의 그리고 지나치게 휴식이 없는 상태를 지적했다. 미국 문화의 핵심적인 특징인 개인주의는 자기-만족과 자기애를 수반하는 자기-몰두(self-preoccupation)를 낳는데, 그것은 공동체적인 시각과 양립할 수 없다. 실용주의는 효율성과 업적, 실용성을 추구하는 우리의 모습에 반영되어 있다. 롤하이저는 진정한 영적 삶은 비실용적이고 비효율적이라고 지적한다. 결국, 지나치게 휴식이 없는 상태는 개인들로 하여금 그들의 깊은 영적 핵심에 더욱 무감각하게 만드는 오락과 자극을 열망하도록 몰아댄다. 그런 개인들이 이러한 문화적 영향들을 역전시킬 방법들을 모색하고 있는 것은 놀라운 일이 아니다.

도움을 구하는 사람들이 가장 먼저 찾아가는 곳들 가운데 하나는 제도적인 종교다. 진 스테어즈(Jean Stairs)는 "세상은 교회가 좀더 교회다워지고, 거룩함과 의미 그리고 하나님을 발견하고, 경험하고, 이해하고, 다시 상상할 수 있는 공간과 장소를 대표할 수 있기를 소리쳐 요구하고 있다"2)고 했다. 불행하게도 어떤 사람들에게 영적인 추구는 자신의 종교적 전통들 혹은 목사나 신부, 랍비에 대해 더 이상 편하게 느끼지 않는 경험인 '영적인 노숙'(spiritual homelessness)에 의해 악화된다.3) 따라서 많은 영적 구도자들은 영적인 노숙을 경험했든 안 했든 영적인 방향을 찾기 위해서 목회 상담으로 선회하고 있다. 그들이 교회 기관들 안이나 밖에서 도움을 구하든 구하지 않든 그들은 삶의 의미와 목적, 총체감과 안녕감을 성취하고, 도덕적 관심사들을 해결하기 위해서 애쓰고 있다.

오늘날의 영성과 '영성의 심리학화'

미국인들이 추구하고 있는 영성을 어떻게 설명할 수 있을까? 영성과 건강에 초점을 두고 있는 미국에서 가장 큰 센터인 오메가 연구소(Omega Institute)를 찾는 영적 구도자들에 대한 관찰과 토론에 기초해서 이 연구소의 공동 설립자인 엘리자베스 레써(Elizabeth Lesser)는 그녀가 '새로운 미국의 영성'(New American Spirituality)이라고 부르는 것을 명료하게 설명했다.4) 그녀는 그것을 위계 질서를 강조하고 규정된 영적 훈련들과 의례들, 실천들로 진리와 영적 성장으로 가는 명확한 방향을 제공했던 전통적인 영성과 비교했다. 그녀가 최근에 21세기의 영성(Twenty-First-Century Spirituality)으로 재명명했던 이러한 새로운 영성은 민주주의와 다양성을 토대로 하여, 기독교 전통의 종교적 가르침으로부터 가져와서, 그것을 관상적이고 동양적인 전통의 지혜와 페미니즘, 현대 심리학의 성과들과 함께 새로운 형태의 영성으로 엮어낸 것이다.5) 그것이 어떻게 설명되거나 명명되느냐와는 상관없이 이 영성에는 분명히 치료적인 요소가 있다.

'영성의 심리학화'(psychologization of spirituality)는 현대 심리학이 영적인 삶을 이해하는 데 미치는 치료적 영향력을 말하는 것이다.6) 다우니(Downey)는 심리학화된 영성이 "영성에서의 핵심적인 범주인 구원론을 약화시키는 것 같다"7)는 우려를 표명했다. 그러한 심리학화되고 치료적인 영성의 함축적 의미는 크다. 그러한 영성은 "자기에 대한 초점이 다른 사람들과의 관계를 증진하는 것을 목표로 할 때조차도 자기-몰두, 자기-몰입, 자기-고착을 가져온다. 현대의 영성이 많은 경우 사회 정의, 정치적 책임, 경제적 책임 등의 문제들에 대해 침묵하고 있다는 비판은 근거가 없는 것이 아니다."[8]

영성의 심리학화는 또한 영성이 본질적으로 심리학적 구성 개념들(psychological constructs)로 환원된다는 점에서 환원주의의 좋은 예가 된다. 심리학적 환원주의는 자기-만족이나 자기-실현과 같은 심리학적 구성 개념들에 과도하게 의존하고 그것들을 무비판적으로 받아들이는 것이다. 의도했든 의도하지 않았든 그런 이론들은 실제로 개인주의와 영적 자기애를 조장하고 강화시킬 것이다. 내담자들이 영적 및 목회적 안내를 구하는 주된 이유가 개인주의의 문화적인 인력을 중화시키고 역전시키는 것이기 때문에, 그러한 심리학적 구성 개념들에 대한 지나친 의존은 아이러니하면서도 당혹스러운 것이다.

오늘날의 목회 상담과 영성 지도

여기서 한 가지 질문을 제기할 수 있다. 그렇다면 현재 실행되고 있는 목회 상담과 영성 지도는 구도자들의 필요와 기대에 부응하는 것인가? 진 스테어즈는 이렇게 지적한다.

> 많은 목회 상담자들은 사람들이 거룩함, 삶의 신비, 창조 세계의 거룩한 힘과 연결되기 위해서 필사적으로 매달리고 있다는 사실을 예리하게 간파하고 있다…개신교 교회들은 지금 앞다투어 반응하려 하고 있다… 그러나 그들은 그렇게 할 준비가 충분히 되어 있지 않은 것이 분명하다.[9]

그 이유가 무엇일까?

이러한 상황에 대해서는 여러 가지 이유가 있다. 그러나 목회 상담과 영성 지도의 기초를 이루는 이론들이 환원주의와 개인주의를 그 특징으로 하고, 그것들은 모두 의도하지 않은 가운데 영적 자기애를 조장할 수 있다고 말하는 것으로 충분하다. 이후의 단원들에서는 환원주의와 개인주의의 문제점들을 상세하게 설명하고 목회 상담과 영성 지도의 실제를 위한 보다 전체론적이고 통합적인 모델을 제시할 것이다.

더구나 그것은 일종의 도미노 효과를 초래한다. 이론적인 한계들은 훈련과 수퍼비전의 본질과 범위에 영향을 미치고, 그것은 계속해서 영성 지도자와 목회 상담자의 초점과 실제 패턴에 영향을 미친다. 한 가지 어려운 예는 비용의 문제다. 비용 체계로 인해 가난하거나 재력이 충분치 않은 사람들은 영성 지도나 목회 상담을 쉽게 받을 수 없다. 또한 많은 목회 상담자들이 주 1회의 장기 치료를 하고, 절약형 개인 의료 보험* 내담자들을 치료하지 않거나 치료할 수 없기 때문에, 기본적으로 중산층이나 상류층 내담자들이 주로 그들을 찾게 된다.10)

목회 및 영적 상담의 현황

소비자에 대해 책임 있고 민감해야 하는 이 시대에 심리 치료사들은 그들이 다루는 내담자들의 필요와 기대에 보다 민감하도록 요구받고 있다. 아마도 목회 상담자들과 영성 지도자들도 그들의 내담자들과 피지도자들의 경험과 기대를 진지하게 받아들이고 그에 알맞게 그들의 노력을 집중하려고 할 것이다. 그러나 비록 말로 하는 서비스(lip service)는 내담자들

---

* 역주 – managed care, 가입자의 의사, 병원 선택권을 제한하는 대신 비교적 저렴한 월 보험료와 더불어 진료를 받을 때 소정의 금액을 부담하게 하는 서비스.

과 피지도자들의 필요와 기대의 중요성에 따라서 이루어지지만, 실제 초점은 치료적 변화나 영적 발달에 대한 상담자나 지도자의 이론과 훈련 지도자들과 수퍼바이저들로부터 배우는 실제 지침들인 것 같다. 다른 말로 표현하자면, 이론과 실제 패턴들은 내담자들과 피지도자들의 경험이 형성되는 프리즘이다. 예를 들면, "한 달 단위로 회기를 조정하라"나 피지도자들을 "이끌려고 하지 말고 반응하라"는 것과 같은 실제 지침들처럼, 에니어그램과 자기-발달 이론은 영성 지도자들에게 영향을 주고 그들을 안내해 주는 흔히 받아들여지는 이론들이다. 대상 관계 이론과 DSM-IV*의 범주들은 목회 상담자들에게 유사한 기능을 한다. 그러한 이론과 실제 지침들은 행동 패턴을 인식하고 영성 지도와 목회 상담의 실제를 구조화하는 법을 배우는 데 도움을 주지만, 그것들은 또한 대가를 요구한다. 그 대가는 내담자들이나 피지도자들이 특정 이론과 실제 지침들의 형상과 모양을 따라 범주화되고 미묘하게 영향을 받게 되는 것이다.

그렇다면 목회 상담과 영성 지도의 잠재적인 그리고 현재 내담자들의 실제적인 필요와 기대는 무엇인가? 표 1.1에서는 사람들이 심리 치료사와 목회 상담자 및 영성 지도자들에게 가져오는 문제들의 몇 가지 공통되는 분야들을 열거했다.

범주 I의 문제들은 인생의 영적 영역을 반영하고, 범주 III에 속하는 문제들은 도덕적 영역을, 범주 IV와 V에 속하는 문제들은 심리적 영역을 반영한다. 범주 I의 문제들, 예를 들면 하나님과의 관계와 영적 훈련은 대개는 영성 지도와 관련이 있다. 범주 II의 문제들에는 삶의 의미와 목적 및 인생의 중요한 결정에 대한 식별(discernment)이 포함된다. 범주 II의 문제들 역시 영성 지도에서 다루어질 것처럼 보이지만, 그것들은 목회 상담

---

* 역주 – 『정신 장애의 진단 및 통계 편람 제4판』(*Diagnostic and Statistical of Manual Mental Disorders, DSM-IV*). 이 자료는 국내에서도 번역되어 있다. 미국 정신의학회 편, 『정신 장애의 진단 및 통계 편람 제4판』, 이근후 외 역 (서울: 하나의학사, 1995).

이 심리 치료를 중점으로 하기 전에는 주로 목회적 돌봄과 목회 상담에서 다루어졌었다. 최근에 와서야 목회 상담이 이 범주의 문제들에 대해 다시 관심을 갖게 된 것 같다.11) 더욱이 범주 IV에 열거된 문제들은 소위 '일상생활의 문제들'이라고 하는 것들인데 전형적으로 목회 상담과 관련이 있다: 관계상의 갈등과 문제들.

마지막으로, 범주 V의 문제들은 전형적으로 심리 치료와 정신 의학의 영역으로 간주된다. 그것은 영성 지도자가 이러한 증상들이나 관심사들을 회피하리라는 것을 의미하지 않는다. 지도자는 그것들을 심리 치료적으로 처리하려고 시도하기보다는 내담자가 이들 증상들이나 관심사들의 영적 차원에 대해 생각하도록 돕기 위해서 "이 상황에서 당신을 위해 하나님은 어디에 계실까요?"라는 질문을 던질 수 있다.

그러나 범주 III의 관심사들, 즉 도덕적이거나 윤리적인 문제들은 어떨까? 예전에는 흔히 사제-고해 신부였던 목회 상담자와 영성 지도자들이 일상적으로 개인의 도덕적 또는 윤리적 문제들을 다루었다. 당시에는 목회 상담자들이 도덕적 선택에 대해 혼란스러워하거나 기존의 기독교 규범들을 어겼던 사람들에게 도덕적 지침을 제공하거나 용서와 공동체로의 복귀 과정을 통해서 그들을 안내하려고 도왔을 것이다.12) 모든 실제적인 목적들을 위해서 목회 상담과 윤리학 사이에는 분리가 없었다. 그러나 오늘날 일반 심리 치료사들뿐만 아니라 현대의 영적 지도자들, 목회 상담자 및 심리 치료사들은 내담자의 도덕적 또는 윤리적 문제들을 처리하는 것을 마지못해 하거나 꺼려하는 것 같다. 목회 상담과 윤리학 사이에는 분명히 분리 또는 분열이 있다.

표 1.1 공통적으로 제기되는 관심사들

범주	관심사들
I	하나님과의 관계, 기도 및 기도의 문제들, 영적 훈련, 영적 경험에 대한 식별, 영적 위기 상황
II	삶의 의미와 목적을 포함하는 문제들, 중요한 인생의 결정에 대한 식별, 덕에서의 성장과 같은 자기-발달을 포함하는 문제들
III	자기 자신과 관련된 도덕적 및/또는 윤리적 문제들, 관계와 관련된 도덕적 및/또는 윤리적 문제들, 일이나 사회 제도와 관련된 도덕적 및/또는 윤리적 문제들
IV	상실/애도, 관계의 갈등, 일, 가족, 자기의 불균형, 직장/학교의 문제들, 좌절된 기대들, 경미한 정도에서 중간 정도에 이르는 증상이나 손상
V	중간 정도에서 심각한 정도에 이르는 증상이나 손상, 기질적인 또는 성격 장애적인 행동, 중독, 인생 초기의 외상의 후유증

목회 상담자들이 내담자의 도덕적이고 윤리적인 문제들을 다루는 것을 꺼려하는 데는 많은 이유들이 있다. 그 중에서도 두드러진 이유는 다원주의 문화, 도덕적 상대주의 그리고 목회 상담에서의 정신 역동적인 관점의 보급이다. 다원주의 사회에서 윤리적인 진술들은 공동체의 합의로서보다는 개인적인 의견으로서 더 많이 이해되고 있는 것 같다. 제임스 폴링(James Poling)은 "다원주의의 광범위한 수용은 목회적 돌봄의 대상이 되는 일반 대중에 의해 수용될 수 있는 것으로 밝혀진 행동 패턴의 극적인 변화들에 영향을 미쳤다"[13]고 지적한다. 이것은 도덕적 상대주의에 대한 알래스데어 매킨타이어(Alasdair MacIntyre)의 비판을 생각나게 한다. 매킨타이어는 공동체 또는 공동의 가치 개념을 무시하는 철학에 의해 도덕적 확실성이 침식당함으로써 '관리자들', '유미주의자들' 및 '치료사들'의 협회가 생겨나게 되었다고 주장한다.[14]

더욱이 정신 분석과 정신 역동적 사고의 영향은 목회적 돌봄과 목회 상담을 도덕적 지도에서 자기-탐색 및 자기-발견으로 그 형태를 바꾸게 했다. 정신 역동적 관점에서 보면, 상담에서 윤리적인 관심사들을 토론하는 것은 적에게 포위당한 자아에 대한 도덕주의적 공격으로 인식되었다. 결론적으로 윤리는 "설교와 교육을 위한 것이 되었다…반면에 목회적 돌봄은 개인들이 그들 자신의 경험을 탐색하고, 그들 자신의 갈등들을 해결하고, 그들 자신의 규범을 결정하도록 돕기 위해서 동정과 공감에 초점을 맞추었다."15)

많은 사람들이 무엇이 옳고, 최상이고 또는 그들의 삶에 적절한지 결정하는 데 도움을 얻기 위해서 목회자들과 목회 상담자들에게 오기 때문에,16) 목회 상담에 주어진 도전은 도덕적 지도와 동정 및 공감 사이에서 균형을 잡는 것이다.17) 돈 브라우닝(Don Browning)은 "도덕주의적으로 되지 않으면서 어려움을 겪고 혼란에 빠진 개인들과 함께 도덕적 탐구에 들어가는 것이야말로 미래에 목회적 돌봄의 훈련을 위한 기술적이고도 방법론적인 주요 과제다"18)라고 했다. 상황은 영성 지도에서도 상당히 유사하다. 1960년대 초반까지, 확실하게는 제2차 바티칸 공의회 전까지는 로마 가톨릭에서 대부분의 영성 지도가 서품을 받은 성직자들, 즉 신부들에 의해 이루어졌다. 당연하게 영성 지도는 성례전적인 특성을 띠었고, 한 사람의 일상 생활에 대한 토론은 기도와 영적 실천들뿐만 아니라 도덕적 문제들까지도 포함했다. 영성 지도자는 흔히 피지도자의 고해 신부였다. 따라서 윤리와 영성 지도는 밀접한 연관이 있었다.

제2차 바티칸 공의회의 결과들 가운데 하나는 영성 지도가 점차적으로 서품을 받지 않은 영성 지도자들의 영역이 되어 가고 있다는 것이었다. 결과적으로 영성 지도와 윤리는 점차적으로 분리되었다. 그리고 영성 지도가 점차적으로 윤리학과 윤리 신학 대신에 심리학, 특히 정신 역동적 관점에 의해 채워졌기 때문에 목회 상담에서 그랬듯이 영성 지도와 윤리 사이의 분리가 커졌다.

그렇다면 오늘날에는 누가 도덕적 지도를 해주고 있는가? 다른 어떤 사람들 중에서 오늘날 도덕적 지도의 대변자는 토크쇼의 진행자나 철학적 상담자들이다. 오늘날 커다란 쟁점이 되고 있는 로라 슐레징거 박사(Dr. Laura Schlesinger)는 널리 알려진 인물이다. 전국적으로 동시에 보급되는 매일 매일의 라디오 방송에서, 전문적인 부부 및 가족 상담자인 슐레징거 박사는 시청자 전화 참가 방식의 토크쇼에서 있음직한 거의 모든 주제에 대해 도덕적 조언을 해준다. 일 대 일 상담을 기초로 한 철학적 상담은 범주 III의 관심사들에 대한 조언을 해주는 철학적으로 훈련된 사람들에 의해 제공된다. 철학적 상담자들은 미국철학임상가협회(American Philosophical Practitioners Association)에서 인증 받을 수 있다. 그러므로 이들은 범주 III의 관심사를 다루는 것 외에 범주 II의 관심사들, 즉 삶의 의미와 목적 및 삶의 중요한 결정에 대한 식별을 위한 지도를 해준다.

지난 수십 년을 지나오면서 목회 상담과 영성 지도 및 심리 치료의 전문 영역은 변화되고 발달되어 왔다. 어떤 전문 영역에서는 변화 또는 발달의 수준이 주목할 만한 것이었다. 예를 들어, 목회 상담이 윤리적 및 도덕적 관심사들(범주 III)을 다루는 것으로부터 방향을 바꾸었다는 사실은 앞서 이야기되었다. 또한 불행하게도 동일한 변화가 영성 지도에서도 나타나고 있다.

영성 지도의 최근 동향

영적 안내(spiritual guidance), 영적 우정(spiritual friendship) 및 영적 교우(spiritual companionship)라고도 알려져 있는 영성 지도는 거의 모든 영적 전통에서 실천되고 있다.19) 기독교 전통에서 영성 지도의 뿌리는 3세기까지 거슬러 올라가고, 가톨릭 전통에서는 그 이후 그 실천이 발달되었던 반면, 다양한 개신교 전통에서는 지난 30년 동안 활발하게 발달해 왔다. 그것은 일 대 일 신뢰 관계의 맥락에서 수행되는 영적 경청의 기술이라고 할 수 있다. 그것은 하나님의 귀로 다른 사람의 삶의 이야기를 경청하면서 그 사람을 인도해 주거나 그 사람의 친구가 되어 주는 훈련된 지도자를 필요로 한다. 영성 지도는 전형적으로 기도의 맥락에서 이루어지고, 영적 경험들에 대한 식별을 주로 한다. 그것은 영적 건강과 웰빙의 유지와 발달에 초점을 두고, 사람은 이미 전인이지만 아직까지 그들 자신을 위한 이러한 진리를 온전하게 받아들이지는 못했다고 본다. 그래서 그것은 적절한 수준의 심리적인 건강과 웰빙을 가정한다. 영성 지도는 소그룹 환경에서도 이루어질 수 있지만 통상 일 대 일 형태로 대개는 월 1회를 기본으로 제공된다. 어떤 영성 지도자들은 비용을 부과하거나 자발적인 헌물을 요구하기도 하지만, 어떤 사람들은 그렇지 않다.

영성 지도가 이루어지는 동안에는 촛불, 성경 또는 신을 표상하는 어떤 비언어적인 상징이 있을 수 있다. 가톨릭의 영성 지도에 있어서는 식별이 중요하다. 지도자와 피지도자의 관계는 두 사람이 동일한 영적 순례를 하고 있다는 인식을 토대로 한 상호간의 약속이다. 영적 차원에서의 신앙의 역할과 신앙 공동체에 대한 한 사람의 관계는 기독교적 영성 지도의 중심이 된다.[20] 또한 영성 지도는 "회심을 통한 변화의 역동과 철저한 변형, …인격적이고 살아 계신 하나님에 대한 관계적이고 인격적인 복종"[21]에 관심을 기울인다는 의미에서 영적 회심을 포함한다.

묵상이나 관상을 포함하여 피지도자의 기도 생활을 개발시키고 감독하는 것에 초점을 맞추는 것은 영성 지도의 중심적인 방법이다. 기도 교육과 의례들 및 다른 영적 실천들에 대한 지시는 다른 개입 방식들이다. 필요에 따라 영성 지도자들은 피지도자에게 심리 치료를 병행하도록 의뢰하거나 치료 과정이 끝날 때까지 영성 지도를 보류할 수 있다. 한 사람의 전문가가 영성 지도와 심리 치료 또는 목회 상담을 모두 효과적으로 그리고 적절하게 제공할 수 있느냐는 것은 상당한 논쟁의 소지가 있는 문제다. 제럴드 메이(Gerald May)는 한 사람의 전문가가 두 가지를 모두 제공한다는 것은 부적절하다고 믿는다.[22]

1960년대 이전에 영성 지도는 전형적으로 사제-고해 신부에 의해 이루어졌다. 그때는 도덕적 문제들(범주 III)과 인생의 목적이나 의미에 대한 관심사들 및 문제들과 중요한 결정에 대한 식별(범주 II) 등이 영성 지도의 주요 초점이 되는 경향이 있었다. 고해성사뿐만 아니라 미덕과 악덕에 대한 토론은 흔히 있는 것이었다. 때때로 범주 I과 IV의 문제들도 영성 지도의 형식에 포함되었다.

제2차 바티칸 공의회 이후 영성 지도는 점차적으로 성직자가 아닌 사람들, 전형적으로는 일부 교회의 승인을 받거나 또는 그런 승인 없이 독자적인 영적 안내의 제공자 역할을 하는 다른 사역자와 평신도에 의해 이루어졌다. 영성 지도가 전문화되면서 공식적인 훈련은 하나의 규범이 되어 가고 있다. 오늘날 내담자들이나 피지도자들은 영적 실천과 하나님에 대한 그들의 관계에 대해 점점 더 많은 관심을 갖고 있다. 따라서 일상적인 삶의 문제들(범주 IV)이 논의될 수도 있지만, 영성 지도의 초점이 기본적으로는 범주 I과 II의 관심사들에 있다는 것은 놀라운 일이 아니다. 이 동일한 초점들이 미래에도 계속될 것 같다.

현재 영성 지도의 실제를 위해 정해진 교육 및 경험상의 자격 조건이나 인증서는 없다. 어떤 사람들은 영성 지도를 하는 것이 전문직이라기보다는 소명(vocation) 의식을 가지고 해야 할 일이라고 주장한다. 공식적인 학업 과정이나 수퍼비전(supervision)이 필수적이지는 않은 특별한 부르심 말이다. 그러나 다른 사람들은 신학과 심리학의 선택된 분야에서의 전문화된 훈련이 도움을 줄 수 있고 필수적이라고 주장한다. 현재 영성 지도 분야에는 대학원 수준의 공식적인 훈련 기관 및 프로그램이 많이 있지만, 영성 지도자들을 위한 공인된 자격증이나 면허증은 없다.

영성 지도는 현재 확대되고 전문화되는 단계에 돌입하고 있다. 전세계적으로 3,500명의 회원을 자랑하는 전문가 조직인 국제영성지도자협회(Spiritual Directors International)는 그들만의 전문 잡지인 *Presence*를 발행하기 시작했고, 최근에는 영성 지도의 실제를 위한 일련의 윤리적 기준 및 지침을 비준했다.[23] 이 조직의 안팎에서 논쟁 중인 문제들에는 자격 인정의 문제와 제공되는 서비스의 비용에 대한 관심이 포함된다. 영성 지도는 지도자-고해 신부로서의 사제 모델을 넘어서서 오늘날 전문적인 종교인 및 다른 평신도들이 대다수의 영성 지도를 제공하는 보다 포괄적인 모델로 바뀌었다. 과거에 사제-고해 신부 지도 모델에 의해 제공된 영성 지도는 거의 비용이 요구되지 않았다. 하지만 오늘날 늘어나고 있는 영성 지도는 그들의 생계를 위해 비용을 청구하거나 기부금을 요구하고 있다. 이것은 비용 명세서, 형편에 따른 단계별 비용 명세서(sliding schedules) 및 접근 제한의 윤리, 그리고 영성 지도가 중상층 내담자들에게 한정될 수도 있다는 전망에 대한 적지 않은 논쟁을 불러일으켰다.[24]

목회 상담의 최근 동향

목회 상담은 문제-해결 또는 해결 중심의 단기적이고 시간-제한적인 형태의 치료나 때로는 정신 분석적 지향을 갖고 성격 변화에 초점을 맞추는 장기 치료 형태로서 실행된다.[25] 목회적 돌봄과 상담 영역에서 어느 정도 훈련을 받은 목회자 및 다른 사역자들은 대부분 단기 목회 상담을 제공하는 반면, 심리 치료 영역에서 공식적인 수퍼비전을 받으면서 훈련을 받고 인증을 받거나 면허를 취득한 사역자들은 흔히 목회 심리 치료(pastoral psychotherapy)라 일컬어지는 것을 실행한다. 목회 심리 치료는 다양하게 규정되지만 장기 치료를 포함하는 경향이 있고, 어떤 경우에는 심리 치료와 구별하기가 어렵다.

목회적 돌봄과 상담 영역에서 어느 정도 훈련을 받은 목회자들과 다른 사역자들은 대부분 단기 목회 상담을 제공한다. 그러나 상담과 심리 치료 영역에서 공식적인 수퍼비전을 받으면서 훈련을 받고 인증을 받거나 면허를 취득한 사역자들은 소위 목회 심리 치료를 실행할 수 있다.

목회 상담의 내담자들은 전형적으로 인생의 전환기, 정서적 또는 관계적 위기, 또는 죄책감이나 학대, 중독, 낮은 자존감으로 인해 어려움을 겪는 사람들이다. 목회 상담은 그러한 위기들과 관심사들에 매우 적절하고, 치유와 성장을 위해 심리학적인 이해뿐만 아니라 종교적이고 영적인 자원까지도 사용하는 독특한 형태의 상담이다.

목회 상담은 심리 치료에서처럼 목회 상담자와 내담자 사이의 관계가 중요하고, 어느 정도의 임상적 거리를 유지하는 것은 진단과 치료적 변화에 유용하다. 그럼에도 불구하고, 최근에 훈련을 받은 목회 상담자들은 내담자와 상호 협력하는 관계를 지지한다. 치료적 개입에는 보통 적극적 경청과 다른 문제-해결 또는 해결 중심 상담의 방법들이 포함된다. 또한 종교적이거나 영적인 문제들, 즉 용서에 대한 조언이 포함될 수 있다. 영성 지도와는 달리 목회 상담은 대체로 치유, 성장 또는 통합을 위한 내담자의 신앙 공동체적 자원에 집중하지는 않는다.26) 더욱이 목회 상담자들은 심리 치료에 대해 분명하게 설명해 주고 내담자들을 의뢰하는 것 같다.

오늘날 목회 상담의 일차적인 목표는 문제 해결과 심리적 건강의 회복이다. 그러나 성격 변화 또한 목회 심리 치료의 목표가 될 수 있다. 과거에는 인생의 목적에 대한 관심사들과 중요한 인생의 결정에 대한 식별(범주 II)이 그랬던 것처럼 도덕적인 안내(범주 III)가 목회적 돌봄과 상담의 중심 초점이었다. 일상적인 삶의 문제들(범주 IV)에 대한 논의와 그것들에 대한 조언도 제공되었다. 1930년대 후반 이래 이러한 초점들은 급격하게

변했다.27)

최근에 목회 상담자들은 대부분 내담자의 일상적인 삶의 문제들(범주 IV)과 보다 복잡한 심리적 장애들(범주 V)에 초점을 맞추는 것 같다. 그리고 비록 인생의 목적과 의미에 관한 문제들과 관심사들 및 중요한 결정들(범주 II)이 현대 목회 상담에서 다루어지겠지만, 이러한 관심사들은 내담자의 정신 역동과 관련이 있는 것 같다. 대부분의 목회 상담이 교회의 상황에서 이루어졌던 반면, 오늘날에는 센터와 클리닉, 그리고 교회나 교회 단체의 공식적인 후원을 받지 않는 개인 상담실에서 점점 더 많이 이루어지고 있는 것 같다.

영성 지도와 같이 목회 상담은 이제 하나의 공인된 직업이 되어 가고 있다. 이것은 훈련, 자격 인증, 전문가적 정체성의 문제가 중심적인 관심사임을 의미한다. 점점 더 많은 수의 목회 상담자가 대개 정신 건강 영역에서 활동하기 위해 면허를 받고, 미국목회상담협회(American Association of Pastoral Counselors)로부터 자격 인증을 받을 수 있다. 이런 전문가 조직은 3천 명의 목회 상담자들을 대표하고 영적 관심사들(범주 I 및 II)과 영성 지도의 방법들에 대한 초점을 목회 상담의 실천에 통합하는 길들을 적극적으로 모색하고 있다. 어떤 사람들은 두 영역 사이에 있는 인식론상의 관점들과 실천의 입장들에서의 중요한 차이점들을 언급하면서 목회 상담의 범주를 확대시키는 것에 대해 우려하는 반면, 다른 사람들은 이런 확대를 지지하고 있다.28) 두말할 필요도 없이, 목회 상담의 정체성은 행동주의적인 개인 절약형 정신 건강 의료 서비스와 목회 상담자들처럼 같은 내담자들을 놓고 경쟁하는, 점증하고 있는 영성 지도자들과 정신 건강 상담가들과 같은 세력들에 의해 상당한 영향을 받는다.29) 목회 상담 영역 지도자들의 간행 논문들과 선언들이 급증하는 것에 기초할 때, 미래에는 영성과 영적인 주제들(범주 I)이 점차적으로 목회 상담의 일부가 될 것으로 보인다.

한편, 목회 상담의 여러 가지 흐름들이 언급될 수 있다. 그것은 점점 더 전문화되어 가고 있고, 교회 상황에서 벗어나 개인 사무실이나 클리닉 상황으로 옮겨가고 있으며, 의료보험 위원들에 대한 접근이 거절당하고 있거나 가장 낮은 변제율에 제한되고 있고, 시장 점유율을 놓고 정신 건강 상담자들, 심리 치료사들 및 다른 건강 제공자들과 점점 더 경쟁을 하고 있다.30) 목회 상담자들도 그들에게 비용을 부담할 수 있는 사람들에 대한 서비스를 위해 내담자를 제한하고 있기 때문에, 영성 지도자들과 동일한 윤리적 도전에 직면한 것 같다고 결론내리는 것이 타당할 것이다.

철학적 상담의 최근 동향

앞에서 언급했듯이, 철학적 상담은 상대적으로 새로운 전문 직업이다. 철학적 상담자들은 도덕, 가치 및 삶의 의미와 목적을 포함하는 광범위한 문제들에 대한 철학적 상담을 제공한다. 그들은 철학적 분석을 일 대 일 상담, 집단 촉진 및 심지어 조직 컨설팅에 적용한다.

이런 형태의 상담은 어떻게 이루어질까? 철학 교수이자 미국철학임상가협회(American Philosophical Practitioners Association)의 회장인 루 매리노프(Lou Marinoff) 박사는 그것을 내담자의 관심사들에 대한 논리적이고 분석적인 평가를 포함하는 과정으로 설명한다.31) 그는 그 과정의 다섯 가지 요소를 이렇게 설명한다. (1) 문제 분석, (2) 건설적인 정서의 표현, (3) 선택 사항의 분석, (4) 선택 사항을 선택하고 이행하는 것을 도와주는 철학에 대한 고려와 통합 그리고 (5) 삶의 새로운 균형 성취.

철학적 상담자들은 미국철학임상가협회에 의해 자격 인증을 받을 수 있다. 그 협회는 협회에 속한 구성원인 임상가들을 훈련하고, 인증하고, 대표하는 비영리 목적의 교육 법인이다. 자격 인증은 다음의 자질들에 기초한다. 즉 철학 분야에서의 고급 학위, 내담자를 철학적으로 상담한 경험의 문서적 증명 그리고 전문가 의식과 존경할 만한 인격 - 여기에는 철학적 상담에 적합하지 않은 내담자들을 인정하고 적합한 곳에 의뢰하는 것이 포함된다. 이러한 자격증은 면허증이 아니고, 철학적 상담자들은 그들 자신을 정신 건강 상담자나 심리 치료사라고 주장할 수 없다. 어떤 철학적 상담자들은 합리적-정서적 치료(Rational Emotive Therapy) 또는 응용 윤리학 분야에서 교차 훈련(cross training)을 받았거나 특정 방법이나 관점을 전문으로 하는 반면, 어떤 사람들은 그들의 실천에 있어 보다 일반적이다.

현대의 목회 상담과 영성 지도가 도덕적이거나 윤리적인 문제들(범주 III)에 대한 초점을 흐리게 한 것 같기 때문에, 이 공백을 메우기 위해서 비교적 최근에 전문적인 철학적 상담이 나타났다는 것은 놀라운 일이 아니다. 철학적 상담자들은 도덕적 지침을 제공하는 것(범주 III)과 삶의 의미를 명확히 하고 중요한 인생의 결정을 내릴 때 내담자에게 도움을 주는 것(범주 II) 모두에 초점을 맞추는 것 같다. 이들 철학적 상담자들 가운데 더 많은 사람들이 합리적-정서적 치료와 인지 치료(범주 IV의 관심사들을 다루기 위해서 고안된 접근 방식)와 같은 치료적 접근 방식에서 교차 훈련을 받기 때문에, 철학적 상담의 초점이 일상적인 삶의 문제들(범주 IV)로 확대된다고 해도 놀랄 일은 아닐 것이다.

심리 치료의 최근 동향

심리 치료는 아마도 다른 사람을 돕는 전문 직업들 중에서 가장 보편적일 것이다. 심리 치료는 임상가의 수나 관련된 내담자의 수라는 면에서 보면 확실히 가장 크다. 이들 수는 영성 지도, 목회 상담 또는 철학적 상담을 모두 합하여 관련된 내담자의 숫자보다도 세 배 내지 네 배는 더 될 것이다. 심리 치료는 범주 V의 문제들에 대한 치료다. 또한 심리 치료는 범주 IV의 문제들과 관심사들에도 적용될 수 있다.

전형적인 내담자는 장애가 있는 내담자들 또는 증상이 있는 고통과 대개는 삶의 기능적 영역 중 한 곳 또는 여러 곳에서 어느 정도의 손상을 호소하는 환자들을 포함한다. 치료의 전형적인 목표는 증상이 있는 고통의 감소와 기능의 회복이다. 심리 치료의 유형에 따라 성격 변화가 치료 목표가 될 수도 있고 그렇지 않을 수도 있다. 어떤 심리 치료 접근 방식에서는 심리적 안녕의 증진, 자기 실현 또는 개별화가 추가적인 목표가 될 수 있다. 때때로 치료적 동맹(therapeutic alliance)이라고 불리는, 효과적인 치료 관계를 수립하는 것은 효과적인 변화와 긍정적인 치료 결과들을 위해 중심이 된다. 관계는 고전적인 정신 분석학적 지향의 심리 치료에서처럼 심리 치료사가 전문가의 역할을 수행하는 상황에서 내담자와의 상호 협력 관계에 이르기까지 다양할 수 있다. 내담자나 환자의 필요와 제기된 주제들에 따라 다양한 심리 치료적 개입이 활용되고, 향정신성 약물 치료 또는 약물 치료에 대한 평가를 위한 의뢰가 필요할 수도 있다.

미국에는 사회사업가, 결혼 및 가족 상담자, 정신 건강 상담자, 정신과 의사 그리고 임상 및 상담 심리학자들을 포함하여 대략 450,000명의 면허를 받은 심리 치료사가 있는 것으로 추정된다.[32] 실제 패턴들은 다양하지만, 내담자들 또는 환자들은 흔히 주 1회의 회기로 찾아온다.

최근 들어서는 영성-지향적이거나 영성-동조적인 공식적 상담과 심리 치료 방식들이 치료의 주류에 들어가기 시작했다. 비록 융 치료와 정신통합(psychosynthesis)은 수십 년 전에 통합되었지만, 그러한 임상가들의 수는 오히려 적었다. 최근에 내담자들과 심리 치료사들 모두가 그들의 일상적인 삶에서 영적 차원을 통합하는 것에 점점 더 관심을 갖게 되면서 초개인 심리 치료(Transpersonal Psychotherapy)[33]라 불리는, 초개인 심리학(Transpersonal Psychology)의 이론과 임상 실제에서 상당한 발전이 이루어졌다. 영적 심리 치료(spiritual psychotherapy)[34], 그리스도 치료(Christotherapy)[35], 영적 상담 및 심리 치료[36] 등과 같이 다른 명칭으로 언급되긴 했지만, 영성-지향적인 심리 치료 방식은 초점에 있어서 폭이 더 넓은 것 같다. 예를 들어, 브랜트 코트라이트(Brant Cortright)에 의해 설명된 초개인 심리 치료는 그것의 초점이 더 넓어서 범주 I, II, IV 및 V를 포함한다고 주장한다. 이러한 접근 방식에서 도덕적 안내는 그 자리가 없는 것처럼 보이지만, 코트라이트는 여러 가지 윤리적인 문제들을 초개인 심리 치료의 임상 실제에서 매우 직접적으로 다룬다. 초개인 심리학과 영성-지향적 심리 치료의 선두 주자인 로저 왈쉬(Roger Walsh)는 윤리적인 삶이야말로 세계의 모든 주요 종교적 및 영적 체계들의 핵심적인 영적 실천이라고 주장한다.[37] 영적 실천은 일반적으로 영성-지향적 심리 치료에 통합되어 있기 때문에 도덕적 안내가 이러한 접근 방식의 추가적인 초점이 될 수 있다는 것은 당연할 것이다. 최근에는 단지 소수의 영성-지향적 접근 방식만이 범주 III의 주제들을 초점으로 포함하는 것 같다.

목회 상담 및 영성 지도의 개정의 필요성

불행하게도 현재 실행되고 있는 영성 지도와 목회 상담은 피지도자들과 내담자들의 기대에 단지 부분적으로만 반응하는 것이다. 이런 상황의 중요한 원인은 다른 차원들을 배제할 만큼 인간의 경험의 한두 차원을 강조하는 환원주의적인 모델과 이론에 의존했다는 것이다. 심리학적 구성 개념들과 방법들에 대한 무비판적이고 과도한 의존-윤리 신학, 윤리학, 문화 인류학 및 심지어 생물학으로부터 나온 구성 개념들을 희생한-은 이러한 환원주의를 더욱 조장하고, 뜻하지 않게도 개인주의와 영적 자기애를 조장할 수 있다. 그러므로 목회 상담자나 영성 지도자의 훈련과 감독을 위한 현재의 접근 방식들 역시 환원주의와 개인주의를 반영하는 것 같다는 것은 그리 놀라운 일이 아니다. 따라서 영성 지도와 목회 상담의 실제를 위한 보다 전체론적이고 통합적인 모델이 필요하다.

이 책은 영성 지도와 목회 상담의 실제를 개정하는 데 있어서 최초의 노력이다. 개정(revisioning)은 하나의 이론이나 실제의 패턴들과 같은 현상을 비판적으로 재검토하는 과정이다. 최종 목적인 새로운 비전, 예컨대 새로운 이론을 제안하는 것과는 별개로, 개정은 중간에 이루어지는 활동이다. 이 책의 기본적인 논쟁점은 최근의 이론들이 너무나 이론적으로 환원주의적이고, 개인주의적이고, 임상적으로 한계가 있어서 기초적인 이론을 수립하기 위한 노력들은 현 시기에는 단순히 시기상조라는 것이다. 그럼에도 불구하고 영성 지도와 목회 상담의 실제를 위한 전체론적이고 통합적인 모델을 만들기 위해서 기본적인 방법론적 지침과 개념적 지도를 제공하는 것은 정당하고 가능한 일이다.

환원주의와 심리학적 구성 개념들에 대한 과잉 의존

환원주의는 구성 개념들(constructs)을 더 단순하거나 낮은 수준의 구성 개념들로 분석하는 것을 포함한다. "환원주의는 모든 의미를 위한 기본적이고 단일한 상호관계 체계가 있고, 우리가 이 하나의 근본(substrate)에 도달할 때만 어떤 현상의 본질을 완전히 설명했다고 할 수 있다는 견해를 토대로 한다."[38] 예를 들어, 이론가들은 생리학적 설명들이 심리학적 설명들, 특히 유연하고 쉽게 측량할 수 없는 행동에 대한 심층 심리학이나 정신 역동적 이론보다 더 정밀하고 측량할 수 있을 것 같다는 가정 하에 심리학에서의 행동에 대한 구성 개념들 생물학과 생리학으로 '환원'할 수 있다. 목회 상담 및 영성 지도의 구성 개념들(예컨대, 신비, 현존, 식별 및 은혜)이 심리학적 구성 개념들보다 더 유연하고 덜 선명하기 때문에 목회 상담과 영성 지도의 분야가 영적, 도덕적 또는 종교적 구성 개념들보다 심리학적인 구성 개념들을 선호하게 되었다는 것은 놀랄 만한 일이 아니다. 그러한 심리학적 환원주의를 받아들이는 것은 유익과 대가가 모두 있다. 주된 유익은 두 분야가 모두 심리 치료 분야와 공통의 언어와 일련의 구성 개념들을 공유한다는 점인데, 이것은 연구 결과로 인해 더 많이 지지받고, 임상적인 활용도가 점점 늘어 가며, 더 광범위하게 수용되고 있다. 그러나 그러한 환원주의와 심리학적 구성 개념들에 대한 무비판적인 과잉 의존의 주된 대가는 인간 경험의 다른 영역들을 희생하면서 단지 한두 영역만이 강조된다는 점이다.

1960년대 이래로 영성 지도와 목회 상담은 심리학적 이론들로부터 다양한 구성 개념들과 개입 방법들을 기꺼이 도입해 왔다. 어떤 경우에는 비록 약간의 수정이 있긴 했지만 이론 전체가 채택되기도 했는데, 예를 들면 융의 개성화 이론39), 로베르트 아싸지올리(Robert Assagioli)의 정신 통합 이론40), 정신 분석적 이론들(특히 대상 관계 이론과 자기 심리학)41) 그리고 심지어 에니어그램 이론42)까지 영성 지도자들과 목회 상담자들의 실제에 큰 영향을 미쳤다.

환원주의의 영향

과거 40년 동안 심리학적 구성 개념들과 관점이 삶에 대한 서구인들의 사고방식에 미친 충격은 실로 엄청났다. 그래서 심리학적 구성 개념들과 설명들이 현실에 대한 우리의 인식을 지배하고 있다. 결과적으로 심리학적 설명들을 가져오지 않고 영적인 문제들을 상상하는 것은 어렵다. 이것은 '영성의 심리학화'(psychologization of spirituality)43)라고 일컬어졌다. 코트라이트는 "세계의 모든 영적 전통들은 심층 심리학에 대한 지식 없이 순수하게 영적인 갈구들로부터 생겨났다"44)고 말함으로써 많이 필요로 했던 현실적인 기준을 제공했다.

심리적 발달과 영적 발달의 관계와 관련해서는 세 가지 입장이 있다. 첫 번째 입장은 영적 발달이 심리적 발달과 동일하다는 것, 또는 영적 발달은 심리적 발달의 특수한 형태라는 추론이다. 두 번째 입장은 첫 번째 입장과는 반대 입장이다. 즉 영적 발달은 심리적 발달과는 별개이며 구별된다는 것이다. 세 번째 입장은 심리적 발달과 영적 발달은 때로는 겹치고 뒤섞이며, 또 어떤 때는 구분되는 다중적이고 복잡한 경로를 포함한다는 것이다.

심리적 경험과 발달은 영적 경험 및 발달과는 다르고, 그것들이 겹칠 수는 있지만, 영적 차원이 토대가 되고 "심리적 통합을 이루는 것이 반드시 영적 실현에 필수적인 것은 아니다."45) 첫 번째 입장은 '영성의 심리학화'를 반영하는가 하면, 두 번째 입장은 그에 대한 부정을 반영한다. 이 책의 관점에서 보면 두 가지 입장 모두 지지할 수 없다. 세 번째 입장은 버나드 로너간(Bernard Lonergan)의 신학적 인간학(theological anthropology)46)과 좀더 일치하고 목회 상담과 영성 지도를 위한 기초적인 전제로서 좀더 지지할 수 있는 것으로 제안되었다.

이런 환원주의적 초점의 또 하나의 결과는 치료사, 영성 지도자 그리고 목회 상담자들이 내담자의 도덕적 관심사들을 다루는 것을 꺼려한다는 것이다. 과거에는 목회적 돌봄과 상담의 기능이 개인의 도덕적 관심사들을 일상적으로 다루었던 성직자들에 의해 전형적으로 제공되었다. 그들은 도덕적 선택들에 대해 혼란스러워하는 개인들에게 도덕적 지침을 제공하거나 기존의 기독교적 규범을 어긴 사람들을 용서와 공동체로의 복귀 과정을 통해서 인도해 주었다. 사실상 목회 상담과 윤리학 사이에 구분이 없었다. 그러나 오늘날엔 일반 심리 치료사들뿐만 아니라 목회 상담자들도 내담자와 도덕적이고 윤리적인 문제들을 다루는 것을 꺼려하거나 마지못해 하는 것 같다. 이것은 목회 상담과 도덕적 영역 사이에 분리와 분열을 초래했다.

오늘날의 목회 상담자들이 내담자의 도덕적이고 윤리적인 문제들을 다루는 것을 꺼려하는 이유는 여러 가지가 있다. 그 중에서도 두드러진 것은 다원주의 문화와 목회 상담에서의 정신 역동적 관점의 보급이다. 다원주의 사회에서 윤리적인 진술은 신앙 공동체의 합의라기보다는 개인적인 의견으로서 받아들여지는 것 같다. 폴링은 "광범위하게 확산되어 있는 다원주의의 수용이 목회적 돌봄의 대상이 되는 일반 대중에 의해 받아들여질 수 있는 행동 패턴들의 극적인 변화들에 영향을 미쳤다"47)고 지적한다. 더욱이 정신 분석과 정신 역동적 사고의 영향은 목회적 돌봄과 목회 상담을 도덕적 안내로부터 자기-탐색 및 자기-발견으로 바꾸게 했다. 정신 역동적 관점에서 보면, 상담에서 윤리적 관심사들을 논의하는 것은 전투 태세를 갖춘 자아에 대한 도덕주의적 급습으로서 인식되고, 그것은 신경증을 조장한다. 결과적으로 윤리학은 "설교와 교육을 위해 보류되었고,…목회적 돌봄은 개인들이 그들 자신의 경험을 탐색하고, 그들 자신의 갈등을 해결하고, 그들 자신의 규범을 결정하는 것을 돕기 위해서 동정과 공감에 초점을 맞추게 되었다."48)

많은 사람들이 그들의 삶을 위해 무엇이 옳고, 가장 좋고 혹은 적절한지를 결정하는 데 도움을 얻기 위해서 사역자나 목회 상담자들을 찾기 때문에,49) 문제는 도덕적 안내와 동정 및 공감 사이에서 균형을 맞추는 것이다.50) 브라우닝은 "도덕주의적으로 되지 않고서도 고통스러워하고 혼란스러워하는 개인과 함께 민감한 도덕적 문제를 다루는 것은 미래에 목회적 돌봄의 훈련을 위해 중요한 기술적이고도 방법론적인 과제다"51)라고 지적한다.

이 상황은 영성 지도에서도 마찬가지다. 제2차 바티칸 공의회 이전에는 로마 가톨릭에서 대부분의 영성 지도는 사제들에 의해 이루어졌다. 영성 지도자는 흔히 피지도자의 고해 신부였기 때문에, 영성 지도는 성례전적인 성격을 갖게 되고, 한 사람의 일상적인 삶에 대한 논의에 기도와 영적 실천뿐만 아니라 도덕적인 문제들까지 포함되었다는 것은 놀라운 일이 아니다. 제2차 바티칸 공의회의 결과들 가운데 하나는 영성 지도가 점점 더 서품을 받지 않은 영성 지도자들의 영역이 되어 가고 있고, 결과적으로 영적 안내와 도덕적 안내의 기능이 분리되었다는 것이다. 그리고 영성 지도가 점차 윤리 신학보다는 오히려 심리학-특히 정신 역동적 관점-의 영향을 받게 되면서 목회 상담에서처럼 영성 지도와 윤리 신학 사이의 분리가 가속화되었다.

영성 지도와 목회 상담의 공통점

앞에서 언급한 바와 같이 목회 상담과 영성 지도는 전형적으로 별개이고 뚜렷하게 구별되는 실체라고 간주된다. 목회적 돌봄과 상담의 훈련 프로그램들은 영성 지도의 훈련 프로그램들과는 상당히 다른 경향이 있다. 교재들과 핵심적인 읽을거리들도 상이한 경향을 보인다. 돌봄을 제공하는 것도 다르다. 즉 목회 상담은 병리/위기 개입 모델과 관련이 있는 반면, 영성 지도는 건강/성장 모델과 관련이 있다. 더욱이 회기, 기간 그리고 시간 조절을 포함한 실제 패턴들도 다르다. 목회 상담은 기간이 더 짧고 특별한 문제들과 관심사들에 더 초점을 맞추는 경향이 있는 한편, 영성 지도는 기간이 더 길고 지속적인 개인의 성장 및 발달에 더 초점을 맞추는 경향이 있다. 다른 말로 하자면, 영성 지도는 목회 상담이 아니다.

그럼에도 불구하고, 영성 지도와 목회 상담 사이에는 어떤 관계가 있다. 두 가지 모두 개인의 인생 경험을 다룬다. 두 가지 모두 치유와 전체성뿐만 아니라 건강, 내적 평화, 위기 또는 갈등의 해결, 통합을 추구한다. 그러나 목회 상담이 개인의 배우자, 가족 구성원 또는 동료와의 관계에 보다 직접적으로 초점을 맞추는 반면에, 영성 지도는 하나님과 개인의 만남에 더 직접적으로 초점을 맞춘다. 전통적으로 영성 지도는 필연적으로 개인의 내적 및 외적 삶의 더 큰 통합으로 이끌어 가는 사람과 하나님의 관계를 발달시키는 것을 강조한 반면, 목회 상담은 사람과 하나님의 관계를 발달시키는 것으로 기대될 수 있는 개인의 내적 및 외적 삶의 통합을 강조했다. 하워드 클라인벨(Howard Clinebell)은 목회 상담이 심리적 문제들의 해결에 관심을 가지고 있는 것처럼 영적 성장에도 관심을 가져야만 한다는 점을 간파했던 첫 번째 인물이었다.52) 그는 목회 상담이 병리/위기 모델뿐만 아니라 건강/성장 모델을 모두 포함할 때 내담자들에게 가장 유용하다고 주장했다.

진 스테어즈(Jean Stairs)는 그녀의 책 『영혼에 귀 기울이기: 목회적 돌봄과 영성 지도』(*Listening for the Soul: Pastoral Care and Spiritual Direction*)에서 목회적 돌봄과 영성 지도 사이의 필연적인 상보성에 대해 기술하고 있다.53) 월터 콘(Walter Conn)도 그의 책 『갈망하는 자기: 목회 상담과 영성 지도에서의 자기-초월』(*The Desiring Self: Rooting Pastoral Counseling and Spiritual Direction in Self-Transcendence*)에서 목표와 이론적 토대라는 측면에서 두 분야 사이의 공통점을 강조했다.54) 그는 "최상의 목회 상담은 그 안에 영성 지도의 관심사들을 포함한다"55)고 지적했다. 그는 목회 상담과 영성 지도 두 가지가 모두 유사한 목표를 공유하고 있다고 보았다: 자기-초월.

콘과 스테어즈의 이러한 중요한 책들은 영성 지도와 목회 상담을 대비시키는 역사적 동향을 역전시키면서 만약 이러한 공통점들이 강조된다면 영적 구도자들의 필요들이 더 잘 충족될 것 같다고 제시한다. 이 책도 역시 이러한 기본적인 공통점을 전제로 한다. 이 책은 콘과 스테어즈를 넘어서서 전체론적이고 통합적인 모델을 제안하고, 영성 지도와 목회 상담의 실제에서 이러한 공통점들을 설명한다.

결론

개인주의와 자기애는 개인들이 그들의 일상적인 삶 속에 영성을 통합시키는 방법들을 찾도록 촉구했던 서구 문화에서 영혼을 상하게 하는 세력이 되었다. 많은 사람들이 자신들의 노력이 효과적이지 않을 때 영성 지도와 목회 상담을 찾는다. 불행하게도 영성 지도와 목회 상담에 대한 현재의 접근 방식은 이런 추구자들의 욕구와 기대를 충분히 만족시켜 줄 수 없다. 이런 한계의 주된 이유는 영성 지도와 목회 상담의 토대가 되는 이론들이 환원주의적이라는 것이다.

제한되고 환원주의적인 이론들에 대한 교정책은 보다 전체론적이고 통합적인 이론일 것이다. 대부분의 심리학과 영성 이론들에는 도덕적 영역이 눈에 띄게 결여되어 있기 때문에, 그리고 내담자들은 자주 심리학적 및 영적 관심사들뿐 아니라 도덕적 관심사들에 대해서도 도움을 원하기 때문에, 미래의 기초적인 모델 및 이론에서는 세 가지 영역, 즉 도덕적 영역, 심리적 영역 및 영적 영역을 모두 통합하는 것이 정당하게 보일 것이다. 그러나 그런 모델과 이론들은 과연 나타날 것인가? 다행히도 그런 이론 및 실제의 한계들로 인한 실망의 와중에도 몇몇 희망적인 징조들이 보인다. 3-5장에서는 최근에 영성과 심리학 두 분야에서 도덕적 영역이 회복되고 있는 것에 대해 설명할 것이다. 더욱이 연구자들은 21세기의 사회과학에 대한 '맨하탄 프로젝트'(Manhattan Project)*로서 '실증 심리학' 및 '실증 사

---

* 제2차 대전 중 미국 육군의 원자탄 개발 계획에 관한 암호.

회과학' - 인간의 힘과 가치에 대한 실험적 연구 - 을 예고하고 있다. 실제로 이것들은 목회 상담과 영성 지도에 상당한 영향을 줄 수 있는 잠재력을 가지고 있는 희망적인 발전들이다.

2장 | 현대 목회 상담과 영성 지도의 이론적 기초

Transforming Self and Community

영성 지도와 목회 상담의 실제의 토대가 되거나 영향을 주는 가장 최근의 이론들의 중심에는 환원주의가 있다. 아이러니하게도 건강과 안녕을 촉진할 것 같은 이러한 이론들이 뜻하지 않게 개인주의와 자기애의 문화를 조장하고 촉진하는 것 같다.[1] 환원주의의 두 가지 형태는 앞 장에서 설명되었다: 영역 환원주의(domain reductionism)와 심리학적 환원주의. 두 가지 형태는 모두 영성 지도와 목회 상담의 실제의 기초가 되는 네 가지 주요 이론들에서 두드러진다. 네 가지의 이론들은 하나님 이미지 이론, 발달 단계 이론, 성격 유형 이론 그리고 자기-초월 이론이다. 각각의 이론들은 아마도 그것의 대중성을 설명해 주는 상당한 타당성을 가지고 있긴 하지만, 경험적으로 타당성이 검증된 것은 극소수이고, 모두 영성 지도와 목회 상담의 실제를 위해서는 중요한 한계점들을 가지고 있다.

하나님 이미지 이론

점점 더 많은 임상적인 연구들이 하나님 형상(*imago dei*)과 하나님-표상이라고도 불리는 하나님 이미지 이론을 정교하게 만들어 왔다. 애너-마리아 리주토(Anna-Marie Rizzuto)가 그녀의 책 『살아 있는 신의 탄생』(*The Birth of the Living God*)에서 보고한 일련의 환자들에 대한 고전적인 임상 연구는 심리 치료사들과 목회 상담자들, 그리고 영성 지도자들 사이에 상당한 관심을 유발했다.2) 리주토는 개인의 하나님 표상(God representations)은 그 사람의 부모나 다른 초기 양육자들의 이미지들을 반영한다는 것을 발견했다. 대상 관계 이론(object relations theory)은 하나님 표상의 형성에 대한 그녀의 연구에 영향을 주었던 정신 분석적 관점이다.

대상 관계 이론은 '대상 관계'(object relations)나 '대상 표상'(object representations)으로부터 그 명칭을 가져왔다. 대상 관계는 초기의 중요한 사람들 및 그 사람들과의 관계 역동을 유아가 내면화시킨 것과 이러한 내면화된 대상 관계의 지속적인 심리적 영향을 나타낸다. 대개 대상 관계는 시간이 지남에 따라 발달하고 성숙한다. 이 발달의 세 가지 단계 또는 과정은 공생(symbiosis), 분리-개별화(seperation-individuation) 및 대상 항상성(object constancy)이다. 한 사람의 하나님 표상의 기본적인 발달은 이러한 단계들을 거치는 동안에 이루어지고, 특히 이 과정에는 중간 대상들(transitional objects)이 필요하다.

공생은 유아들이 다른 사람들과의 관계에서 그들 자신의 존재감을 경험하게 되는 발달 과정이다. 유아들은 태어날 때부터 그들에게 자기를 조절해 주거나 또는 '안아 주는 환경'(holding environment)을 제공해 줄 양육자들 - 보통의 경우 부모인 - 을 필요로 한다. 안아 주는 환경은 유아들에게 다음과 같은 메시지를 전달할 수 있는 부모의 능력이다. "나는 너를 돌보고 보호해 줄 수 있을 만큼 충분히 강한 사람이야. 내가 너를 안아 줄 거야. 내가 너를 지켜 줄 거야. 내가 너를 편안하게 해줄 거야. 내가 너를 달래 줄 거야." 유아들의 자기 존재감은 엄마의 그것과 융합되어 있기 때문에 초기에는 모든 것이 완벽하다. 유아들은 대부분 자신들이 모든 것을 통제하고 있고, 자신들이 시키는 대로 엄마가 하는 한 자신들은 존재한다고 믿는 것 같다.

분리-개별화는 인생의 전 과정을 통하여 일어난다. 가장 빠르게는 유아들이 점진적으로 스스로 안아 주고 자기를 조절하는 기능을 맡게 될 때 일어난다. 그러나 유아들은 직접적으로는 이런 책임을 맡을 준비가 되어 있지 않기 때문에 불가피하게 그들 자신을 '속인다.' 그것은 마치 유아들이 스스로에게 이렇게 말하는 것과 같다. "내 통제 아래 있지 않은 그 안아 주는 기능을 내가 맡지만, 그것을 한 대상에게 옮겨라. 분명히 그것은 나의 통제 아래 더 많이 있게 될거야." 담요나 곰인형은 유아의 전적인 통제 아래 놓이게 될 뿐만 아니라, 성장해서 분리된 사람이 되는 것에 대한 불안을 달래 주기도 한다. 이때 외부 현실의 왜곡이 있는데, 왜냐하면 유아는 실제로 달래 줄 수 있는 능력을 가졌던 사람인 부모가 이전에 유아에게 보여주었던 특성들을 가지고 그 대상을 다루기 때문이다. 중간 대상들(transitional objects)은 우리 모두가 이 안아 주고/달래 주는 기능을 점진적으로 연습하는 것을 가능하게 해준다. 중간 대상들은 사람이 자신의 환경을 탐색하고 그것을 어떻게 조정할 수 있는지 배우는 과정을 돕는다. 그것은 이러한 자기-조절 능력을 내면화하는 과정의 중간 단계를 나타낸다. 유아가 3세나 4세가 되면 그들 주변의 환경을 이해하고 조정할 수 있는 충분한 능력을 발달시키고, 그들은 이제 자신들의 현실 왜곡을 줄일 수 있게 된다.

중간 대상은 분리 불안을 달래 주고 그 사람의 독특한 정체감인 개별성을 촉진하는 역할을 하는, 자기와 대상 사이의 중간 경험이다. 관련된 용어는 '중간 현상'(transitional phenomena)인데, 이것은 중간 대상들과 '중간 양식'(transitional modes)을 포함한다. 중간 양식은 좀더 뒤에 나타나는 정상적인 사람들의 인생 경험을 말한다. 중간 양식은 음악, 행위 예술이나 창조적 표현과 같이 현실의 다른 양식을 깊이 경험하도록 사람을 자유롭게 해줄 수 있는, 논리적 사고와 같은 보다 높은 자아 기능의 휴식하는 공간 또는 일시적 정지다. 본질적으로 중간 양식은 달래 주는 기능을 가지고 있지만, 그것은 더 많은 자기-통합과 자기-초월을 위한 것이다.

하나님에 대해 말할 때 '중간 대상'이란 용어가 사용되지는 않는다. 이것은 하나님은 하나의 대상이 아니라, 중간 대상-장난감이든지, 담요든지 또는 정신적인 표상이든지 간에-이 강력하게 실감나는 환상적인 생명을 부여받는 독특한 심리적 공간 안에서 유아에 의해 창조된 특별한 대상 표상의 유형이기 때문이다. 하나님은 다른 중간 대상들의 통상적인 과정을 따르지 않기 때문에 중간 현상이다. 일반적으로 삶의 과정을 거치면서 개인이 자기를 조절하는 사람이 되어 감에 따라 중간 대상은 그것의 의미와 가치를 상실한다. 반면에 하나님은 세월이 흐를수록 의미를 상실하기보다는 오히려 보다 큰 의미를 갖게 된다. 다른 중간 대상들이 억압되거나 심지어 잊혀질 수 있을 때, 하나님은 완전하게 억압될 수 없다. 하나님은 더 큰 사랑이나 수용, 분노 또는 심지어 거절을 위해서 언제든지 잠재적으로 이용될 수 있다. 하나님은 우리에게 정신적으로 유익을 주고 자기 자신, 다른 사람들 그리고 삶 자체와의 관계에서 중간 현상으로 남는다. 리주토에 따르면 곰 인형처럼 하나님의 채워 주고 안아 주는 기능의 절반은 부모로부터 오고, 다른 절반은 자신의 욕구에 따라 하나님을 '창조'할 수 있는 유아의 능력으로부터 온다.3) 하나님을 창조하고 발견하는 이런 과정-중간 현상-은 전 생애 동안 계속된다. 그것은 문화에 의해 더 많이 형성되고 강화된다. 하나님은 우리 헌법의 헌정사와 화폐 체계(주화와 지폐), 부활절과 크리스마스와 같은 종교적 축제일, 교회 건물, 세금 공제 등과 같은 우리의 문화에서 특별한 위상을 가진다.

대상 항상성(object constancy)은 유아들이 그들 자신과는 완전히 분리되고 독립적인 것으로 지각되는 다른 사람들과 안정되고 사랑하는 관계로 들어갈 수 있는 발달 과정이다-유아들의 하나님 이미지는 덜 구체적이고 더 개념적인 것이 되어 간다. 이러한 인지적 발달은 많은 부분이 환상을 통해 촉진된다. 환상의 가장 초기 단계는 상상 속의 친구(imaginary companion)다. 상상 속의 친구는 다른 사람들과 관련된 일상의 문제들을 해결하는 데 도움을 준다. 유아들이 새롭게 개발하는 상상들은 그들이 경험하기 시작하는 거친 세상에서 완충제 역할을 한다. 상상 속의 친구는 유아 발달에 특별히 긍정적인 역할을 하며, 일단 그 역할이 충족되면 그 '친구'는 사라지는 경향이 있다. 독특하게도 상상 속의 친구는 나쁨이나 부정적인 충동의 희생양, 아무도 없을 때의 놀이 친구, 유아의 전능한 통제감을 인정해 주는 자로서의 역할을 할 수 있다. 환상의 성질과 구조는 어린아이들이 성장하고 발달함에 따라 정교해진다. 남자 아이들의 경우 세 살 이후의 환상의 순서는 괴물(monster)-악마(devil)-영웅(hero)-초인적 영웅(super hero)이다.4)

상상 속의 친구들과 괴물들은 아이들이 그들의 나쁨, 분노에 찬 충동, 속수로 좌절을 견디도록 도와준다. 그들은 또한 힘에 대한 아이들의 과대감을 나타낸다. 괴물들은 아이들이 그들 자신이 그럴 것이라고 느끼거나 두려워하는 괴물을 알고, 정복하고, 잊어버리는 것을 도와준다고 한다. 두 살의 나이에 아이들은 어른들이 하나님을 진지하게 생각한다는 것과 하나님이 그들을 벌하거나, 축복하거나 또는 사랑한다는 사실을 배운다. 아이들이 하나님을 볼 수 없다 해도 그들은 하나님이 강력하고, 어디에나 있고, 모든 것을 다스린다고 느끼게 된다. 필연적으로 아이들이 가지고 있는 하나님 이미지는 그 순간에 사용할 수 있는 가장 중요한 부모의 표상으로부터 생겨난다.

두 살 반의 나이에 아이들은 물건들이 사람에 의해 만들어졌음을 알게 된다. 그리고 그들은 구름이나 바다와 같은 것들이 어떻게 만들어졌는지를 질문한다. 하나님이 그것들을 만들었다는 말을 들을 때 아이들은 하나님이 구름과 같이 큰 것들을 만들 수 있을 만큼 강하다는 것을 상상할 필요가 있다. 이런 종류의 질문이나 의심은 다섯 살까지 지속된다.

여섯 살이 되면 아이들은 세상과 동물들과 아름다운 것들을 창조하신 분으로서의 하나님 개념을 이해한다. 그리고 그들은 하나님과의 정서적인 관계를 발전시키기 시작한다. 기도가 중요해지고, 기도가 응답될 것이라고 믿는다. 이 단계에서 하나님의 대응자는 악마다. 아마도 그것은 아이들의 적대적이고 가학적인 부모 표상을 반영할 것이다. 나중에 아이들이 그들의 부모에게서 환멸을 경험하기 시작함에 따라 그들은 이상적인 상상 속의 부모에 대한 환상들과, 자신들과 함께 놀거나 그들을 인도해 줄 쌍둥이나 수호 천사에 대한 환상을 정교하게 만들어 내는 것 같다. 실제로 성경의 이야기들과 천국과 더 나은 삶에 대한 그림들은 이러한 환상들의 일부와 유사한 기능을 한다고 할 수 있다.

그러므로 여섯 살 정도가 되면 공식적인 하나님 표상이 형성된다. 리주토는 결국 하나님은 이 다채로운 캐릭터들과 함께, 그리고 환상, 소망, 두려움, 성적인 선입견 속에서 공식적으로 나타난다고 했다. 하나님은 다양한 사회·문화적, 종교적, 의례적 가족적 요인 때문에 특별하고 우월한 지위를 획득한다.5) 이러한 표상은 잠재기와 청년기를 거치면서 특히 영웅이나 초인적 영웅의 이미지들로 지속적으로 수정되고 강화된다: 록 스타, 운동 선수, 영화 배우 그리고 심지어 정치가들.

요약하면, 하나님 표상이 발달하는 순서가 있는 것 같다: 아이들은 성장하면서 중간 현실(transitional reality) 혹은 중간 공간(intermediate space)을 발달시키는데, 그 속에서 아이들은 중심이 되고 부모에게 의존하는 상태에서 보다 큰 바깥 세상으로 잠시나마 옮겨갈 수 있다. 초기 유아기에 아이들은 이 중간 현실을 상상으로 만들어 낸 사람들과 괴물들이 함께 하는 '생생한' 것으로서 경험한다. 이 이미지들은 종전에는 충분히 위로해 주는 부모의 말들과 현존에 의해 완화되었던 공포와 취약함의 격렬한 감정을 불러일으킨다. 흔히 이 시기에 하나님은 아이의 의식의 장면에 나타난다. 그들이 다른 사람들에게 배웠던 것들 때문에 하나님은 최상의 존재가 되고, 궁극적인 존재가 된다: 가장 강하고, 가장 크고, 가장 좋은 존재. 그 결과로 이제 괴물들은 그들의 무시무시한 힘을 잃고 어린 아이들의 상상 속에서 사라져 간다. 나중에 아이들은 그들이 세상에서 그들 자신을 바라

보는 방식의 일부가 되는 하나님에 대한 단순한 인지적 관념을 내면화시킨다. 아이들이 성장해서 부모로부터 분리되는 과정을 시작하게 되면서, 그들은 보다 큰 세상과 합류할 수 있게 된다. 이 과정은 아이들에게 그들이 관계하는 지상의 아버지와 하늘의 하나님이 모두 있기 때문에 촉진된다.

만약 발달 과정이 정상적으로 진행된다면, 아이들은 전지전능하고 만물을 보호하는 하늘의 아버지로부터 지상의 아버지를 분화시키는 것을 배우게 될 것이다. 이 분화 과정에서 지상의 부모는 덜 신적이고 더 오류에 빠질 수 있는 인간이 되어 간다. 이 결정적인 시기에 분화가 충분히 이루어지지 않으면 하나님 이미지는 혼란스럽고 왜곡될 수 있다. 왜곡은 또한 아이들과 부모의 관계의 질과 일관성이 손상되는 경우에도 일어날 수 있다. 부모의 하나님 이미지는 아이의 하나님 이미지가 형성되는 데 영향을 준다. 부모의 하나님 이미지가 비교적 성숙하고 부모-자녀 관계가 비교적 조화로우면, 아이는 현실적이고, 균형 있고, 건강한 하나님 이미지를 가지게 된다. 그러나 부모의 하나님 표상(God representation)이 왜곡되고 부모-자녀 관계가 양가적(ambivalent)이고 갈등이 있으면, 아이는 하나님과 관련하여 왜곡된 표상과 관계 양식을 발달시키게 된다.[6] 부모 사이의 관계의 질도 강조하지 않을 수 없다. 첨언하자면, 하나님 표상을 형성하는 것은 어린 소년들에 비해서 어린 소녀들에게는 다소 다르다고 주장되었다.[7]

하나님 이미지 이론에 대한 비판

아마도 하나님 표상과 하나님 이미지 이론에 대한 주된 비판은 이 이론을 증명할 체계적인 경험적 연구가 발표된 적이 없다는 것이다.[8] 그럼에도 불구하고, 이 주제에 대한 박사 학위 논문들이 많이 있고 여러 건의 조사 연구가 보고되었다. 조사 연구는 하나님 이미지와 결혼의 기능, 신학적 견해들, 정당 선호 투표 성향 사이에 몇 가지 흥미로운 상관관계가 있다고 주장한다.9) 전체론적이고 통합적인 관점으로 보면, 하나님 이미지 이론은 오히려 그것이 도덕적 영역은 전혀 배제하는 한편, 영적 및 심리적 영역의 제한된 측면에만 관심을 가진다는 점에서 한계가 있다.

영성 지도와 목회 상담에의 적용

목회 상담과 영성 지도에서 하나님 표상의 가치와 유용성은 무엇인가? 리주토는 내담자의 하나님 표상을 이해하는 것의 치료적 가치를 다음과 같이 설명했다.

> 개인의 하나님에 대한 주관적인 설명에 대해 조심스럽게 탐구해 보면 하나님에게 특별한 특성들을 부여하도록 이끌었던 정신적이고 대인관계적인 사건들의 유형에 대한 중요한 정보를 드러낼 수 있다…계속해서 개인의 하나님 표상에 대해 이해하면 그 또는 그녀의 정신적 이력과, 잠재적 믿음이나 하나님 표상의 갱신을 방해하는 장애물들의 유형에 대한 정보를 얻을 수 있다. 나는 지금…개인의 발달 시기와 좀더 어울리는 수준으로까지 하나님 표상과 종교적 행동이 변화하는 것을 방해할 수 있는 심리 내적 과정에 대해 언급하고 있다.10)

리로이 하우에(Leroy Howe)는 『하나님 이미지: 목회적 돌봄과 상담을 위한 신학』(*The Image of God: A Theology for Pastoral Care and Counseling*)이라는 책에서 하나님 이미지 이론을 임상적으로 적용한 흥미로운 사례를 설명했다.11) 그는 하나님 이미지의 신학을 대상 관계 이론과 관련시켜서 그것을 목회 상담 상황에 적용했다. 유사하게, 드보라 헌싱거(Deborah Hunsinger)도 그녀의 책 『신학과 목회 상담』(*Theology and Pastoral Counseling*)에서 목회 상담의 실제를 위한 토대로서 칼 바르트의 신학을 하나님 표상에 대한 정신 분석적 관점과 상관시켰다.12) 테일러(Taylor)는 영성 지도자들을 위한 국제 저널에서 하우에의 『하나님 이미지』에 대한 서평을 실었고, 그것이 영성 지도의 실제에 직접적으로 적용할 수 있으며 유용하다는 것을 제안했다.13) 이런 두 가지의 노력은 이 이론을 임상 실제에 크게 확장시켰다.

유감스럽게도, 이러한 모든 접근들은 오직 심리적 영역과 영적 영역, 매우 협의의 심리학 이론인 정신 분석적 이론에만 집중되었다. 그것들의 강조점은 주로 정서적 차원에 있다. 이러한 접근들은 도덕적 영역을 해명하지 못할 뿐 아니라 지적, 신체적 또는 사회·정치적 차원과 같은 인간 경험의 다른 차원도 해명하지 못하기 때문에 다소 환원주의적이고 임상적으로도 한계가 있다.

발달 단계 이론

영적 영역과 관련이 있는 많은 발달 단계 이론들이 1970년대와 1980년대에 생겨났다. 그 중에는 도덕 발달, 신앙 발달, 자기 발달, 영적 발달 이론들이 있다. 이 단원에서는 도덕 및 신앙 발달 이론을 간략하게 설명하고, 자기 발달과 영적 발달 이론에 대해서는 보다 상세하게 논의할 것이다.

도덕 발달 이론

로렌스 콜버그(Lawrence Kohlberg)는 여섯 단계를 포함하는 점점 더 복잡한 세 가지의 발달 수준을 상술하는 도덕 발달의 단계 모델을 제안했다.14) 콜버그의 취지는 도덕적 추론과 행위 사이의 관계를 규정하기 어렵다고 보고 도덕적 행위보다는 오히려 도덕적 추론의 발달 과정을 설명하는 것이었다.

그는 도덕적 추론의 세 가지 수준, 즉 전인습적 수준, 인습적 수준, 후인습적 수준을 제시했다. 그는 도덕적 추론과 행위 사이의 관계가 후인습적 수준에서 가장 두드러질 것이라고 예견했는데, 이 시기에는 행위가 합리적인 원리에 의해 조정되어야 한다는 이론이 형성된다. 첫 번째 발달 수준인 전인습적 도덕성은 외적인 기초를 가지고 있고, 외적 통제를 강조하는 도덕성을 특징으로 한다. 1단계는 처벌과 복종 지향적이고, 2단계는 옳고 그름이 어떤 행동이 보상을 받을 것인가에 의해 결정되는, 도구적 상대적 지향이다. 두 번째 발달 수준인 인습적 도덕성은 다른 사람들을 기쁘게 하고 규범을 유지하는 것을 강조하는 도덕성을 특징으로 한다. 3단계는 대인관계에서의 조화를 지향하기 때문에 도덕 발달의 '착한 아이' 단계라고도 불린다. 4단계는 사회 체제 유지를 포함하고, 법과 질서를 지향한다. 세 번째 발달 수준인 후인습적 도덕성은 추상적인 도덕 원리에 기초한 도덕적 추론을 포함한다. 5단계는 사회적 계약을 지향하고, 6단계는 보편적인 윤리적 원리들을 지향한다.

신앙 발달 이론

제임스 파울러(James Fowler)는 신앙(faith)을 특별한 믿음(belief)의 관점으로 개념화하기보다는 오히려 궁극적이고 초월적인 실체와 의미를 다룸에 있어서 개인들이 인지적, 영적으로 어떻게 발달하는지를 표현하는 것으로 개념화한다.[15] 그는 신앙 발달을 생애의 첫 해 동안에 신뢰와 상호성의 축적이 이루어지는, 출현하는 단계(emergent stage)를 나타내는 전신앙(pre-faith) 단계와 함께 여섯 단계로 설명한다.

1단계: 이 단계는 직관적-투사적 신앙으로 불리는데, 환상으로 가득 찬 모방 단계이며, 어린아이들은 이 단계에서 일차적으로 관련된 성인들의 가시적인 신앙에 의해 강력하게 그리고 영구적으로 영향을 받을 수 있다.

2단계: 이 단계는 신화적-문자적 신앙으로 불리며, 이 단계에서 개인들은 공동체에 속해 있는 것을 상징하는 이야기와 신조, 관례들을 스스로 받아들이기 시작한다.

3단계: 이 단계는 종합적-인습적 신앙으로 불리며, 이 단계의 신앙은 상호적이지만 대부분 체제 순응적인 관계에서 구조화된다. 이 단계는 대부분의 성인들에게 규범적이다.

4단계: 이 단계는 개별적-반성적 신앙으로 불리며, 이 단계에서 자기와 그 사람의 믿음은 그 사람이 개인적으로 헌신하고 있는 개인화된 명백한 의미 체계를 받아들이기 시작한다.

5단계: 이 단계는 결합적 신앙으로 불리며, 반대하는 생각이나 믿음의 통합 및 종합을 포함한다. 이 단계에서 개인은 그들의 믿음을 비판적으로 분석하고, 그것이 그들의 행동에 활력을 주도록 할 수 있는 능력을 갖게 된다.

6단계: 이 단계는 보편화 신앙으로 불리며, 구속하는 패러독스 및 사람의 특별한 신앙의 명백한 의미를 뛰어넘어 다른 사람들에게 공정하고 다정하게 관련되는 미래의 질서를 추구하는 것을 포함한다.

자기-발달 이론

로버트 키건(Robert Kegan)은 모든 종교 문헌에 표현된 인간의 기본적인 두 가지 욕구, 즉 애착 또는 관계에 대한 욕구와 분리 또는 자율성에 대한 욕구를 다루고 있기 때문에 영성 지도자들과 목회 상담자들에 의해 크게 주목받고 있는 자기-발달 단계 이론을 제시했다.16) 이 이론은 콜버그나 파울러의 발달 단계 이론보다 덜 알려지긴 했지만, 많은 영성 지도자들과 목회 상담자들의 실제에 자양분을 제공해 준다. 따라서 다른 단계 이론들보다 상세하게 설명하기로 한다.

이 모델의 기본적인 역동은 의미 형성(meaning-making)이 인간의 본성을 규정하는 것이라는 점과 정서는 의미의 중심을 방어하고, 포기하고, 재구성하는 경험으로 이해된다는 점이다. 자기-타자 관계들은 지속적인 발달 과정으로부터 나타나고, 그 과정은 세상으로부터 자기를 계속적으로 점점 더 분화시키는 것을 포함한다. 이 과정의 결과로 관계의 목적은 더욱 복잡해진다.

연속적으로 발달해 가는 의미 형성 과정은 자기 발달의 모든 단계에 기초적인 것이다. 융합(fusion), 분화(differentiation), 소속(belonging)은 사람이 반복해서 '자기'와 '타자'의 의미를 형성할 때 발달의 각 단계에서 새로운 형태로 반복되는 움직임들이다. 각 발달 단계에서는 그 단계의 지배적인 독립성이 포기될 수 있다. 왜냐하면 자유롭게 선택된 상호의존성은 자율과 애착 두 가지 모두에 대한 보편적인 열망의 균형을 잡는 것을 포함하기 때문이다. 다른 단계 이론들과는 다르게 키건은 자율적인 자기 지도(self-direction)의 단계를 넘어서는 발달의 필요성을 기술한다. 이 단계에서는 친밀감을 억제하는 상호성보다는 통제가 선호된다. 키건에게 있어서 가장 성숙한 단계는 자기가 자유롭게 선택된 상호 의존성을 위해서 자신의 지배적인 독립성을 포기하고 상호성과 동등성을 가지고 타자와 관계를 맺는 단계다. 이런 관점에서 볼 때 영적 성숙은 자유롭게 자기 자신을 포기하고 기꺼이 다른 사람들 및 하나님과의 진정한 상호관계를 시도하는 것이다.

구체적인 발달 단계는 다음과 같다.

1단계: 충동적 단계(Impulsive Stage). 이 단계에서 자기는 분화되지 않고 반사 작용에 의해 움직이는 함입적인(incorporative) 상태(키건을 이것을 '0'단계라고 했다)로부터 발달한다. 충동적 자기는 조직되지 않았으며, 끊임없이 변화하는 충동들(impulses)과 지각들(perceptions) 속에 묻혀 있고 그것들에 종속된다. 그 결과 충동적 자기는 정서의 양 극단 사이를 급격하게 오간다.

2단계: 제국적 단계(Imperial Stage). 이 단계에서 어린이들은 구체적이고 조작적인 사고가 생겨남에 따라서 내부 세계를 창조하고 충동들과 지각들을 객관화한다. 그 결과 자기는 더 이상 충동들이나 지각들에 의해 통제되지 않으며 적극적, 의도적으로 자신의 환경을 탐색한다.

3단계: 상호관계적 단계(Interpersonal Stage). 이 단계에서 자기는 자신의 욕구를 타인들의 욕구와 조화시키고 어느 정도 공감을 나타냄으로써 다른 사람들과 관계를 맺을 수 있다.

4단계: 제도적 단계(Institutional Stage). 이 단계에서는 자기가 자신을 관계들로부터 분리할 수 있고 자기 존재감을 경험할 수 있다는 것을 의미하는 응집적인 정체감이 성취된다. 이 단계에서 자기는 이러한 구조에 대해 충분히 비판적으로 성찰할 수 없다.

5단계: 상호-개별적 단계(Inter-individual Stage). 이 단계에서 자기는 자유롭게 선택된 상호의존성을 위해서 자신의 지배적인 자율과 독립성을 포기할 수 있게 되고, 그럼으로써 다른 사람들과 상호성과 동등성으로 관계를 맺을 수 있게 된다.

영적 발달 단계들

데이빗 헬미니악(David Helminiak)은 영적 발달의 단계 모델을 제시했다.[17] 그의 기본적인 가정은 영적 발달은 신체적, 정서적, 지적, 도덕적 자아 또는 신앙의 발달과 함께 발달의 구분된 선이라기보다는 인간 발달의 이러한 모든 차원들을 포함한다는 것이다. 영적 발달은 인간의 영적 원리를 인격의 깊은 구조 안에 지속적으로 통합시키는 과정이고, 그것은 네 가지 요소, 즉 통합성 또는 전체성, 개방성, 자기-책임, 진정한 자기-초월을 특징으로 한다. 헬미니악은 이 통합 과정의 구별되는 다섯 가지 발달 단계를 기술했다.

1단계: 순응적 단계(Conformist Stage). 이 단계는 영적 발달의 출발점이고, 외부의 권위를 기초로 하여 수용되고 중요한 타자들의 동의에 의해 지지되는, 깊이 느껴지고 널리 합리화된 세계관을 특징으로 한다.

2단계: 충동적 단계(Impulsive Stage). 이 단계는 개인이 전수받은 세계관에 대한 분별없는 집착 때문에 사실상 자신의 삶에 대한 책임을 포기했다는 인식에 대해 책임지기 시작하는 것을 특징으로 한다. 이 단계에서 사람들은 그들의 삶이 그들 스스로 결정한 그 무엇이라는 사실을 배우기 시작한다.

3단계: 양심적 단계(Conscientious Stage). 이 단계는 영적 발달의 첫 번째로 진실한 단계이고, 사물에 대해 그들이 이해한 것에 따라서 그들의 삶을 의미심장하게 구조화하게 되는 것, 그들 스스로 새롭게 받아들인 책임감에 대한 낙관주의 그리고 그들의 원칙들에 대한 헌신을 특징으로 한다.

4단계: 동정적 단계(Compassionate Stage). 이 단계에서 사람들은 그들이 그들 자신을 위해 그토록 힘겹게 구축했던 세상의 일부를 포기하는 것을 배운다. 그들의 헌신이 약해지는 것은 아니지만, 이제 그들은 보다 현실적이고, 미묘해지고, 깊이 느껴지고 복잡한 정서에 의해 더 많이 유지되게 된다.

5단계: 우주적 단계(Cosmic Stage). 이 마지막 단계가 전개되면서 개인의 지각, 인지, 상호관계 및 다른 모든 것들의 익숙한 패턴들은 보다 완전히 진정한 것이 된다. 영혼과 자기 사이에는 최고의 한 심오한 융합이 있다. 그것은 바로 완전한 통합과 진정함의 상태다.

발달 단계 이론들에 대한 비판

현재까지 이러한 기본적인 발달 이론들 중 어느 것도 점증하는 신학적 비평가들과 심리학자들의 검증에 잘 들어맞지 않았다.18) 이론적인 그리고 실제적인 한계들이 드러났다. 이것들 가운데서도 두드러진 것은 환원주의다. 게다가 가장 널리 연구된 두 개의 이론인 에릭 에릭슨(Erik Erikson)과 로렌스 콜버그(Lawrence Kohlberg)의 이론에 대해서도 지지해 주는 연구가 그리 많지 않다. 이러한 발달 이론들 또는 모델들은 원리적으로 하나의 영역과 한두 가지 차원을 다루는 반면에 다른 것들을 고려하지 않기 때문에, 그것들은 본질적으로 환원주의적 이론들이다. 따라서 그것들은 인간의 경험의 관점에서 볼 때 영성 지도와 목회 상담의 실제를 위한 토대로서 제한된 가치와 유용성을 가진다.

영성 지도와 목회 상담에의 적용

조안 울스키 콘(Joann Wolski Conn)은 『영성과 개인적 성숙』(Spirituality and Personal Maturity)19)에서, 그리고 엘리자베스 리버트(Elizabeth Liebert)는 『삶의 패턴의 변화: 영성 지도에서의 성인 발달』(Changing Life Patterns: Adult Development in Spiritual Direction)20)에서 키건의 자기-발달 모델을 활용하여 영성 지도와 목회 상담에서 그것의 임상적인 유용성을 능숙하게 명료화하고 증명했다.

심리 유형 이론

사람들을 유형별로 분류하는 것은 히포크라테스의 체액 유형(humoral types)으로 시작되는 오랜 역사를 가지고 있다. 오늘날 영성 지도자들과 목회 상담자들에 의해 널리 활용되고 있는 두 가지의 성격 유형 이론이

있다: 에니어그램(Enneagram)과 마이어스-브릭스 성격 유형 지표(Myers-Briggs Type Indicator; MBTI). 이 이론들이 대중적으로 인기가 있는 이유는 사람들이 몇 가지의 성격 유형과 범주로 그들 자신과 그들의 관계를 이해하는 데 도움을 주기 때문이다: 에니어그램에는 아홉 가지 유형이 있고, MBTI에는 열여섯 가지의 유형이 있다.

성격 유형을 확인하는 이러한 도구들은 서로 다른 성격 이론을 토대로 한다. 마이어스-브릭스 성격 유형 지표(MBTI)는 융의 성격 유형 또는 기능 이론을 토대로 한다. MBTI는 내향형/외향형, 감각형/직관형, 사고형/감정형, 인식형/판단형의 구성 개념들을 강조한다. 에니어그램은 처음에는 그것의 뿌리가 수피교 신비주의에 있다고 알려졌다. 그러나 최근에 로어(Rohr)와 에버트(Ebert)가 에니어그램이 적어도 사막의 교부들에게까지 거슬러 올라가는 보다 초기의 기독교적 뿌리를 가지고 있다고 주장했다.21) 에니어그램의 기초가 되는 이론에서 각각의 성격 유형은 불쾌함을 피하려고 하는 강박 성향이나 기본적인 욕구에 의해 규정된다. 기본적인 강박 성향은 개인의 악덕(vice) 또는 '숨겨진 죄'(hidden sin)이고 한 사람의 강박 성향으로부터의 '구원'은 그 강박 성향을 '거슬러 나오는 것'으로부터 주어진다. 결국, 성격을 유형화하는 이 두 가지 체계는 모두 관찰, 면담 또는 심리 측정 검사를 통하여 평가될 수 있다. "처음에 심리 검사를 위해 시작되었다가 나중에 영적 발달을 지도하는 데 도입되었던" MBTI와는 달리 "에니어그램은 영적 실천의 지도를 만들어 주는 것으로 시작되었지만 그것이 서구에 소개되면서 심리학화되었다."22) 영성 지도에서는 에니어그램이 MBTI보다 더 보편적으로 활용되기 때문에 아래에서는 그것을 간략하게 설명할 것이다.

에니어그램

에니어그램은 아홉 가지의 서로 다른 성격 유형과 그것들의 상호관계를 도식화한 인간 발달의 한 체계다. 각각의 유형들은 각자의 세계관과 자기관(self-view)에서 다르다. 에니어그램에는 각 유형마다의 구별되는 재능과 함정 또는 강박적 노력이 담겨져 있다. 각각의 유형들에는 그 유형의 균형을 잃게 되는 길과 그 유형의 초월을 성취하는 길이 있다. 아홉 가지 패턴들의 재능들과 함정들은 모든 사람에게 있는 것이지만, 각각의 유형들은 다른 유형들보다 특징적으로 어떤 행동들과 관련이 있다. 이러한 패턴은 익숙하거나 자동적인 존재 방식이 된다.

에니어그램은 현대의 심리학적 이해와 고대의 가르침을 결합시켜서 개인의 발달을 위한 심리 영성적 도구를 제공해 주는 성격 유형에 대한 하나의 접근 방식이다. 대부분의 다른 체계들과 접근 방식들과는 달리, 에니어그램은 한 사람의 성격을 그 사람의 기본적인 본질(essence)과 구분한다. 성격은 한 사람의 유형 특질들(type traits)과 자동적이고 무의식적인 행동들로서 나타나는 것이다. 그것은 한 사람의 페르조나(persona) 또는 '거짓 자기'(false self)와 비슷하다. 반면에 본질은 성격을 초월하고 보편적인 특성(quality)을 반영하며 개인을 영적 영역에 연결시킨다. 이것은 한 사람의 '참' 자기(true self)와 비슷하다. 에니어그램이 한 사람의 경력과 관계를 개선시키는 데 치료적 도구로서 유용한 반면, 많은 치료사와 영성 지도자들은 에니어그램을 영적 발달과 변화를 위한 매우 강력한 도구로 본다.

영성 지도자들이 영적 발달에 유용하다고 본 에니어그램의 두 가지 측면은 각각의 유형들의 미덕과 악덕을 자세히 설명한 것이다. 기본적인 악덕은 기독교 전통에서 일곱 가지의 중요한 죄라고 부르는 것들, 즉 교만, 탐욕, 분노, 질투, 정욕, 탐식, 태만이며, 거기에 두려움과 거짓이 추가된다. 미덕은 이러한 악덕들과는 정반대의 것들이다. 즉 겸손, 초연함, 평온, 침착, 순수, 절주 또는 절제, 행동, 용기, 진실이다.

다음은 아홉 가지의 성격 유형에 대한 간략한 설명이다. 각각의 유형들에 대한 설명에는 기본적인 욕구와 행동 특성뿐만 아니라 기능의 수준들,

즉 건강한 수준, 평균 수준 및 건강하지 못한 수준에 대한 것들이 포함된다. 또한 각각의 유형들과 관련된 기본적인 미덕과 악덕에 대한 설명도 포함된다. 이런 성격 묘사는 돈 리소(Don Riso)와 러스 허드슨(Russ Hudson)[23] 그리고 리처드 로어(Richard Rohr)[24]의 저작을 토대로 한다.

1유형의 사람들에게는 완벽한 것에 대한 욕구가 있다. 그러므로 그들은 옳기 위해서 노력하고 틀리는 것을 피한다. 그들은 흔히 완벽주의자들이고 강한 도덕적 감각을 가지고 있다. 건강한 1유형은 양심, 식별력, 통합성 그리고 인생의 목적에 대해 강한 감각을 나타낸다. 그들은 균형 있고 평온한 삶을 살아간다. 평균 수준의 심리적 건강과 안녕(well-being)을 지닌 1유형은 상당히 엄격한 경향이 있는 내면의 규범들에 의해 움직이고, 다른 사람들이 그들에게 말할 수 있는 것들에 의존하지 않는다. 따라서 평균적인 1유형은 상당히 자기-비판적이고, 그들이 그들 자신에게 부과하는 것과 동일하게 높은 기준을 다른 사람들에게 기대하기 때문에 다른 사람들에 대해 비판적이다. 1유형들은 그들의 에너지의 많은 부분을 분노로부터 얻는다. 잘하면 이러한 에너지는 훈련, 조직화, 강한 직업 윤리 그리고 공정함, 정의, 진실에 대한 사랑에 기울여진다. 건강하지 못한 1유형은 융통성 없고, 완고하고, 그들 자신만의 규칙들과 원칙들에 사로잡히는 경향이 있다. 이 유형에게 미덕은 평온이고, 악덕은 분노다.

2유형의 사람들에게는 필요한 사람이 되고자 하는 욕구가 있다. 그러므로 그들은 삶의 초점을 사랑을 주고받는 데 둔다. 그들은 사람들의 마음에서 첫 번째 인물이기를 원하고, 때로는 유혹적인 수단으로 사람들을 그들의 정서적인 망(web) 속으로 끌어들이기도 한다. 건강한 2유형들은 자발적으로 다른 사람들을 도와주고, 정성어린 선물을 하고, 아무 것도 되돌려 받기를 기대하지 않으면서도 없어서는 안 되는 사람이 되는 매력적인 사람들이다. 평균적인 2유형도 다른 사람들에게 주기는 하지만, 관심이나 물질적 보상, 낭만적인 호의 또는 다른 특혜를 되돌려받을 것을 기대하기도

한다. 그들은 생색을 내고, 뽐내고, 심지어 고압적일 수 있다. 그들은 인기 있는 사람인 체할 수 있고, 다른 사람들을 도와주는 체하면서 그들 자신의 정서적인 필요를 위해 다른 사람들을 이용하는 의존 관계를 만들 수 있다. 건강하지 못한 2유형은 다른 사람들의 관심과 호의를 얻기 위한 노력으로 다른 사람을 조종하거나 이기적이 될 수 있다. 그들은 자신들이 원하는 것을 얻을 권리가 있다고 느끼고, 만약 원하는 것을 얻지 못하면 희생당했다고 느낀다. 그렇게 되면 그들은 자신들이 원하고 요구하는 것을 얻기 위해 비난과 죄책감, 심지어 스토킹을 사용하는 것까지도 정당하다고 느낀다. 이 유형에게 미덕은 겸손이고, 악덕은 교만이다.

3유형의 사람들에게는 성공하려는 욕구가 있다. 그들은 인상적인 증명서들이 있고 유명한 친구들이나 동료들이 있는 인상적인 사람들이 되려고 하는 경향이 있다. 그들은 지적이고, 재능이 많고, 성공적이고, 다른 사람들의 관심을 끄는 인상 관리를 잘하는 적응성 있는 사람들이다. 따라서 그들은 다른 사람들의 찬사와 신뢰를 쉽게 얻어내고, 조직이나 운동의 대중 연설자나 대변인으로 발탁되는 경향이 있다. 외향적인 3유형들은 그들의 이미지와 경력을 증대시키기 위해 자신의 네트워킹 기술을 사용하는 매력적이고 입심 좋은 사람들인 경향이 있는 반면, 내향적인 3유형들은 그들의 기술과 능력을 통해서 그들 자신을 좀더 발전시키려고 하는 것 같다. 건강한 3유형들은 진심에서 우러나오는 소박함과 이방인에 대한 정중함으로 대화할 수 있는 진정하고, 자기-수용적이고, 내면-지향적인 사람들이다. 평균적인 3유형들은 실용주의적이고, 이미지에 대해 신경을 쓰고, 그들의 업적과 세련된 외모에 대해 인정받기를 기대하고 추구하는 입신 출세주의적인 사람들이 되려고 하는 경향이 있다. 이 유형과 관련된 미덕은 진실이고, 악덕은 거짓이다.

4유형의 사람들에게는 특별하고자 하는 욕구가 있다. 그들은 좀처럼 평범하고 단조로운 것을 받아들이지 못하고 그들 주위의 대부분의 사람들이

하는 것에 대해서 회의한다. 그들은 정서적인 강렬함을 감수성이나 직관과 결합시킨다. 외향적인 4유형들은 그들 자신을 매우 개인적인 방식으로, 때로는 예술로, 때로는 영화나 문학으로 표현하려고 하는 깊은 욕구를 가지고 있다. 4유형의 사람들은 자기에 대해 자각하려고 애쓰는 사람들이며, 그들은 때때로 정서적인 영적 성장에 대해 관심을 가진다. 건강한 4유형들은 정서적으로 솔직하고 진실하다. 그들의 정서적 자각 때문에 4유형은 비상하게 동정심이 많고 영적으로 성숙하다. 평균적인 4유형들은 이와 같은 정서적 강렬함을 관계를 폐쇄시키는 데 쏟아 붓는 경향이 있고, 그 결과 종종 극적이고 불안정하게 되는 결과를 초래한다. 건강하지 못한 4유형들은 그들 내면의 고통에 과도하게 집중하거나 그것에 대해 골똘히 생각하고, 그것은 자포자기로 이어지거나 내면의 고통을 감추기 위해서 지나치게 활동적이고 이채롭게 된다. 이 유형과 관련된 미덕은 침착이고, 악덕은 질투다.

5유형의 사람들에게는 알고 싶은 욕구가 있다. 따라서 5유형은 모든 유형들 중에서 정신적으로 가장 긴장하는 사람들이지만, 초연한 태도로 이 강함을 감추려고 하는 경향이 있다. 5유형들은 대부분의 다른 유형들과는 반대로 행동하기 전에 생각하는 경향이 있다. 건강한 5유형들은 뛰어난 연구자, 탐구자, 학자, 과학자가 된다. 그들은 매우 독립적이고, 사적 자유(privacy)에 대한 욕구는 그들을 사회적으로 고립되도록 이끌어 가고, 그것은 탁월함이나 불가사의함, 또는 그 두 가지 모두로 이끌어 갈 수 있다. 어떤 5유형들은 지적으로 오만하지만, 또 다른 5유형들은 매우 친절하고 사려가 깊다. 건강한 5유형들은 배우는 것을 좋아하여 그들의 분야에서 전문가가 되고, 삶의 토대가 분명하고 확고한 정체성을 가지고 있는 상상력이 매우 풍부하고 혁신적인 사람들이다. 평균적인 5유형들은 종종 냉소적인 세계관을 가지고 있고, 초연하고자 하는 그들의 성향은 아주 기이한 사고로 나타나기도 한다. 건강하지 못한 5유형들은 상당히 적의가 있고 정서적으로 지나치게 긴장하는 은둔적이고, 괴벽스럽고, 의심이 많은 사람들인 경향이 있다. 이 유형과 관련하여 미덕은 초연함이고, 악덕은 탐욕이다.

　6유형의 사람들에게는 확실함과 안전에 대한 욕구가 있다. 그들은 신중하고 안전에 신경을 많이 쓰는 한편, 애정이 깊은 경향이 있다. 여성 6유형들은 감정을 드러내고 다른 사람들에게 의존하려는 경향이 있는 반면, 남성 6유형들은 다른 사람들에게 의존적인 정도를 숨기고 싶어하는 것 같다. 6유형들은 위험에 대해 지나치게 예민하기 때문에 마음이 맞는 사람들을 친구로 삼으려고 하는 경향이 있다. 그들은 사람의 마음을 끌고 쾌활하지만, 한편으로 불안해하고 민감하기도 하다. 그렇기 때문에 그들은 다른 사람들을 좋아할 수도 있지만 동시에 다른 사람들이 그들에게 행사하는 힘을 두려워할 수도 있다. 그들은 신뢰를 소중하게 생각하지만, 그들에게 상처를 줄 수 있는 사람들을 신뢰하는 것을 두려워하기도 한다. 6유형들은 또한 과거를 그리워하는 경향이 있고, 그들에게 위협적인 것으로 보이는 변화들에 대해 저항한다. 그들은 그들 자신만의 행동을 취하는 것을 두려워하고, 공통의 목표나 동료가 있어서 그들이 보호받고 있다고 느끼게 하는 팀에서 일하는 것을 선호한다. 그들은 자신들이 신뢰하는 사람들에게는 의심할 나위 없이 충실한 경향이 있다. 건강한 6유형들은 매력이 있고, 친절하며, 쾌활한 사람들이지만, 그럼에도 다소 알랑거리는 경향이 있다. 평균적인 6유형들은 그들이 안전할 수 있을 만큼 충분히 하고 있는지 전혀 확신하지 못하기 때문에 다른 사람들에게 지지와 지침을 기대하고 때로는 확신을 추구하기도 한다. 건강하지 못한 6유형들은 공포나 공황발작을 경험할 정도로 남에게 의존하고 자기 비난에 빠질 수 있다. 또는 공포증과는 정반대로, 즉 지지의 필요성을 부인하면서 거칠게 행동하고 협박할 수도 있다. 이 유형과 관련하여 미덕은 용기이고, 악덕은 두려움이다.

　7유형의 사람들은 고통을 피하려는 욕구를 가지고 있다. 따라서 그들은 재미있는 것을 좋아하고 모험을 좋아하는 사람들이기 때문에 지루함을 피하고 자극을 갈망하는 경향이 있다. 그들은 열정적이고, 자연스럽게 유쾌하고, 때로는 선정적이기까지 한 것 같다. 7유형들은 빨리 말하고, 빨리 움직이는 경향이 있고, 능숙하게 여러 가지 일을 한꺼번에 하는 경향이 있다. 그들은 파티 하는 것을 즐기지만, 청소를 해야 할 때가 되면 갑자기 사라질 것이다. 건강한 7유형들은 열광적이고 항상 발랄한 반면, 평균적인 7유형들은 순간적인 만족에 대한 욕구에 있어서 어린아이와 같다. 건강한 7유형들은 매우 생산적이면서도 그들의 일에 재미를 느낀다. 건강하지 못한 7유형들은 때때로 지루함에 대항하여 싸우고, 만약 그 지루함이 지속된다면 자기 붕괴에 이른다. 이 유형과 관련된 미덕은 절제이고, 악덕은 탐식이다.

8유형의 사람들은 맞서려는(to be against) 욕구를 가지고 있다. 8유형들은 독단적이고, 그들의 마음을 직설적으로 말하며, 빨리 결정을 하고, 자기와 똑같이 하는 다른 사람들을 존중한다. 그들은 다른 사람들을 위해 일하거나 어떠한 권위에 의해서 통제되는 것에 저항하고, 때로는 질 것 같은 사람을 옹호하기도 한다. 그들은 자신들의 우월함에 대해 위협하거나 자신들에게 정보를 드러내지 않는 사람들을 싫어하고, 진실을 끌어내기 위하여 다른 사람들과 직면하는 것을 강행할 수 있다. 8유형들은 통제하기를 갈망하지만, 또한 그들이 신뢰하는 아랫사람에게는 자율을 주기도 한다. 그들은 좀더 부드러운 측면을 보여주기도 하며, 드물게는 궁핍한 사람들이나 문제가 있는 사람들에게 동정적이거나 이해를 보여주기도 한다. 그러나 건강하지 못한 8유형들은 흔히 매우 독재적이고, 파괴적이고, 이기적일 수 있다. 건강한 8유형들은 흔히 매우 유능한 지도자들인데, 그들은 자신만만하고 다른 사람들에 의해 이용당하거나 지배당하는 것을 거부하는 사람들이다. 이 유형과 관련된 미덕은 순수이고, 악덕은 정욕이다.

9유형의 사람들에게는 회피하려는 욕구가 있다. 그들은 태평하고, 느긋하고, 쾌활하면서도 훌륭한 경청가들처럼 보인다. 이러한 특징들이 실제로 있기도 하지만 대부분의 9유형은 자신도 잘 모르지만 숨겨져 있는 상당한 불안과 분노를 경험한다. 때로는 이런 분노가 그들 자신과 다른 사람들을 놀라게 할 정도로 격렬하게 분출된다. 평균적인 9유형들은 전형적으로 그들 자신에게 동기를 부여하는 데 문제를 안고 있고, 대신에 그들 주변에 있는 사람들의 '흐름에 휩쓸려 간다.' 건강한 9유형들은 수용적이고, 개방적이며, 정서적으로 안정되어 있고, 자의식이 강하지 않다. 건강하지 못한 9유형들은 완고하고, 고집이 셀 수 있고, 무관심하고, 무책임할 수 있다. 시간이 지날수록 그들은 점점 더 무력하고 비효과적이게 된다. 이 유형과 관련된 미덕은 행동이고, 악덕은 태만이다.

성격 유형 이론들에 대한 비판

위와 같은 성격 유형론에 대해 네 가지의 기본적인 비판들이 있다. 첫 번째 비판은 본질상 영적이고 문화적이다. 다우니(Downey)는 MBTI와 에니어그램이 "풍부하고 다양한 영적 경험을 너무 간결하게 범주화하기 때문에…진지한 반성과 식별이 회피된다"[25]고 지적한다. 그는 또한 에니어그램과 MBTI와 같은 성격 유형화 체계들이 "어떤 학파에서는 영성과 실제로 동의어가 되어 가고 있다. 그 결과 영성은 전문용어만 무성한 것이 되었다…그것은 영성의 지배적인 범주인 구원론을 무색하게 한 것처럼 보인다."[26] 이것이 내포하고 있는 의미는 기독교의 신비들과 언어가 심리학적 범주들로 환원되었다는 점에서 이들 접근 방식이 환원주의적이라는 것이다.

두 번째 비판은 철학적이다. 즉 성격 유형론은 유일성 및 개별성에 대한 침해라는 것이다. 게다가 세 가지 중심(centers)의 에니어그램 이론은 인간의 자유 의지의 탁월함을 부인하는 것으로 보인다는 것이다. 인간 행동을 이해하고 예측하기 위해 미리 짜여져 있는 범주를 사용하는 것은 환원주의적이고, 이러한 접근 방식들이 제공하려고 제안하는 자기-이해를 좌절시킨다. 유사하게 자기 자신과 다른 사람들을 이런 유형들로 분류하는 것은 품위를 떨어뜨리는 것일 수 있다.

세 번째 비판은 과학적이다. 에니어그램과 MBTI 두 가지 모두가 표면적으로는 상당한 타당성이 있긴 하지만, 이들 중 어느 접근 방식이든지 그 타당성에 대한 연구 조사는 상당히 적다. 이것은 이들 접근 방식에 대해 아무런 경험적 증거가 없다고 말하는 것이 아니다. 실제로 하나님 이미지 이론, 자기-초월 이론과 자기-발달 및 영적 발달의 단계 이론들과 비교해 볼 때 에니어그램과 MBTI는 최소한 이러한 요인들을 평가하기 위한 지필 검사와 관련해서 어느 정도 경험적인 증거를 가지고 있다. 정신 측정 자료, 즉 타당도와 신뢰도 자료는 지필 검사 도구에서 설명된『스탠포드 에니어그램 검사와 지침』(*Stanford Enneagram Discovery Inventory and Guide*)[27] 과『와그너 에니어그램 성격 유형 척도』(*Wagner Enneagram Personality Style Scales*)[28]에서 보고되었다.

네 번째 비판은 신학적이고 주로 에니어그램을 겨냥한 것이다. 성장과 변화를 위해 제시된 기본적인 전략, 즉 구원을 얻기 위해 강박적인 행동을 '거스르는 것'(moving against)이 행위에 의한 구원을 조장하고 은혜를 배제하는 것처럼 보인다. 에니어그램은 깨달음(enlightenment)과 자기-변화(self-transformation)의 신학을 토대로 하기 때문에 사랑과 자기 포기, 그리고 자기와 사회의 변화를 모두 추구하는 기독교의 이상과 양립할 수 없는 것으로 보인다.[29] 간단히 설명하자면, 앞에서 언급된 이론들과 같이 성격 유형 이론들은 환원주의적이고 자기에게 초점을 두었다고 비판을 받았다. 또한 에니어그램에 대하여 진지한 철학적, 신학적 고려 사항이 언급되었다.

영성 지도와 목회 상담에의 적용

과거 10여 년 동안에 에니어그램의 원리를 영적 발달에 적용하는 몇 권의 책이 발행되었다. 이러한 적용들은 유대-기독교 연속체에 걸쳐 있다. 가톨릭 전통에서는 수잔 주에르케르(Susan Zuercher)의 『에니어그램 동반 여정: 관계 및 영성 지도에서의 성장』(Enneagram Companions: Growing in Relationships and Spiritual Direction)30)이 있다. 성공회 전통에서는 피터 볼(Peter Ball)의 『성공회 영성 지도』(Anglican Spiritual Direction)31)가 있다. 그리고 유대교 전통에서는 하워드 애디슨(Howard Addison)의 『에니어그램과 카발라: 당신의 영혼을 읽어라』(The Enneagram and Kabbalah: Reading Your Soul)32)가 있다.

자기-초월 이론

월터 콘(Walter Conn)은 『갈망하는 자기: 자기-초월에 목회 상담과 영성 지도 뿌리내리기』(The Desiring Self: Rooting Pastoral Counseling and Spiritual Direction in Self-Transcendence)33)에서 목회 상담과 영성 지도의 기초적인 토대로서 자기에 대한 이론을 제시했다. 그는 자기-초월을 "자율과 관계 모두를 향한 자기의 방사상의 갈망(radial desire), 즉 자기이고 싶으면서도 자기를 뛰어넘어 세상과 다른 사람들, 그리고 하나님께 도달하고 싶은 이중의 갈망"34)으로 정의한다. 이것은 주체로서의 자기와 객체로서의 자기가 있는 '이극성 자기'(dipolar self) 이론이다. 이 이론은 자기-실현과 자기-포기라는 겉으로 보기에 모순적인 주제들을 그럴듯하게 통합한다. 콘은 이 이중의 갈망에 '관계적 자율성'(relational autonomy)이라는 또 하나의 이름을 붙이고, 목회 상담과 영성 지도의 목표가 관계적 자율성을 촉진하는 것이라고 주장했다.

자기-초월 이론에 대한 비판

이 이론은 목회 상담과 영성 지도를 위해 아마도 가장 유기적으로 연관된 토대가 되기는 하지만 그것이 가진 명백한 환원주의 때문에 문제가 있다. 영적 차원 및 심리적 차원, 즉 인간 경험의 정서적이고 지적인 차원에 대한 콘의 거의 배타적인 집중은 사실상 도덕적이고, 신체적이고, 사회적인 차원을 간과하거나 경시한다. 더구나 관계적 자율성이 영성 지도와 목회 상담의 유일한 목표라는 가정도 마찬가지로 환원주의적이다. 결국 영성 및 종교의 주요 전통들은 자기와 자기-초월에 대한 좀더 협소한 우선적 집중보다는 오히려 영적 순례의 결과로서 자기뿐만 아니라 공동체의 변화를 강조한다. 따라서 단순히 자기-초월이 아니라 변화가 영성 지도와 목회 상담의 보다 합당한 목표다. 더구나 보다 전체적인 공식화는 삼극성 자기(tripolar self)일 수 있는데, 여기에서 '공동체 속의 자기'(self-in-community)는 이극성 자기를 확장시킨다. 콘의 이론은 두 개의 자기-능력인 '자율'과 '자기-포기'가 자기-초월을 위해 필수적임을 상술해 준다. 비교해 보면 이 장에서 제안된 통합 모델은 13개의 필수적인 자기-능력을 변화를 위한 필수 요소로 가정한다.

영성 지도와 목회 상담에의 적용

영성 지도와 목회 상담에 적용된 자기-초월 이론에 관한 최근의 책은 콘의 『갈망하는 자기: 자기-초월에 목회 상담과 영성 지도 뿌리내리기』(*The Desiring Self: Rooting Pastoral Counseling and Spiritual Direction in Self-Transcendence*)이다. 콘은 한 사례에 대한 자기-초월 공식화를 제시했지만, 한편으로 어떻게 이 공식화가 그 사례 또는 다른 사례들에서 충족될 수 있었는지에 대한 아무런 지적이 없다. 그러므로 이 시점에서 콘이 그의 책에서 약속한 영성 지도와 목회 상담에서 자기-초월 이론의 임상적 유용성과 실제적 적용성은 아직 증명되지 않고 있다.

이론 발달의 단계와 과정

　목회 상담과 영성 지도에 대한 모든 진지한 논의에서 다루어져야만 하는 기본적인 방법론적 문제는 이들 두 가지 특수 분야에서의 이론 발달의 상태를 포함한다. 한 분야의 성숙의 징표는 검증된 이론들이 있는가 하는 것이다. 서구의 지적 연구 과정에서 이론 발달의 질서정연한 단계들이 설명될 수 있다. 단계의 순서는 모델과 이론에 대한 관찰에서 분류(taxonomy)로 진행된다.35)

　분류법은 현상을 관찰한 것을 등급으로 나누고 배열하는 공식적인 방식이다. 예를 들어, 인간의 경험의 차원들은 분류법을 나타낸다. DSM-IV에 있는 각각의 진단적 실재에 대한 증상적 고통과 손상된 기능을 나열하고 분류하는 것 또한 분류법의 한 실례다.36) 분류법의 가치와 실용성은 그것이 관찰한 것을 정리하면서 포괄할 수 있는 정도에 의해 결정된다.

　모델들은 현실에 대한 단순화된 설명들이다. 그것들은 아이디어, 개념 또는 방법의 정리된 관찰 사항들 – 분류들 – 사이의 관계를 상술하는 수단이다. DSM-IV의 진단 체계는 정신 병리 모델의 한 실례다. 모델의 가치와 실용성은 그것이 이러한 관계들을 나타내는 정도에 의해 결정된다.

　순서상 다음 단계는 이론이다. 이론은 광범위한 일련의 관찰 사항들과 이러한 관찰 사항들 사이의 관계들을 설명하기 위한 수단으로 정의된다. 이론의 가치와 실행 가능성은 설명의 타당성에 의해 결정된다. 불행하게도 제시된 이론들 중에 이 검증을 만족시키는 것은 소수에 불과하다. 예를 들어, 최소한 300여 개의 심리 치료 이론이 있고, 각각은 정신 병리가 어떻게 시작되고 변화되거나 치유될 수 있는지에 대한 어떤 설명을 제시한다. 그러나 이러한 이론들 가운데 과학적으로 검증된 것은 아무 것도 없다. 실제로 DSM-IV는 정신 병리의 한 비논리적인 모델이라고 할 수 있다. 정신 병리에 대한 가능한 설명이나 이론을 형성하기 위한 정신 장애의 병인론

(etiology)과 발병론(pathogenesis)에 대한 충분한 이해가 없기 때문에 그것은 분류법에 기초한 모델로 남아 있다. 비록 최근 몇 년 동안에 상당한 과학적 진보가 있긴 했지만, 조만간에 정신 병리에 대한 실행 가능한 이론이 나타날 것이라고 예견되지는 않는다.

목회 상담과 영성 지도는 전문 분야가 되고 싶다는 열정에서 이 순서를 생략함으로써 불운한 결과를 낳은 것으로 보인다. 순서는 인간 경험에 대한 제한된 관찰로부터 모델 및 이론을 설정하거나 다른 분야에서 그런 모델이나 이론을 들여오는 것으로 도약함으로써 파괴되었다. 이러한 생략의 주된 결과는 현재의 이론과 모델이 두드러지게 환원주의적이고 제한된 임상적 유용성과 실행 가능성을 갖게 되었다는 것이다.

목회 상담과 영성 지도가 발달하고 전문화되고 있는 지금 단계에서 그것들의 실제를 위한 적절하면서도 실행 가능한 토대 이론이 곧 나타날 것으로 기대하는 것은 시기상조일 것이다. 오히려 포괄적이고 통합적인 분류법과 모델 개발에 노력을 집중하는 것이 보다 현실적이다. 이론 발달의 순서에서 이처럼 힘들지만 필요한 단계를 생략하는 것은 무익하고 자기 파괴적인 것 같다.

6장에서 설명될 통합 모델은 완성된 토대 모델로서가 아니라 목회 상담과 영성 지도의 모델-구성(model-building)의 가능한 한 예로 제시되었다. 이렇게 제시된 모델은 미덕, 영적 실천, 자기-능력의 세 가지 분류법을 통합하고 서로 관련지었다. 왜냐하면 그것들이 개념적으로 그리고 실제적으로 변화의 차원들과 관계가 있기 때문이다.

아마도 이러한 노력의 결과는 긍정적이고 발견적인 가치를 지닐 것이다. 그것의 긍정적인 가치는 그것이 목회 상담과 영성 지도의 실제와 결과를 어느 정도 개선시키는가에 따라 달라질 것이다. 또한 그것의 발견적 가치(heuristic value)는 다른 통합적 분류법과 토대 모델의 발달뿐만 아니라 모델에 대해 얼마나 정교하게 설명했는가에 의해 명백해질 것이다. 궁극적으로 그러한 통합적인 토대는 임상 실제의 이러한 면들의 초점을 분명하게 할 뿐만 아니라 비록 상호 의존적이기는 하지만 목회 상담과 영성 지도의 정체성을, 심리학 및 인문과학과는 구분된 것으로 지지해 주는 역할을 할 것이다.

전체론적이고 통합적인 모델의 기준

캐롤린 그레이튼(Carolyn Gratton)은 영성 지도와 목회 상담을 하는 사람들은 반드시 "통합적인 이론적 틀을 토대로 필요로 한다…이 틀은 여러 전문 분야의 협력으로 이루어질 것이고, 인격의 차원 및 그들의 삶의 현장의 전체 영역을 포함할 것이다"[37]라고 주장한다. 그러한 이론적 틀에 대해 그레이튼은 세 가지 주요 기준을 제시한다. 그 틀은 통합적이고, 여러 전문 분야의 협력에 의한 것이고, 인간 경험의 차원들을 포함해야만 한다. 마찬가지로 아비가일 에반스(Abigail Evans)는 목회 상담에 대한 통합적 틀의 필요성을 언급하면서, 심리학적 차원에 더해서 '영성과 윤리'를 포함하는 통합을 요청했다.[38]

그레이튼이 말한 세 가지 기준을 충족시키는 목회 상담 및 영성 지도의 통합 모델에 대해서는 다음 장에서 설명하고 예를 들 것이다. 그것은 다양한 심리학적 및 신학적 구성 개념들의 비판적인 상관관계 및 종합을 제공한다는 점에서 통합적이다. 또 그것은 영성 훈련, 도덕 철학, 조직 신학, 도덕 신학, 성격 이론과 심리 치료를 끌어들인다는 점에서 여러 전문 분야의 협력에 의해 이루어지는 것이다. 또한 그것은 인간 경험의 심리적, 영적, 도덕적 영역을 포함한다. 마지막으로, 그것은 변화의 과정이나 여정 그리고 변화의 차원들을 강조한다. 따라서 그것은 최근의 환원주의적 이론들 및 방법들과 대조를 이룬다.

결론

  이 장은 인간의 경험, 즉 내담자의 관심사 및 기대로 시작하는 목회 상담과 영성 지도의 상황과 최근 동향으로 시작했다. 다음으로 최근 동향의 이론적 및 실제적 한계들을 조명하면서 영성 지도와 목회 상담의 최근 동향을 설명했다. 그리고 현재 영성 지도자들과 목회 상담자들에 의해 보편적으로 활용되는 네 가지 이론, 즉 하나님 이미지 이론, 발달 단계 이론, 성격 유형 이론, 자기-초월 이론을 간략하게 설명하고 비판했다. 비록 많은 사람들이 선호하고 있긴 하지만 세밀한 조사에 잘 들어맞는 이론은 없다. 단지 각각의 이론들의 어떤 측면들에 대해서만 주변적인 연구의 증거가 있을 뿐이고, 모든 이론은 상당한 이론적, 실제적 한계들을 안고 있으며, 가장 심각한 것은 개인주의뿐만 아니라 환원주의다. 따라서 그것들은 목회 상담과 영성 지도의 실제를 위한 토대로서 제한된 개념적 실행 가능성, 실천적 가치 그리고 유용성이 있다고 결론 내렸다.

  이 책은 발달 단계 접근 방식, 하나님 이미지와 같은 구성 개념, 자기-초월 이론 또는 어떤 이론적 실체 또는 접근 방식을 제안하기보다는 오히려 보다 전체론적이고 통합적인 모델을 제안한다. 이 통합 모델은 앞에서 설명한 이론들과 모델들의 가치를 인정하고 그것들에서 취한 요소들을 통합하는 것이다. 그것은 인간 경험의 모든 영역을 포함한다.

3장 | 변화에 대한 영적 관점

Transforming Self and Community

영적 영역은 변화의 메타 영역뿐만 아니라 심리적, 도덕적 영역과 통합적으로 관련되어 있다. 한 사람이 영적 순례와 변화의 차원들에 대해 가지고 있는 관점은 그 사람의 영성 지도 및 목회 상담의 관점에 영향을 준다. 삶의 영적 영역 및 그것과 변화의 관계에 대한 폭넓은 이해는 영성 지도와 목회 상담의 실제에 필수적이다. 이 장에서는 영성 훈련 및 영성 신학과 영적 영역의 관계, 영성과 도덕 신학의 변화하는 관계, 영적 영역과 변화의 관계를 포함한 영적 영역의 여러 측면들을 설명하려고 한다. 이 장의 상당 부분은 영적 훈련 및 영적 실천의 중요성에 대해 설명하고, 영적 실천의 분류법을 개발하는 데 할애되었다.

삶의 영적 영역

영적 영역에는 하나님과 자기를 초월하는 모든 것에 관한 종교적이고 영적인 경험, 느낌, 사고와 신념이 포함된다. 또한 영적 영역에는 삶의 의미, 그 사람의 일과 관계 그리고 재능, 돈, 시간 등과 같은 자원들에 대한 신념과 태도가 포함된다. 때때로 이 차원은 종교와 동의어로 종교 의식, 영적 훈련, 영적 실천도 포함한다. 학문적으로 영적 영역은 영성 신학 및 영성 분야와 관련된다.

영성 신학은 영적인 차원의 신학적 탐구에 대한 기독교 내의 공식적인 명칭이다. 역사적으로 영성 신학은 수덕 신학(ascetical theology)과 신비 신학(mystical theology)으로 나누어졌다. 오늘날에는 '영성'이란 명칭이 선호되는 용어인 것으로 보이며, 보통은 영성 신학, 수덕 신학, 신비 신학과 동의어로 사용된다.1) 이 단원에서는 영성 및 그것과 도덕 신학의 관계, 심리학적 구성 개념들에 대한 영성의 과잉 의존, 그리고 영적 훈련 및 실천에 대해 설명하고자 한다.

영성과 도덕 신학의 변화하는 관계

이 단원에서는 영성의 실천과 도덕성 사이의 관계의 변화에 대해 설명하려고 하는데, 그것은 신학의 두 관련 분야와 목회 영역의 발전을 반영한다. 이것은 마크 오케페(Mark O'Keefe)2), 윌리엄 스폰(William Spohn)3), 데니스 빌리(Dennis Billy)4)의 저작들로부터 가져왔다. 빌리와 도나 오르수토(Donna Orsuto)는 이 관계를 결혼 은유로 요약했다: "서구 기독교의 영적-도덕적 전통의 '결혼, 이혼 그리고 재혼'."5)

구약의 한 구절은 균형 잡힌 영성과 윤리를 위한 간결한 토대를 제공해 준다. "여호와께서 네게 구하시는 것이 오직 공의를 행하며 인자를 사랑하며 겸손히 네 하나님과 함께 행하는 것이 아니냐"(미 6:8). 그것은 세 가지 요소의 도전, 즉 (1) 하나님 및 타자들과의 올바른 관계 수립하기, (2) 사랑으로 가슴으로부터 우러난 행위 하기, (3) 하나님의 촉구에 대해 열려 있는 마음 가지기를 포함한다. 나아가 구약은 선함과 거룩함의 두 가지 조합 역할 모델을 제공한다. 하나님과 지혜가 거룩함과 선함으로 일컬어진다(지혜서 7:22).

공관복음은 이러한 흐름을 확장시킨다. 제자로의 부르심(막 8:34)은 모든 것을 포괄하는 미가의 도전과 유사하다. 진정으로 예수를 본받는 제자는 기도와 행위, 영적 및 도덕적 삶을 통합하려고 노력한다.

마찬가지로 바울 서신에서도 영적 노력과 도덕적 노력은 분리되지 않는다. 바울에게 기독교인의 삶은 오직 한 가지, "그리스도 예수 안에 있는 것"(고전 1:30)이다. 그것은 한편으로는 기도와 예배가, 다른 한편으로는 도덕적 노력과 선행이 분리되지 않는 그리스도 안에서의 변화다. "그런즉 이제는 내가 산 것이 아니요 오직 내 안에 그리스도께서 사신 것이라"(갈 2:20).

요한 문헌은 거룩함과 선함 사이에 끊임없는 상호작용이 있음을 함축하면서 하나님에 대한 사랑과 이웃에 대한 사랑이 분리될 수 없음을 강조한다. 그러므로 만약 사람이 하나님을 사랑한다고 하면서 그의 형제나 자매를 미워한다면 그는 선하지도 거룩하지도 않고, 오히려 거짓을 말하는 것이다(요일 4:20). 요한의 관점으로 보면 하나님에 대한 사랑은 형제나 자매에 대한 사랑이라는 도덕적인 삶에 근거해야만 하는 것이다.

역사적으로 이 시점까지는 영성과 도덕성 사이의 '밀접한 결합'은 강하고 신실했다고 오케페는 지적한다.[6] 그러나 어거스틴의 신플라톤주의적 견해들뿐만 아니라 영지주의, 몬타누스주의, 아리우스주의의 영향은 거룩함으로부터 선함을 미묘하게 분리시키기 시작했다. 그럼에도 불구하고 교부 시대 동안에는 거룩함과 선함에 대한 포괄적인 소명이 '3단계'의 형식을 취하는 새로운 방식으로 이해되기 시작했다: 정화 단계, 조명 단계 그리고 일치 단계. 다른 말로 하면, 선하고 거룩하게 되는 것은 기독교인의 삶에서 점진적으로 통합되는 영적 및 도덕적 성장의 진전을 포함하는 발달 과정으로 볼 수 있다.

기독교 역사에서의 정점은 특별히 토마스 아퀴나스의 저작들 속에서 영적 영역과 도덕적 영역의 일치가 새로운 종합 수준을 이루었던 중세 시대였다. 이 종합은 『신학대전』의 제2부에서 가장 두드러졌다. 여기서 아퀴나스는 그리스도인의 삶은 인생의 궁극적인 목표인 지복직관(至福直觀, beatific vision)을 이루기 위한 일치된 영적 및 도덕적 노력이라는 점을 분명히 했다. 선하고 거룩한 삶은 모든 기독교인들에 의해 추구되어야 했다. 그것은 자비에 의해 형성되고 은혜에 의해 변화된 미덕의 삶으로 이해되었다. 이런 이해를 바탕으로 자비는 핵심 미덕이 되었다. 아퀴나스는 '3단계' 전통을 초심자(beginner), 숙련자(proficient), 완전자(perfect)라는 명칭을 언급함으로써 유지했다.

반종교개혁 시대에는 영성과 도덕 신학 사이에 심각한 '분리'가 일어났고, 결국 이혼을 초래했다. 도덕 신학에 관한 이러한 책자들은 그것들이 아퀴나스 생전에 나온 것임에도 불구하고 16세기와 17세기의 도덕적 사고를 지배했다. 주목할 만한 것은 강조점에 있어서 궁극적인 목표들보다는 자연적인 인간의 목표들을 향한 인간의 노력으로의 전환이 일어났다는 것이다.7) 따라서 도덕성은 전체적인 인격과 덕스러운 생활 양식보다는 오히려 특정 미덕과는 '반대가 되는' 죄악된 행위에 더 초점이 맞추어졌다. 영성 신학과 도덕 신학 사이의 '분리' 또는 분열은 각각의 정통적인 가르침을 명료화하기 위한 후속적인 노력으로 점점 더 넓어졌다. 도덕 신학은 조직 신학으로부터도 점점 더 멀어지게 되었다.

반종교개혁 시대에는 십자가의 요한, 이그나티우스 로욜라 그리고 아빌라의 테레사 등에 의해 영성에 대한 고전들이 쏟아졌다. 수덕 신학과 신비 신학 사이의 구별은 18세기에 이르러 엄격하게 이루어졌다. 이런 구별은 사회 계층과 문화의 관점에서 포괄적/보편적인 소명을 더욱 '파편화시켰다'. 따라서 기독교인의 삶에 대한 이중적 관점이 어쩔 수 없이 나타났고, 도덕 신학과 영성 사이의 '분리'는 완결되었다. 비록 도덕적으로 선하게 되는 것은 모든 기독교인이 노력할 것으로 기대되었지만, 거룩하게 되는 것은 단지 소수의 엘리트 집단(즉 수도원에 있는 수도사들과 명상가들)만이 노력할 것으로 기대되었다. 십자가의 요한은 이러한 견해에 반대했지만, 대부분의 다른 영적 저술가들은 분열을 옹호했다고 오케페는 지적한다.8)

영성과 도덕 신학 사이의 '분리'의 영향은 훨씬 더 먼 곳까지 파급되었다. 영성이 도덕적 및 윤리적 영역에서 그것의 토대를 잃어버렸기 때문에 영성은 점점 더 엘리트주의에 빠지게 되고, 내세적이 되고, 개인주의적이 되고, 사회 정의로부터 멀어지게 되었다. 도덕 신학이 더 이상 기도나 다른 영적 실천에 기초하지 않게 되면서 그것은 점차 추상적이 되었고, 색다른 딜레마에 더 집중하게 되었고, 결과적으로 기독교인의 삶의 일상적인 관심사로부터 더욱 멀어지게 되었다.

제2차 바티칸 공의회 이전 시기, 즉 트렌트 공의회 시기로부터 지금까지 이런 흐름은 계속되었다. 예상대로 영적 영역과 도덕적 영역 사이의 긴장은 강하게 유지되었다. 그러나 제2차 바티칸 공의회를 전후해서 영성과 도덕 신학을 '화해시키려는' 노력이 일어났다. 『교회에 관한 교의 헌장』(Lumen Gentium) 및 다른 공의회 문서들이 '거룩함에 대한 보편적 소명'을 다시 한 번 옹호했다. 게다가 교회가 도덕 신학과 영성 신학의 성경적이고 체계적인 뿌리를 다시 한 번 요구함에 따라 영성과 도덕 신학 사이의 '재혼'은 더욱 가망성이 있는 것이 되었다. 기독교의 가치 윤리를 포함하여 생태학과 신아리스토텔레스주의 윤리학의 영향뿐만 아니라 해방 신학 및 여성 신학에서의 발전은 이 화해를 촉진했다.

영성과 도덕 신학 다시 연결하기

이 단원에서는 영성과 도덕 신학 사이의 관계를 화해시키거나 다시 연결시키려는 몇몇 초기의 노력들에 대해 간단히 설명하려고 한다. 빌리와 오르수토는 그들이 편집한 책의 제목 『영성과 도덕성: 기도와 행위의 통합』(*Spirituality and Morality: Integrating Prayer and Action*)9)에서 문제의 핵심을 포착했다.

브라이언 존스톤(Brian Johnstone)은 영성과 도덕 신학은 근본적인 통일성을 공유하고 있다고 주장한다.10) 그는 이렇게 말했다.

> 영성은 신학을 전반적으로 고찰하고 그것이 어떻게 공동체에서 신자의 신앙 생활에 영향을 미치는지를 면밀하게 연구한다. 도덕 신학은 기독교인들에게 요구되는 인격과 그들의 삶을 이끌어 줄 규범들을 찾으려고 한다. 그러므로 도덕 신학은 보다 넓은 '분야를 아우르는' 영성의 범위 내에서 보다 특수한 분야다.11)

그는 덧붙여서 "영성과 도덕 신학은 공통의 목표를 가지고 있다. 그 둘은 모두 사람들을 궁극적으로 예수 그리스도 안에서 변화시키는 하나님과의 관계 속으로 이끌어 가는 것을 지향한다. 그러므로 두 분야는 출발점에 있어서 하나이고 목표점에 있어서도 하나다. 따라서 영성과 도덕 신학은 근본적인 통일성을 가지고 있다"라고 말한다. 그럼에도 불구하고 이 둘 사이에는 특별히 방법론, 초점, 개념, 구성 개념에서 차이가 있다.

존스톤이 영성과 윤리학 사이에 가능한 어떤 연결고리가 있다[12]고 믿었던 반면, 스폰은 그 둘 사이에는 또한 문제의 소지가 있는 관계가 존재하고, 그 문제의 관계는 간단히 처리되어서는 안 되는 것[13]이라고 주장했다. 그럼에도 불구하고 그는 개념 및 구성 개념과 관련하여 몇 가지 공통점을 지적한다. 예를 들면, 그는 "지각, 동기 부여 그리고 정체성은 만약 공식적인 윤리적 접근 방식이 대신하지 않는다면 영성의 개념이 그 자리를 대신 차지하게 되는 도덕적 경험의 세 영역"[14]이라고 지적한다. 그는 이 세 가지 개념 중에 "윤리와 영성이 정체성을 중심적인 관심사로 만든다"[15]고 보다 구체적으로 설명했다.

존스톤은 또 "영성과 도덕성은 회심이라는 근원적인 경험 속에서 함께 만난다"[16]고 주장한다. 유사하게 오케페도 영성과 윤리학은 종교적 회심의 맥락에서 교차한다고 아래와 같이 단언한다.

그렇다면 기독교인들의 도덕적 및 영적 노력은 구분되지만 분리될 수 없는 지속적인 회심의 측면들이다. 도덕적으로 선하게 되고 올바른 행위를 행하려는 노력은 하나님과 타자의 진정한 관계 안에서 성장하려는 노력과 함께 기독교인들의 지속적인 회심을 조성하고 지지하고 사실상 구성한다.17)

영적 실천의 분류

탁월한 초개인심리학 정신과 의사이자 철학자인 로저 왈쉬(Roger Walsh)는 그의 책 『본질적 영성: 감성과 지성을 일깨우기 위한 일곱 가지의 주요 실천』(Essential Spirituality: The Seven Central Practices to Awaken Heart and Mind)에서 일곱 가지의 주요한 영적 실천을 설명했다.18) 그는 영적 실천의 종류는 많이 있지만, 자신이 설명하는 일곱 가지야말로 '영원의 철학'(perennial philosophy) – 세상의 모든 위대한 종교가 공유하고 있는 공통의 신념 및 주제가 있다는 견해 – 과 일관되고, 따라서 '영원의 실천'19)이라고 할 수 있다고 지적한다. 그가 말한 일곱 가지의 주요 실천은 다음과 같다: 동기를 정화하라. 정서적 지혜를 가꾸라. 윤리적으로 살아라. 평화로운 마음을 닦아라. 지혜와 영적 지성을 길러라. 만물 속에 있는 신성을 깨달아라. 그리고 다른 사람들을 위해 봉사하라. 왈쉬의 책의 서문에서 티벳의 달라이 라마는 일곱 가지의 실천은 모두 본질적으로 동정(compassion)의 미덕의 개발과 실천에 연결되어 있다고 시사했다.

왈쉬는 영적 실천을 영적 기술 및 연습과 구별했다. 그는 '기술'(technique)과 '연습'(exercise)은 영적 실천을 위한 특별한 방법을 언급하기 위해서 사용하는 반면, '실천'(practice)이라는 용어는 감성과 지성의 중요한 능력들을 개발하는 훈련(discipline)을 언급하기 위해서 사용한다. 예를 들어, 묵상과 집중 기도(centering prayer)의 기술들은 평화로운 마음을 닦는 실천을 하는 데 매우 효과적이다. 어떤 기술은 둘 또는 그 이상의 영적 실천을 하는 데 유용할 수 있다. 예를 들면, 묵상은 지혜와 영적 지성을 기르는 데 유용한 방법이다.

흥미롭게도 월쉬는 이들 다양한 실천들이 상호 연관이 있다고 지적하고, 그것들에 대해 발달상의 순서를 제시했다. 예를 들어, 그는 네 번째 영적 실천인 평화로운 마음이 처음 세 개의 영적 실천을 함으로써 촉진된다고 말한다. 이 장의 다음 단원에서는 이 일곱 가지의 영적 실천에 대해 각각 간단하게 토론하고, 몇 가지 공통적인 기술이나 방법을 설명하고 예시할 것이다.

동기를 정확하기

이 영적 실천의 목적은 사람의 열망(craving)을 감소시키고 동기(motivation)나 욕구의 방향을 새롭게 하는 것이다. 대부분의 사람들에게 이것은 진정한 행복을 추구할 때 그들을 방해하는 신념과 느낌, 소유에 대한 집착과 소유나 경험 또는 악덕에 대한 욕구를 포기하는 것을 의미한다. 그렇게 할 때 사람들은 그들의 열망을 감소시킴으로써 그들의 동기를 더 잘 변화시킬 수 있고, 그렇게 함으로써 영혼의 기본적인 욕구나 보다 높은 동기들을 발견할 수 있는데, 월쉬는 그것이 모든 영적 실천의 중요한 목표라고 지적한다. 그는 보다 높은 동기의 정점에서 자기-초월로 나아갈 수 있다고 했는데, 그것은 "우리들의 일상의 거짓되고 위축된 정체성을 초월하고, 존재의 충만함에 대해 자각하고, 우리의 참된 본성 및 우리와 하나님의 관계를 인식하려고 하는 욕구"[20]로 정의된다.

정서적 지혜 가꾸기

정서는 구도자의 삶을 지배할 수 있기 때문에 사람의 정서를 변화시키는 것이야말로 필수적인 영적 실천이다. 위대한 종교적 및 영적 전통은 정서의 변화가 (1) 두려움과 분노와 같은 해롭고 고통스러운 정서들을 다스리고 감소시킴으로써, (2) 감사와 관용과 같은 긍정적인 태도를 촉진함으로써, (3) 사랑과 동정과 같은 긍정적 정서를 가꿈으로써 일어난다고 말해 주고 있다. 목표는 방종이나 정서의 억압이 아니라 오히려 적절함, 균형, 평정이다. 달리 표현하자면, 불안정한 정서의 희생자가 되지 않고 삶의 오르막과 내리막의 불가피함을 경험할 수 있는 능력이다. 정서를 풀어 주고, 변화시키고, 적절하게 사용하는 법을 배우는 것은 정서적 지혜의 기초다.

윤리적으로 살기

월쉬는 "윤리적인 삶은 종교적인 모든 실천 중에서 가장 강력하면서도 오해를 받는 것이다"[21]라고 주장한다. 그러나 그것이 정확하게 이해되고 실천될 때 그것은 영적 성장에 필수적인 수단이고, 그것이 없다면 진보는 어렵다. 비윤리적 행위는 "무의식 속에 두려움과 죄, 편집증과 방어가 쌓이게 하고…우리의 마음을 뒤흔들고 흐리게 해서 고요하고 맑은 마음을 이루는 것을 어렵게 만든다."[22] 비윤리적 삶은 자기와 다른 사람들 모두에게 파괴적이며, 즉각적인 결과와 장기적인 결과를 가져온다: 우리는 우리가 무엇을 하고 어떻게 행동하는가에 따라 달라진다. 윤리적으로 산다는 것은 올바른 말과 올바른 행위를 실천하는 것을 포함한다. 또한 그것은 과거의 비윤리적인 행동으로부터 남아 있는 정서적 잔재를 다루는 것, 달리 표현하자면 배상을 하고 죄책감들을 다루는 것을 포함한다.

평화로운 마음 닦기

사람들이 갈망과 강박적인 욕구에 덜 휘둘리고, 고통스러운 감정에 의해 덜 괴로워하고, 윤리적 타락 때문에 덜 혼란스러워하면서 그들은 그들의 주의를 더 잘 집중하게 되고, 결과적으로 고요함과 내적인 평안함을 얻게 된다. "이 평화는 하나님께로 가는 출입구다. 마음이 집중되고 평온할 때 그것은 노력 없이도 그것의 근원을 향해 열리게 된다."23) 이러한 주의 집중과 내면의 평화에 대한 감각을 다루어야 하는 도전은 묵상, 관상, 요가, 지속적인 기도와 같은 방법들의 도움을 받아 천천히 진행되는 과정이다. 또한 그것은 일상의 삶의 복잡성과 혼란스러움을 변화시키고, 가능한 대로 일상적인 활동을 신성한 의례들과 자각의 순간들로 변화시키는 것을 포함한다. 말할 것도 없이 그 과정에는 다양한 묵상 및 집중의 방법들을 규칙적이고 익숙하게 사용하는 것이 필요하다.

만물 속에서 신성을 깨닫기

"신성한 시각을 일깨우는 것"(awakening sacred vision)은 모든 사람, 사물, 상황에서 신성함을 식별하거나 보는 것에 대한 또 다른 용어다. 이것은 공식적인 영성 지도나 영적 안내를 옹호하는 다른 종교 체계들에서처럼 기독교 전통에서도 영성 지도의 중요한 초점이다. "우리가 지각하는 것은 우리의 욕망에 의해 선택되고, 우리의 정서에 의해 채색되고, 우리의 종잡을 수 없는 주의에 의해 파편화된다. 우리가 우리 바깥에서 보는 것은 우리 내면에 있는 것을 반영한다. 그 결과 우리는 우리 자신 또는 세상을 투명하게 또는 정확하게 볼 수 없다."24) 월쉬는 생각 없이 사는 삶은 신체적으로, 정서적으로 그리고 영적으로 상당한 대가를 요구하고, 건강하지 못한 갈망, 동기, 정서는 그런 생각 없이 살아가는 순간에 표면으로 가장 잘 드러나는 것 같다고 주장한다. "마음을 다해서 사랑하는 것은 각각의 행위에 대해 더 크게 자각하는 것이고, 매 순간마다 더욱 충실히 하는 것이며, 모든 것이 너무 자주 인식되지 못한 채 지나가 버리는 미묘한 경험들을 붙잡는 것이다."25) 깨어 있는 마음(mindfulness)은 우리 내면과 주변에 있는 관계와 세상에 대한 우리의 깨달음을 강화시킬 뿐만 아니라, 정신의 자동 조종 장치에 고착되어 있는 느낌인 '자동성'(automaticity)으로부터 우리를 자유롭게 한다. 깨어 있는 마음을 정기적으로 실천함으로써 이처럼 "처음에 흘끗 본 것이 점진적으로 반복되는 통찰력이 되고, 절정의 경험들은 안정된 수준의 경험으로 확장되고, 변화된 의식의 상태는 변화된 의식의 특성이 된다."[26]

지혜와 영적 지성을 길러라

왈쉬는 지혜와 영적 지성을 "삶의 중심 문제들, 특히 실존적이고 영적인 문제들에 대한 깊은 이해와 실제적 기술"이라고 정의한다.[27] 지혜에 대한 탐구는 삶의 의미와 목적을 발견하고, 관계와 고독을 관리하고, 신비에 마주 대하여 살고, 질병과 고통과 죽음에 잘 대처하고, 자기 자신을 알고 진심으로 수용하는 것을 포함한다. 지혜로운 사람은 이런 문제들을 다루는 것에 대한 기술뿐만 아니라 그것들에 대한 깊은 통찰력을 발달시킨 사람이다. 지혜는 자유롭게 하는 영적 능력이다. 지혜가 그 사람의 고통을 감소시키고 그 사람의 감성과 지성의 각성을 가속화할 수 있을 때 그것은 자기에 대한 망상을 해소시킬 수 있다. 결국, "지혜는 또한 이기적인 성향의 굴레를 풀어 줌으로써 다른 사람들에 대한 관심과 동정을 촉진한다."[28]

다른 사람들에 대한 봉사에 참여하라

위대한 종교들은 이타주의 또는 다른 사람들을 돕는 것을 인간의 중심적인 욕구로 보며, 최근의 심리학적 연구도 사람은 본성상 이타적이라는 것을 확증해 주는 것 같다.[29] "관용과 봉사는 너무 중요하게 여겨지기 때문에 어떤 전통들은 그것들을 영적 생활의 핵심, 즉 다른 모든 실천들이 수렴되는 실천으로 본다…깨달음의 지고의 목표는 자기 자신만을 위하는 것이 아니라 다른 사람들을 더 잘 섬기고 바른 길로 인도하는 것이다."[30] 그러므로 영적 구도자들이 더 많이 깨달을수록 다른 사람들과 삶의 복지를 위해 자기 자신을 헌신하는 현자가 될 것이라고 예상할 수 있다. 왈쉬는 처음 여섯 가지의 실천은 관용을 위한 토대를 쌓는 것이라고 한다. 그럼에도 불구하고 그는 직접적으로 관용을 개발하기 위한 여러 가지의 특별한 방법과 기술에 대해 설명한다. 이러한 영적 실천은 사람의 모든 일상적인 활동들을 영적 실천으로 변화시켜 주는 유익이 있다. "이것의 도움을 받으면 우리는 우리가 하고 있는 것을 바꾸기보다는 그것을 하는 방법과 이유를 바꿔야 할 필요가 있게 된다…이러한 접근 방식을 이용하면 직장 생활, 각각의 프로젝트 또는 가족 활동도 거룩한 행위로 변화될 수 있다."31)

결론

이 장에서는 영적 영역과 영성 및 영성 신학의 관계, 영성과 도덕 신학의 관계 변화를 포함하여 영적 영역의 여러 가지 측면들을 논의했다. 역사적으로 거룩함은 영성 신학을 규정하는 특성이었던 반면, 선함은 도덕 신학을 규정하는 특성이었다. 이제 변화는 선함과 거룩함 두 가지 모두를 의미하게 되었다. 기독교 영성과 도덕 신학 사이에는 복잡한 관계가 있었는데, 그것은 여러 세기를 거치면서 매우 팽팽한 긴장을 낳았다. 그럼에도 불구하고 영성과 도덕 신학은 궁극적으로 예수 그리스도 안에서 사람과 하나님의 관계 변화를 촉진시키는 것을 지향한다. 영적 실천의 일곱 가지 분류법도 이 장에서 설명되었다. 이 분류법은 6장에서 제시된 영성 지도와 목회 상담의 전체론적이고 통합적인 모델의 중요한 요소다.

4장 변화에 대한 도덕적 관점

Transforming Self and Community

도덕적 영역은 변화의 메타 영역뿐만 아니라 심리적, 영적 영역과도 통합적으로 관련이 된다. 영성 지도와 목회 상담의 대부분의 이론이 내포하고 있는 환원주의 때문에, 직업적인 윤리 규정들을 제외하면 심리 치료와 영성 지도, 그리고 목회 상담에서 도덕적 영역이 차지하는 자리는 거의 또는 전혀 없었다는 것은 앞에서 지적한 바 있다. 이러한 환원주의에 대한 반응으로 철학적 상담이라는 특수 분야가 나타났다. 흥미롭게도 목회 상담과 영성 지도는 도덕적 영역을 무시하는 것처럼 보이기는 하지만, 학자들과 연구자들 사이에서 도덕성과 도덕 윤리학, 그리고 미덕에 대한 경험적 연구에 대한 관심이 새롭게 일어나고 있는 것처럼 대중적으로 도덕성과 인격에 대한 관심이 유별나게 높다.

이 장은 삶의 도덕적 차원에 대한 설명으로 시작해서 인격과 미덕에 초점을 맞추고 있다. 따라서 인격과 미덕의 관계와 실험 심리학에서뿐만 아니라 도덕 철학 및 신학의 양 분야에서 최근에 나타나는 인격/미덕 전통의 회복에 대해 설명할 것이다. 또한 미덕을 분류하기 위한 수 년에 걸친 다양한 노력에 대해서도 논의할 것이다. 이 장의 많은 부분은 영성 지도와 목회 상담의 실제에 적용할 수 있는 미덕의 분류법을 설명하는 데 할애되었다.

삶의 도덕적 영역

도덕적 영역이란 윤리적 사고와 의사 결정, 그리고 자기, 대인관계, 직장, 가족, 공동체, 동료와의 관계 등 한 사람의 삶에서의 모든 관계를 포함하는 행위들을 말한다. 종교적이거나 영적인 봉사 및 활동에 참여하는 것을 포함하는 헌신과 사회 참여는 건강과 안녕에 예방 효과를 보이는 것 같다. 기도, 묵상, 경건 서적 읽기 그리고 스트레스 상황에서 종교 지도자들과 공동체로부터 영적 상담과 지지를 구하는 것과 같은 영적 실천에 참여하는 사람들은 위기와 문제에 더 잘 적응하는 경향이 있다. 종교적 헌신은 보통 우울증을 경험할 가능성을 감소시키는 것과 연관성이 있다. 종교적 봉사에 참여하는 것은 결혼 생활의 만족과 적응, 이혼의 감소, 알코올이나 약물의 사용 또는 남용의 감소, 더 낮은 비율의 혼전 성관계와 10대의 임신 및 청소년 비행과 연관이 있다. 마지막으로 노인들 가운데 임상적인 우울증이 덜 나타난다.

도덕 신학에서 인격과 미덕의 회복

기독교인은 제자로의 부르심을 받아들이고 그의 삶을 그 부르심에 따라서 살아가는 사람이다. 이러한 과정은 회심(conversion) 또는 변화(transformation)로 불린다. 예수의 부르심(막 1:15)은 회개로의 부르심, 지성과 감성의 변화로의 부르심 그리고 그 변화를 유지하기 위한 새로운 양식이나 생활 방식으로의 부르심이다. 그것은 한 사람의 정체성과 삶을 향한 기본적인 지향에서의 변화를 요구한다. 달리 표현하자면, 기독교의 회심으로의 부르심은 선한 인격의 사람이 되라는 부르심이다. 따라서 선한 인격의 사람은 회심 과정에 참여하는 사람이고, 그렇기 때문에 자신의 행위에 대해 책임감을 가지고, 건강하고, 생명을 주는 관계를 위한 능력이 있는 사람이다.[1]

전통적으로 도덕 신학은 인격의 개념을 강조하는데, 그것은 도덕적 인격을 "우리의 삶에 지향과 방향, 그리고 형상을 부여하는 것"으로서 정의한다.[2] 도덕적 인격은 두 가지의 다른 개념, 즉 습관 및 미덕과 관계가 있다. 습관은 규칙적인 행동 패턴이고, 미덕은 익숙하고 바르게 정돈된 습관인 반면, 악덕은 익숙하고 잘못 정돈된 습관이다.

> 인격은 미덕(혹은 악덕)의 연결망으로부터 생겨난다…인격은 회심과 마찬가지로 결코 단번에 완성될 수 없다. 습관의 패턴은 뒤바뀌거나 깨어질 수 있다. 때때로 회심은 점진적으로 일어나지만, 어떤 때는 단 한번의 결정적인 행위(마음에서 우러나는 회심 경험에서처럼)를 통해 일어날 수도 있다.[3]

유사하게 스탠리 하우어와스(Stanley Hauerwas)는 미덕과 인격이 개인 편에서의 노력을 필요로 한다고 지적한다.[4]

그러면 도덕적 인격은 심리학적 인격과 같은 것일까? 도덕적 인격은 기질뿐만 아니라 심리학적 인격 및 성격 특성들과 구별될 수 있다. 도덕적 인격은 "개인 또는 공동체가 가지고 있는 특별히 도덕적인 자질들이나 특성들의 총합과 범위…충분히 묘사할 수 있는 개인의 인격을 포함하는 폭넓은 특성들의 모체 속에 담겨 있는 특별한 종류의 독특한 특성들"을 포함한다.[5] 하우어와스[6]는 인격의 도덕 철학적 의미를 특히 빌헬름 라이히(Wilhelm Reich)[7]와 루돌프 앨러스(Rudolph Allers)[8]의 대중적인 책에 기술된 것과 같은 인격과 성격 특성들, 그리고 기질의 전통적인 심리학적 의미로부터 조심스럽게 구분한다.

인격의 개념은 그것의 가장 전형적인 용례에서 한 사람이 그 사람의 천성적인 모습과는 상반되는 모습이 되기로 결정할 수 있는 그 무엇을 가리킨다…그러므로 우리가 한 사람의 인격에 대해 알고 있다면, 우리는 그가 어떻게 행동할 것인가에 대해 어느 정도 알 수 있다고 생각한다.9)

의사 결정을 포함하는 인격과는 달리, 하우어와스에게 기질은 사람의 천성적인 모습이고 그 사람이 드러내는 인격에서 구체적으로 표현된 그 무엇이다.

쉽게 표현하자면, 인격과 미덕은 종종 교호적으로 사용되지만, 도덕 신학과 도덕 철학에서는 보통 구별이 된다. 인격은 자기의 통일된 근본적 지향(orientation)이다. 그것은 한 사람을 그 사람 되게 하는 미덕들의 총체다. 한편, 미덕은 행위자로 하여금 도덕적 선함을 이룰 수 있게 하는 실천을 한 개인이 지속하도록 하는 기질이나 태도다.10) 미덕은 한 사람이 생명을 주는 건강한 관계를 형성하고 그것을 발전시켜 나가는 것을 가능하게 하는 힘이다. 미덕은 사람을 행동하도록 촉구하지만 극단적인 행위를 배제하는 방식으로 촉구한다. 예를 들면, 희망의 미덕은 추정(presumption)과 절망(despair)의 양 극단 사이에 놓여 있다. 유사하게 하우어와스는 인격을 미덕과 구분한다. 인격은 "미덕보다는 삶에 대한 보다 보편적인 지향이지만, 인격을 갖추는 것은 보다 기본적인 자기의 도덕적 결정으로 이해된다. 다양한 미덕들은 행위자의 인격을 통해서 그것들만의 특별한 형태를 부여받는다."11)

심리학에서의 인격과 미덕의 회복

왜 심리학과 심리 치료에서의 도덕적 차원이 '무시된' 차원으로 설명되고 있는가? 심리학과 심리 치료의 역사를 간단히 검토해 보면 그 답을 알 수 있다. 심리학이 학문과 연구 분야로서 서서히 발전해 감에 따라 심리학은 그 자체를 그것이 가진 도덕 철학의 뿌리로부터 구별하려고 했다. 특정 도덕 철학이 공동의 선과 가치 및 미덕, 합리적 판단, 의지 또는 인격의 의지적 측면을 강조했던 반면, 심리학은 점차로 개성, 행동, 정서 및 비합리성, 가치 중립성 그리고 성격의 무의식적 측면들에 초점을 맞추었다.

심리학이 철학 분야에 있던 그것의 뿌리로부터 그 자체를 구별하고 거리를 두기 위해서 사용한 가장 효과적인 전략은 성격(personality)의 연구를 인격(character)의 연구로부터 분화시키는 것이었다. 고든 올포트(Gordon Allport)는 미국 심리학으로부터 인격의 개념을 배제시키려고 했던 많은 학문적인 심리학자들 가운데 한 사람이었다. 그의 유명한 말 - "인격은 평가된 성격이고, 성격은 평가 절하된 인격이다"(Character is personality evaluated, personality is character devalued)[12] - 은 인격의 개념에 대한 심리학의 경멸을 잘 나타낸다.

이런 초점의 결과로서 심리학은 인간의 행동과 행위를 이해하기 위한 철학적 토대와는 별개로 과학적이고, 아마도 가치 중립적인 토대를 수립하는 데 성공했던 것 같다. 모든 실제적인 목적들을 위해서 심리학 분야에서 한때 일반적으로 연구되었던 인격의 개념은 거의 전체적으로 성격의 개념으로 대체되었다.[13]

1950년대 후반부터 1970년대 초에 이르기까지 심리학이라는 전문 영역은 심리 치료를 다른 심리학 분야처럼 과학적이고 가치 중립적인 학문의 틀로 재공식화하려고 노력했다. 그러나 불행하게도 많은 심리 치료사들은 DSM-IV와 임상 실제의 지침들, 그리고 치료 결과 척도들로 대표되는 심리 치료의 가치 중립적이고 과학적인 관점에 대해 점차 불만을 가지게 되었다. 심리학의 가치 중립적인 입장에 대한 비판들은 오래 지속되었다. 여기에는 필립 리이프(Philip Rieff)가 『프로이트: 도덕주의자의 지성』(*Freud:*

The Mind of a Moralist)과 『심리 치료의 승리』(*Triumph of the Therapeutic*)14)에서 행한 도발적인 분석과 제롬 프랭크(Jerome Frank)의 『심리 치료와 인간의 곤경』(*Psychotherapy and the Human Predicament*)15)에서의 비판이 포함된다.

프랭크는 모든 심리 치료가 자기 실현을 제일로 하고 개인들을 그들의 도덕적 우주의 중심으로 보는 가치 체계를 공유하고 있다고 보았다. 그는 이러한 가치 체계가 가진 개인적 행복에 대한 비현실적인 기대들 때문에, 그리고 "고난이 가진 구원의 힘, 삶에서 자신의 몫을 받아들이는 것, 전통의 고수, 자기-절제 및 중용"과 같은 전통적인 가치들을 경시하기 때문에 쉽게 불행의 근원이 될 수 있다고 믿는다.16)

보다 최근에는 필립 커쉬만(Philip Cushman)이 '자율적 자기'를 이루고 유지한다는 목표가 오도될 수 있다고 주장했다.17) 게다가 커쉬만은 자기를 위로하고, 자기를 사랑하고, 자기 충족적인 내면의 자기에 몰두하는 것이 결국 '텅 빈 자기'(empty self)를 초래할 것이라고 주장한다.18)

또한 전통적으로 실행되었던 심리 치료는 공동체의 안녕보다 개인적인 자기 실현을 조장하는 경향이 있다는 염려가 늘어나고 있다. 예를 들어, 『백년의 역사를 가진 심리 치료와 더욱 나빠진 세상』(*We've Had a Hundred Years of Psychotherapy and the World's Getting Worse*)에서 제임스 힐맨(James Hillman)과 마이클 벤튜라(Michael Ventura)는 심리 치료가 매우 성공적이었기 때문에, 그것은 일상 생활의 문제들에 대한 우리의 관점은 개인적인 주제들로 효과적으로 다시 초점을 맞추었고, 공동의 세상에 대한 우리의 관점은 정신 병리의 견지에서 재구성했다고 주장한다.19) 그들은 심리 치료가 예민하고 지적인 사람들을 정치적인 영역으로부터 끌어내어 내성(introspection)과 지지 그룹들 속으로 이끌어 가는 경향이 있다고 했다. 그 결과 이러한 사람들이 결식자나 문맹자, 또는 노숙자를 돕는 일과 같이 그들의 지역 사회를 개선하기 위해 가지고 있었을 모든 동기가 효과적으로 대체되었다. 나아가 그들은 대부분의 치료적 접근 방식이 인격, 의식 또는 책임에 대해서는 거의 언급하지 않는다는 것을 지적한다. 달리 표현하자면, 심리 치료는 도덕성의 관점을 사회 윤리로부터 개인 윤리로 효과적으로 변화시켰다.[20]

어떤 연구가들과 임상가들은 가치와 윤리가 심리학과 심리 치료의 과학적인 이해 안에서 통합될 수 있고 통합되어야만 한다고 주장하고 있다. 가치와 윤리는 심리 치료의 과학과 실제에 '방해가 되는' 것으로서 이해되기보다는, 오히려 인간을 체계적으로 연구해야 한다고 주장하는 모든 과학에 통합적인 것으로서 인식되어야만 한다. 이러한 관점은 심리 치료를 재개념화할 수 있는 주목할 만한 방법을 제공하는데, 그것은 심리 치료의 토대들 가운데 많은 부분을 계속 유지하면서도 보다 큰 사회적 관련성과 책임감에 대해 도전을 주는 방법이다. 그 관점은 심리학과 심리 치료가 가치가 개입되는 일이라는 사실을 인정하고, 정신 건강 전문가가 가치, 도덕성, 윤리, 정치를 그들의 전문적 노력에 의식적으로 통합할 것을 요구한다. 그 결과는 인간의 삶의 풍부함을 더 잘 반영하고, 실제에서 더욱 효과적이고, 결국 심리 치료사들에게 더 많은 성취를 약속하는 과학일 것이다.

심리 치료의 실제는 과연 인간의 복지와 좋은 사회를 향한 노력에 의미 있고 긍정적인 기여를 하는 것일까?『심리학 다시 그리기: 이론과 실제의 도덕적 차원들』(*Re-envisioning Psychology: Moral Dimensions of Theory and Practice*)에서 프랭크 리차드슨(Frank Richardson), 블레인 파워스(Blaine Fowers), 챨스 귀용(Charles Guignon)은 심리학 및 심리 치료와 그것들의 사회적 목적에 대한 고무적인 시각을 제시하고 심리 치료사들이 그들의 작업을 예리하게 살펴볼 수 있는 대안적인 철학적 토대와 해석학을 제안한다.[21] 그들은 심리학 및 심리 치료의 사회적 가치에 대한 새로운 관점이 필요하다고 제기하고 그들 자신의 더 큰 목적들 속에서 심리 치료사들의 신념을 되살리려고 한다.

미덕을 분류하기 위한 노력들

아리스토텔레스는 미덕의 분류 도식 또는 분류법을 처음으로 제안한 사람들 가운데 한 사람이었다. 『니코마코스 윤리학』(*Nicomachean Ethics*)에 제시되어 있는 그의 원래 분류는 최소한 열한 가지의 도덕적 미덕을 포함한다.22) 그 중 네 가지의 '주요 미덕' - 신중, 정의, 절제, 용기 - 은 토마스 아퀴나스에 의해 재확인되었고 아리스토텔레스의 전통으로부터 기독교에 전유되었다. 아퀴나스는 이 네 가지 미덕에 신약에서 지지되는 세 가지의 신학적 미덕, 즉 믿음, 소망, 사랑을 추가했다. 최근에 제임스 키넌(James Keenan)은 실제로는 단지 두 가지의 미덕, 즉 절제와 용기만이 존재하며, 그것들은 정의라는 미덕을 지탱하는 역할을 하고, 신중은 단순히 정의롭게 행동하기 위한 상황과 환경을 상술해 준다고 주장했다.23) 따라서 키넌은 기본 덕목의 개념을 개정해서 두 가지의 지탱해 주는 미덕인 절제와 용기와 더불어 신중, 정의, 충실 그리고 자존감 또는 자기 돌봄(self-care)의 네 가지 기본적인 미덕을 포함시켰다.24) 그가 이렇게 한 이론적 근거는 보다 단순하고 통합적이다. 키넌에 의하면 정의는 우리가 모든 사람을 평등하게 대할 것을 요구하는 반면, 충실은 가족과 친구들에게 특별한 관심을 기울일 것을 요구하고, 자존감은 우리가 우리 자신을 돌볼 것을 요구한다고 한다. 최근에 키넌은 자존감(self-esteem)을 '자기 돌봄'이라고 했다.25) 이 세 가지 요구는 동시에 주어지며, 우리가 주어진 어떤 순간에 이 세 가지 중에 어떤 것에 전념할 것인지 식별하는 것을 도와주는 것은 신중의 미덕이다.

주요 미덕들은 올바른 행위를 향하는 목적을 가진 습득된 미덕들(acquired virtues)이다. 주요 미덕들은 믿음, 소망, 사랑이라는 신학적 미덕들과 관계가 있지만, 신학적 미덕들은 올바른 행위보다는 하나님을 향한 것이라는 점에서 주요 미덕들과 구분된다. 아퀴나스는 신학적 미덕들을 우리에게 주시는 하나님의 선물이기 때문에 습득하거나 배울 수 없는 주입된 미덕들(infused virtues) – 주요 미덕들과는 대조적으로 – 로 설명했다.26)

오늘날까지 설령 미덕을 분류하려는 노력이 있었다 해도 미미했으며, 목회 상담 및 영성 지도의 맥락에서 미덕이 차지하는 자리를 고려하는 것은 그런 노력보다 훨씬 더 적었다. 이 책은 목회 상담자들과 영적 지도자들뿐만 아니라 내담자들과 피지도자들에게서 미덕을 촉진하는 목표를 포함하여 미덕이 목회 상담과 영성 지도의 모든 측면에 골고루 스며들어야 한다고 주장한다. 그 결과 목회 상담자들과 영성 지도자들뿐만 아니라 내담자들과 피지도자들도 모두 덕이 있는 사람이 될 것이다. 미덕은 미덕을 실천하라는 상담자들과 지도자들의 권고를 통해서 뿐만 아니라 권고하는 사람들의 덕스러움을 통해서 촉진된다.

목회 상담자나 영성 지도자를 포함하여 전문 조력자들이 덕이 있는 사람들이 되도록 기대된다는 인식이 늘어나고 있다.27) 예를 들면, 리처드 굴라(Richard Gula)는 목회의 윤리적 측면에 관한 그의 책에서 "신앙 공동체는 사역자의 역할을 담당하는 사람이라면 누구든지 당연히 사역의 실제에서 미덕을 보여줄 것을 요구받는 덕이 있는 사람이라고 생각한다"28)고 주장한다.

그렇다면 덕이 있는 목회 상담자나 영성 지도자를 특징짓는 미덕은 무엇일까? 현재까지 다른 전문 조력자들의 미덕을 다루었던 것과 비교할 때 이 질문에 대해 다루었던 문헌은 거의 없다. 여러 저자들이 의사와 간호사와 같은 보건 전문가들의 역할 및 기대들과 가장 일치하는 미덕들을 상술하기 위해서 시도해 왔다. 예를 들어, 톰 뷰챔프(Tom Beauchamp)와 제임스 차일드레스(James Childress)는 동정, 식별, 신뢰감 그리고 성실의 미덕이 의사, 간호사 및 다른 보건 전문가들의 역할 및 기대와 가장 잘 부합하는 것이라고 한다.29) 유사하게 나오미 메라(Naomi Meara), 라일 쉬미트(Lyle Schmidt), 쟌 데이(Jeanne Day)는 신중, 성실, 존중, 자비심의 네 가지 유사한 미덕을 임상 및 상담 심리사들에게 적용할 수 있는 것으로 고려했다.30) 뷰챔프와 차일드레스31)가 그들이 선택한 미덕들이 어떻게 보건 전문가들의 특별한 역할 기대들과 연관되는지 상술하지 않은 반면에, 메라, 쉬미트, 데이32)는 그들의 네 가지 미덕이 어떻게 상담 심리학자들의 역할 기대들과 연관되는지를 조심스럽게 서술했다.

굴라는 덕이 있는 사역자들에 대해 설명했다.33) 그는 사역자들에게 공통되는 역할 기대들과 특별히 연관이 있는 다섯 가지 미덕을 명시한다. 굴라는 이러한 미덕들 가운데 세 가지, 곧 거룩함, 사랑 그리고 신뢰감은 '언약적인'(covenantal) 미덕들인 반면, 다른 두 가지, 곧 이타심과 신중은 도덕적 미덕이라고 제안한다.

미덕의 분류

이 책은 목회 상담 및 영성 지도를 실행하는 사람들뿐만 아니라 목회 상담과 영성 지도를 받고 있는 사람들에게도 사랑과 거룩, 신중, 자기-돌봄 및 동정, 신뢰, 충실, 정의, 절제 그리고 신체적 건강과 같은 미덕이 필요하다고 제안한다. 이러한 필요한 미덕에 대한 다음의 설명은 버나드 헤링(Bernard Haring)34)의 저작뿐만 아니라 앞에서 언급한 케난과 굴라의 저작에서도 가져온 것이다.

사랑과 거룩

사랑은 모든 미덕 중에서 가장 기본적인 것이다. 아퀴나스는 이것을 "모든 미덕이 그 속에서 생겨나기 때문에 모든 미덕의 '어머니'"35)라고 했다. 사랑은 외부 세계와 외적인 행위보다는 내면성과 더 관련이 있다. 그것은 우리를 하나님과 연합시키는 미덕이고, 우리의 삶 속에 있는 하나님의 현존이다. 다른 미덕들은 실천을 통해서 얻어지는 반면, 사랑은 자유로이 주어지는 하나님의 선물이기 때문에 얻거나 배울 수 없는 것이다. 오히려 우리는 "그것에 반응함으로써 사랑 안에서 성장한다. 사랑은 우리로 하여금 피고용인에게 좀더 이해심이 있는 사람이 되고, 가족에게 더 많은 관심을 표현하며, 정당하게 우리의 책임을 지도록 강권한다."36) 나아가 사랑은 우리가 우리의 자기 중심성을 억제하고 우리를 둘러싸고 있는 세상에서 정의와 충실을 추구하도록 촉진함으로써 다른 사람들에게 다가갈 수 있도록 하는 한편, 비겁과 무절제에 대하여 방심하지 않도록 한다.37)

사랑과 매우 밀접하게 관련되어 있는 것이 거룩의 미덕이다. 거룩은 "내가 거룩하니 너희도 거룩할지어다"(레 11:45)라는 권고를 반영하는 미덕이다. 사역에서 이것은 그 사람의 환경 안에 계시는 하나님의 현존을 드러내는 것에 대한 헌신과 하나님, 다른 사람들, 피조물과 올바른 관계를 수립하기 위한 일에 대한 헌신을 의미한다. 거룩은 독실한 것처럼 보이게 행동하거나 스스로를 다른 사람들보다 우월하게 여기는 것을 의미하지 않는다. 오히려 거룩은 하나님을 의뢰하는 것을 삶과 전일성의 원천 및 중심으로 인정하는 것이다.38) 이 미덕을 드러내는 사람들은 하나님과의 사랑의 관계로부터 주어지는 능력과 초점, 그리고 방향을 그들의 삶의 중심으로 추구한다. 거룩은 이 중심으로 살아가는 것이고 사고와 행동의 지속적인 회개의 삶을 표현하는 훈련을 통해서 뿐만 아니라 개인 기도와 공적 예배의 실천을 통해서 이 중심을 유지하는 것이다.

목회 상담자들과 영성 지도자들에게서 이 거룩의 미덕이 드러나는 표지들이 몇 가지 있다. (1) 다른 사람들의 종교적 경험에 대한 개방성, (2) 휴가와 수련회, 그리고 쉼을 통한 여가와 개인적 갱신의 수련에 의한 삶에서의 균형, (3) 공동 기도와 개인 기도에의 참여, (4) 한 사람의 삶 속에 계신 하나님의 현존에 대한 자각, (5) 자기 자신과 다른 사람들의 재능의 개발, (6) 물질적 소유와 관련하여 초연한 태도다.39)

신중

신중은 식별(discernment)의 미덕이다.40) 유감스럽게도 신중은 종종 조심스러운 수줍음으로 오해되고 '조심하는 것'(being careful)이라는 함축적 의미를 갖는다. 그러나 식별의 미덕으로서 이해될 때 신중은 정확하게 평가하고, 숙고하고, 결정하는 데 필요한 것이다. 신중은 경험에 귀를 기울이고, 조언을 구하고, 미래를 상상해 봄으로써 어려움을 예견하고, 그 결과를 고려하고, 예상하지 못했던 것에 대해 열려 있는 것이다. 그런 다음 이러한 요소들을 기도하는 마음으로 고려하고, 그 결과 자신에게 진실하고 독특한 형태의 상황을 고려한 것에 맞는 결정을 한다.41) 따라서 신중은 언행에 있어서 내면의 자기와 그것이 외부로 드러나는 표현 사이에 어떠한 분열도 허용하지 않음으로써 온전함을 가능하게 한다.

목회 상담자들과 영성 지도자들에게서 신중의 미덕이 드러나는 표지들은 다음과 같다. (1) 자신이 상담하거나 지도하고 있는 사람들의 경험에 대한 개방성, (2) 목회 상담과 영성 지도에서의 이론적이고 전문적인 발전에 대한 수용성, (3) 침묵과 고요의 부단한 실천, (4) 자기-반성(self-reflection)의 훈련, (5) 전략적이고 시기적절한 방식으로 이루어진 의사 결정.42)

자기-돌봄과 동정

정의의 미덕이 다른 사람들을 평등하게 보호하고 대우하는 것과 관련되는 것이라면, 자기-돌봄의 미덕은 자기 자신을 돌보는 것에 관한 것이다. 케난(Keenan)은 원래 자기-돌봄을 자존감(self-esteem)의 미덕이라고 했다.43) 그러나 그는 자기-돌봄이 자기 자신의 심리적 건강과 안녕에 책임을 지는 것과 관련된 다른 요소들뿐만 아니라 자존감을 포함한다는 사실을 인정했기 때문에 자존감을 자기-돌봄으로 바꾸었다. 달리 표현하자면, 자기-돌봄은 실제로 자기 사랑(self-love)에 관한 것이다.44) 자기 사랑에 균형을 잡는 것은 동정(compassion)이라고 불리는 다른 사람에 대한 사랑과 관심이다.

동정의 미덕 또는 동정적 사랑은 예수님이 하나님의 사랑을 경험한 것에 대한 반응으로 다른 사람들에 대한 섬김을 통해서 모범을 보여주었던 사랑의 본성이다. 그것은 요한의 척도를 충족시키는 사랑의 본성이다: "너희가 서로 사랑하면 이로써 모든 사람이 너희가 내 제자인 줄 알리라"(요 13:35). 동정은 사역자가 다른 사람들을 사역자 자신의 목적을 위한 실용적인 수단으로서가 아니라 하나의 목적으로서 소중히 여길 수 있도록 해주는 미덕이다. 다른 사람의 참조 틀(frame of reference)에 들어가서, 그것을 이해하고, 그것에 반응할 수 있는 능력인 공감은 동정의 중심이다. 찰스 쉘튼(Charles Shelton)은 공감이야말로 기독교 윤리의 핵심이 되어야 한다고 단정한다.45)

동정의 미덕의 핵심은 다른 사람들의 안녕을 추구하는 한편으로 그들과 함께 인내하며 사는 것이다. 목회 상담자들과 영성 지도자들은 그들 자신의 신체적, 정서적, 영적, 도덕적 건강에 유의할 필요가 있다. 건강을 유지하는 것은 사역자들이 그들 자신을 수용하도록 해줌으로써 그들 자신의 욕구, 두려움, 망상을 투사하지 않으면서 다른 사람들에게 현존할 수 있도록 해준다. 덕이 있는 자기 사랑은 이웃에 대한 사랑을 포함한다. 적절한 자기 사랑이 있을 때 사역자는 자유롭게 취약한 사람들의 욕구를 충족시켜 줄 수 있다. 결국 동정은 다른 사람들의 경험에 의해 압도당하거나 그 속에서 자신을 잃어버리지 않고 그들의 기쁨과 슬픔에 참여할 수 있는 능력이다.

목회 상담자들과 영성 지도자들에게서 자기-돌봄과 동정의 미덕이 드러나는 지표로는 다음과 같은 것들이 있다. (1) 자신의 삶에서 자기-돌봄을 실천하고 그것을 그가 돌보고 있는 사람들에게 제안하는 것, (2) 자신의 한계와 분노, 두려움, 상처를 인정하고 수용하는 것, (3) 상당한 수준의 자존감, (4) 자신이 상담하거나 지도하는 사람들에 대한 적극적인 경청과 개방성, (5) 비난, 판단 또는 투사하지 않고 다른 사람이 경험하고 있는 것을 이해하거나 반영하는 능력.46)

신뢰감

신뢰감의 미덕은 정의의 미덕의 한 면이다. 신뢰감은 다른 사람들과의 관계에서 공평하고 정당하게 행동하는 것을 포함한다. 사역의 상황에서 사람들은 사역자들이 신뢰할 수 있는 사람이기를 기대한다. 굴라(Gula)는 "사람들은 사역자들에게서 특히 신뢰감을 찾는데, 그것은 그들이 하나님께 위임을 받았다고 보기 때문이다."47) 그러므로 내담자 또는 교인과 사역자 사이의 거룩한 신뢰감에 틈이 생겼다는 것은 신뢰감의 결핍이나 상실을 반영하는 것이다. 결국 신뢰감은 정직, 공정성, 성실, 충성, 믿음직함, 겸손과 같은 미덕들의 실천을 포함한다. 굴라는 "사역자가 신뢰감 없이 사역에서 성공할 수 있다는 것은 생각할 수 없다"48)고 덧붙인다. 그는 목회자에게 배신을 당하는 것은 종종 교회 또는 심지어 하나님께 배신당하는 것으로서 경험된다고 주장한다.

목회 상담자들과 영성 지도자들에게서 신뢰감이 드러나는 몇 가지 표지는 다음과 같다. (1) 사역자-내담자/교인 관계에서 신체적 및 정서적 경계선에 대한 존중, (2) 개인의 사생활과 비밀 유지에 대한 존중, (3) 자기 자신의 능력의 한계에 대한 인정과 필요할 때의 적절한 의뢰 결정, (4) 연구, 수퍼비전, 자문을 통한 전문적인 기술과 지식의 유지, (5) 전문가적 활동과 개인적인 관계들에 대한 지속적인 헌신.49)

충 실

정의가 다른 사람들을 평등하게 대하는 미덕이라면, 충실(fidelity)은 특별한 관계들을 우선적으로 대하는 미덕이다. 충실은 자신과 밀접하게 관련되어 있는 사람들, 즉 친구, 배우자, 아이들, 공동체 구성원 등에게 특별한 돌봄과 관심으로 대하는 것에 관한 것이다. 케난(Keenan)은 충실이 기독교인들이 개발하도록 요구받는 기본 덕목들 가운데 첫 번째라고 제안한다.50)

충실은 우정의 한 유형으로 생각될 수 있다. 아리스토텔레스와 어거스틴, 그리고 아퀴나스의 교훈을 살펴보면 그들이 우정을 도덕적 삶의 관문으로 보았음을 알 수 있다. 케난은 예수님의 삶에서 우정이 중심적인 미덕이었다고 지적한다. 왜냐하면 예수님은 다른 사람들을 가르쳤을 뿐만 아니라 그들을 치유했고, 사람들, 특히 마리아, 마르다 그리고 나사로와 같은 특별한 친구들과 함께 시간을 보내는 것을 즐거워했기 때문이다. 케난은 또한 관계에 대한 충실은 상당한 노력을 필요로 한다고 지적한다. 그것은 대화하고, 나누고, 함께 있고, 주고 받는 실천의 방식들을 의미한다. 보다 구체적으로 말하자면, "우리는 친구에게 더 자주 전화하고, 더 자주 편지를 쓰고, 더 자주 친구와 산책하고, 좀더 오랫동안 친구와 함께 시간을 보낼 필요가 있다. 우리는 또한 '다른 사람'이 하거나 하지 않은 일을 계산하거나 판단하는 습관으로부터 벗어날 필요가 있을 것이다."51)

분명히 목회 상담자들과 영성 지도자들은 그들의 삶에서 충실의 미덕을 실천하는 것에 우선 순위를 둘 필요가 있다. 그들이 그렇게 하는 한, 적절한 경계선을 유지하는 문제 – 신뢰감의 미덕에 대해 논의했던 것처럼 – 는 덜 복잡해지고 덜 문제가 될 것이다. 통상적으로 이것은 상담자나 지도자가 기본적인지지 체계인 가족, 동료, 친한 친구와 맺는 관계들을 구별하고 그가 사역하는 사람들에게 자신의 기본적인 지지 체계로서 역할을 할 것을 기대하지 않는 것을 의미한다.

목회 상담자들과 영성 지도자들에게서 드러나는 충실의 미덕의 몇 가지 표지들은 다음과 같다. (1) 전문적인 요구들과 중요한 관계를 유지하고 발전시켜야 하는 필요 사이에서 시간과 정서적 에너지의 균형을 잡는 것,

특히 상담자나 지도자가 결혼했고(결혼하거나) 가족 구성원을 부양하고 있다면, 충실은 가족의 필요들을 직업상의 요구들보다 위에 놓는 것을 요구할 수 있다. (2) 가족과 친척 및 친한 친구들을 위해 계획을 세우고 시간을 함께 하는 것, (3) 동료들과 직업상의 동료들과 함께 있거나 정서적으로 지지하기 위해 계획을 세우고 시간을 함께 보내는 것, (4) 내담자들을 친절하고 정중하게 돌보고, 적절한 경계선을 유지하고, 그들에게 자신의 정서적 친밀감에 대한 욕구들을 충족시켜 줄 것이라고 기대하지 않는 것.

정 의

정의는 특별하고 차별적인 대우를 피하는 공평함의 미덕이다. 정의는 그 자체로서 때때로 충실의 미덕과 긴장관계에 있게 된다. 정의는 다른 사람들을 공평하게 대하는 것뿐만 아니라 우리를 둘러싸고 있는 세상의 불공평함을 인식하는 것에 관한 것이다. 정의의 미덕은 개인이 공평함의 감각을 가지게 되고, 공동선을 식별하는 데 능숙해지는 것을 요구한다. 그것은 법에 의존하지 않는다. 왜냐하면 케난이 지적한 것처럼, 단순히 국가가 어떤 활동을 불법화하지 않는다고 해서 곧 그 활동이 공평하고 정당한 것은 아니기 때문이다.[52] 예를 들어, 인종 차별은 많은 서구 국가들의 법률 체계에 의해 조장되어 왔다. 심지어 미국에서는 노예 해방령이 선언되고 1965년에 투표권법이 통과되었음에도 불구하고 인종 차별에 대한 법적 구제책은 오늘날 미국에서의 인종 차별을 없애는 데 성공적이지 못했다. 다른 일들 가운데서도 이러한 상황은 정의의 미덕이 법률로 제정될 수 없는 것임을 시사한다.

결국 정의의 미덕을 갖추기 위해서는 상당한 실천이 필요하다. "우리는 우리 자신을 개발함으로써 정의와 불의를 결정하는 것을 배운다. 우리가 포괄적이 되고 다른 사람들이 그들 자신을 위해 말하도록 함으로써 공동

선을 위해 행동하면 할수록, 우리는 우리가 되어야만 할 사람에 대해 더 많은 것을 배울 수 있다. 성인은 어린아이들이 하는 것처럼 실천을 통해서 [정의에 대해] 배운다."53)

빈익빈 부익부가 지속되고 있는 미국에서 목회 상담과 영성 지도의 상황에서 정의의 미덕을 실천하는 것은 복잡한 문제다. 목회 상담이나 영성 지도가 점점 더-교인들에게 무료로 제공되는 것이기보다는-상담료에 기초한 전문적인 서비스가 되어 가고 있기 때문에, 목회 상담이나 영성 지도를 이용하는 것이 점점 더 전문적인 비용을 지불할 수 있는 사람들에게 제한되고 있다. 월급이나 직업적 보수에 생계를 의존하는 목회 상담자들과 영성 지도자들에 대한 도전은 그들의 서비스를 지불 능력과는 관계없이 더 넓은 범위의 내담자들에게로 확대하는 것이다.

목회 상담자들과 영성 지도자들에게서 드러나는 정의의 몇 가지 지표들은 다음과 같다. (1) 상담자나 지도자가 상담이나 지도를 실행하고 있는 공동체에서의 불법의 체계적인 원인에 대해 인식하는 것, (2) 상담 또는 자문 회기에 대해서 공평함의 원리를 옹호하는 것, (3) 지방 및 전국 선거에서 투표하고 다른 사람들이 투표하도록 격려하는 것, (4) 가장 중요한 것으로, 재정적인 수단이 제한되거나 전혀 없는 사람들이 목회 상담이나 영성 지도를 이용할 수 있도록 하기 위해서 상담료 연동제(sliding fee arrangement)를 수립하고 한 달에 일정량의 무료 회기를 계획하는 것.

꿋꿋함과 용기

꿋꿋함(fortitude)은 "어려움 가운데서 확고부동함을, 선을 추구하는 가운데서 항상성을 지키는"54) 미덕이다. 이 미덕으로 인해 우리는 시련과 박해에, 심지어 죽음에도 직면할 수 있다. 꿋꿋함은 삶의 도덕적 영역에서 장애물을 극복할 뿐만 아니라 유혹에 맞설 수 있는 결심을 강화시킨다. 게다가 이 미덕은 개개인이 정당한 이유를 위해서라면 자신의 삶을 기꺼이 희생하게도 한다.

꿋꿋함과 밀접하게 관련된 것이 용기의 미덕이다. 헤링(Haring)은 용기는 "용감하고 대담한 사랑"으로 드러나는 담대함(boldness)의 미덕이자 "영혼의 힘"이라고 했다.55) 용기는 개개인에게 "은혜로써 스트레스와 압력을 견뎌내는 힘"을 제공한다.56) 나아가 용기는 개인적이거나 직업적인 위험에 직면했을 때 용기가 없었더라면 회피했을 올바른 행위를 하도록 개개인에게 촉구한다. 용기는 확신과 용감함을 필요로 하지만, 그것이 두려움이 없거나 무모하다는 것을 의미하지는 않는다. 따라서 아리스토텔레스는 용기란 도전적인 상황에서 두려움과 확신 모두를 적절한 수준에서 느끼고, 자신의 입장을 지키면서 지혜의 미덕이 이끄는 대로 앞을 향하여 나아가거나 물러서는 성향이라고 주장했다.57) 꿋꿋함과 용기는 목회 상담이나 영성 지도의 실제에서 보통은 관련이 되지 않는 미덕들이다. 왜냐하면 목회 상담자들과 영성 지도자들은 공감적이고, 도덕적으로 판단하지 않고, 지지적이기 때문이다. 그럼에도 불구하고, 두 가지 미덕은 목회 상담이나 영성 지도의 전체론적이고 통합적인 실제에서 한 자리를 차지한다.

목회 상담자들과 영성 지도자들에게서 드러나는 꿋꿋함과 용기의 몇 가지 지표들은 다음과 같다. (1) 내담자나 피지도자가 내켜하지 않지만 성장을 위해 필요한 도덕적 문제들에 대해 기꺼이 다루려는 의지, (2) 예를 들면, 상담소 관리자에 의한 견책이나 관리의료위원회로부터의 제명과 같이 있을 수 있는 직업상의 불이익에도 불구하고 내담자의 권리를 지속적으로 옹호하려는 결심, (3) 자신의 동료가 변하지 않는 것처럼 보일 때 윤리적 위반에 대해 적절한 전문가 기관에 기꺼이 동료를 보고하려는 의지.58)

절제

절제(temperance)는 전통적으로 사람의 탐욕스러운 욕망, 즉 음식이나 음료, 또는 섹스의 즐거움을 경험하고 싶은 갈망의 균형을 잡는 미덕으로 기술되었다. 토마스 아퀴나스는 절제를 "관능적인 쾌락에 대한 갈망을 억압하는 것이 아니라 오히려 인간의 성장에 쓰일 수 있도록 그것을 조절하는 것이다"59)라고 명쾌하게 설명했다. 리처드 맥브라이언(Richard McBrien)은 여기에 덧붙여서 초기 기독교 교부 시대로부터 절제는 기독교의 금욕주의와 결부되어 왔고, 그것은 오늘날 점점 더 단순히 부인, 금욕 또는 자기 희생이라기보다는 행동상의 중용뿐만 아니라 자기 자신과 관련된 한계와 취약성을 수용하는 것으로 이해되고 있다고 했다.

케난은 절제에 대한 보다 긍정적인 견해에 대해 동의하면서 다음과 같이 말했다.

> 그것은 삶을 즐기는 것에 관한 것이다. 그것은 우리가 할 수 있는 한 우리의 기질을 가장 잘 경험할 수 있는 것에 관한 것이다…우리는 좋은 상태로 회복될 때 절제하는 사람이 될 수 있다. 절제는 우리의 감수성, 감정, 취향, 갈망, 충동을 잘 조율된 상태로 유지하는 지속적인 훈련의 삶을 살아가는 것이다.60)

그는 또한 은둔과 사회적 고립은 '비밀스러운' 음주 파티와 같은 무절제와 관련이 된다고 언급함으로써 절제의 사회적 차원을 강조한다.

과거에는 사역자들이 몸(body)을 부인하는 금욕주의적 실천 영성을 조장하고 촉진하는 경향이 있었기 때문에, 사랑의 규범과 몸을 존중하는 실천은 절제의 미덕에 대한 좀더 균형 있는 이해를 위한 중요한 교정책이다. 헤링은 중용으로서의 절제에 종종 잊혀졌던 차원인 사랑, 예를 들면 행위의 선함과 옳음에 대한 척도가 되는 사랑의 규범을 덧붙인다. 그는 이 점에 대해서 일관되게 주장하면서 우리가 우리의 모든 갈망과 탐욕에 사랑의 규범을 적용하지 않는다면, "우리는 하나님과 이웃에 대한 사랑 안에서 결코 성장할 수 없다"61)고 했다. 스테파니 폴셀(Stephanie Paulsell)은 중용과 사랑의 규범의 관점에서 몸을 존중하는 기독교적 실천의 중요성을 부각시켰다. 금욕주의와 인간의 육체(flesh)에 대한 부정적인 관점과 연관된 몸을 부정하는 실천과는 대조적으로, 몸은 성령의 전이요 따라서 "돌보고 축복할 가치가 있고 결코 평가절하되거나 착취되어서는 안 되는 것으로 이해된다…몸을 존중하는 실천은 우리로 하여금 우리가 살아가는 매순간 육체의 거룩함을 기억하도록 도전한다."62) 또한 폴셀은 육체를 존중하는 것은 공동의 실천이기 때문에 모든 피조물에 대한 관심에 공동체의 참여를 필요로 한다고 지적한다. 그녀는 이러한 실천이 "우리를 모든 인간의 몸과 지구 자체의 황폐한 몸을 사랑하는 사람으로 세움으로써 우리를 예언자적 행동으로 이끌어 간다"63)고 주장했다.

영성 지도자들과 목회 상담자들에게서 나타나는 절제의 몇 가지 표지들은 다음과 같다. (1) 자신의 몸에 대한 자기-수용, (2) 내담자에게 몸을 존중하는 적절한 방법들을 보여주는 것, (3) 책임 회피나 사회적 고립보다는 사랑의 규범에 근거한 금욕주의적 실천, (4) 친밀감과 독신주의 사이의 적절한 균형의 모델을 보여주는 것.

신체적 건강

케난은 신체적 건강을 하나의 미덕으로 기술하고 그것이 기독교인들에게 특별히 중요한 것이라고 믿는다. 그는 개개인이 하나님의 형상대로 지음을 받았다는 점과 기독교 신앙의 핵심은 몸의 부활이라는 점을 지적한다. 그럼에도 불구하고 그는 오늘날의 기독교인들이 "몸으로부터 영혼을 너무 분리시킨다. 우리는 미덕이 몸에 관한 것이 아니라, 영혼, 사랑, 신앙, 정의, 동감에 관한 것이라고 생각한다. 그러나 우리의 선조들은 미덕이 인간 존재의 전 구조, 즉 온 마음, 온 지성, 온 몸, 온 영혼을 꿰뚫어 작용한다는 것을 알고 있었다"64)고 했다. 규칙적인 운동, 적당한 수면, 효율적인 스트레스 관리, 적절한 영양 섭취는 모두 신체적 건강의 부분이다. 적절한 신체적 건강은 신체의 안녕감과 관련된다.

일반적으로 얘기하자면 목회 상담자와 영성 지도자들은 신체적 안녕에 대해 귀감이 되려고 하지 않는 경향이 있다. 상담자와 지도자들이 신체적으로 보다 건강하게 된다거나 그들의 내담자에게 이 미덕의 역할 모델이 되려는 노력을 하지 않는다면, 그들은 신체적 건강의 미덕이 부족한 것이다.

목회 상담자들과 영성 지도자들에게서 드러나는 신체적 건강의 미덕의 몇 가지 지표들은 다음과 같다. (1) 건강한 식사와 적당한 체중을 유지하는 것, (2) 적당한 수면과 휴식, 운동, 스트레스 관리 활동의 균형 잡힌 일일 계획을 지키는 것, (3) 그들의 내담자들에게 신체적 건강과 안녕의 역할 모델을 하는 것과 건강한 영성을 구현하는 것.

영성 지도와 목회 상담에서 미덕 윤리학의 전망

아마도 전문적인 영성 지도자들과 목회 상담자들은 그들이 속한 전문 기관의 윤리 규정에 의해 그들의 전문가적 역할에서 윤리적으로 행동할 것을 요구받을 것이다. 전문가 윤리 규정은 있을 수 있는 윤리적 문제들을 모두 다루려고 의도된 것은 아니다. 점점 더 많은 수의 내담자들이 조력 전문가들(helping professionals)이 도덕적 문제들과 딜레마들에 대해 그들을 도와줄 것이라고 기대하기 때문에, 종교적인 문제들을 안고 있는 영적 구도자들과 다른 내담자들이 치료 과정에서 윤리적이거나 도덕적인 문제들을 다룰 필요가 있거나 다루기를 원할 수 있다는 점을 예상하는 것이 좋을 것이다. 여기에서 많은 질문들이 생긴다. 지도자들과 상담자들이 그러한 문제들을 논의하는 것은 윤리적인가? 영적 구도자들과 다른 내담자들은 그들의 직업상의 삶과 개인적인 삶에서 윤리적으로 행동하도록 상담을 받아야만 하는가? 영적 구도자들이 갖고 있는 어떤 윤리적인 문제들을 영성 지도자들이나 목회 상담자들이 끄집어내는 것은 비윤리적인가, 또는 비윤리적일 수 있는가? 분명한 것은, 이러한 질문들에 대한 대답은 쉽지 않다는 것이다. 윤리적인 관점은 윤리 규정의 조항들보다 훨씬 더 넓다.

윤리적 관점을 개발하는 것은 윤리적인 이론들과 원리들을 배우는 것뿐만 아니라, 그러한 원칙들을 자신의 삶의 철학으로 통합하고 그러한 원칙들을 자신의 일상적인 개인적 삶과 직업적인 삶 속에서 행동으로 옮기는 것을 포함한다. 그것은 좋은 인격을 갖춘 사람, 즉 예를 들면 덕이 있게 행동을 하는 사람이 되어 가는 것을 의미한다. 달리 표현하자면, 윤리적 관점을 개발하는 것은 '덕이 있는' 영성 지도자 또는 목회 상담자가 되어 가는 것을 의미한다.

인격과 미덕을 강조하는 윤리적 이론이 미덕 윤리학(virtue ethics)이다. 미덕 윤리학은 사람을 도덕적으로 선한 사람이 되도록 하는 것으로 이해되는 인격의 어떤 특징들을 규정한다. 하우어와스는 "기독교의 도덕적 삶은 근본적으로 인간의 태도이기 때문에 기독교 윤리학은 인격의 윤리학으로서 가장 잘 이해된다"[65]고 했다. 그는 도덕성의 초점은 반드시 개인의 외적인 행위와 규칙으로부터 인간의 내적인 성향과 인격으로 옮겨져야만 한다고 강력하게 주장한다.

규칙과 원칙의 윤리학이 도덕적으로 선한 행위에 초점을 맞추는 반면, 미덕의 윤리학은 도덕적으로 선한 인격에 초점을 맞춘다. 미덕 윤리학에서 질문은 "이 행위는 도덕적인가?"가 아니다. 오히려 "이러저러한 행위를 함으로써 나는 어떤 사람이 되어 가고 있는가?"이다. 미덕 윤리학에 따르면, 도덕적 미덕들은 한 사람의 사고와 합리적인 과정뿐만 아니라 정서와 느낌을 조절하고 이끌어 가는 것과 관련된 인격의 상태다. 덕이 있는 행위를 반복하여 수행함으로써 미덕이 이루어진다. 도덕적으로 덕이 있는 사람은 유능해 보이거나 목표-중심적인 것보다는 도덕적으로 선한 결과를 목적으로 한다.

덕이 있는 영성 지도자들과 목회 상담자들은 어떤 사람들인가? 덕이 있는 치료사들은 선한 도덕적 인격을 갖춘 전문가들이고, 그들의 행위는 일상적인 실천에서 전문가적인 규범들을 통합시킬 수 있는 능력과 미덕의 실천 두 가지를 모두 반영한다. 그들은 미덕을 실천할 뿐 아니라 그것을 그들의 개인적인 삶과 전문가로서의 삶에서 모델로 보여준다. "도덕적으로 덕이 있는 심리 치료사는 단지 이러한 행동이 그 자체로 유익을 극대화하는 목표로 가는 길이기 때문이 아니라, 정직 그 자체가 소중하게 평가되기 때문에 자신의 내담자들에게 정직한 것을 추구할 것이다."[66] 불행하게도 이 저자들은 규칙 또는 원리의 윤리학, 즉 전문적인 윤리 규정의 틀이 상담과 심리 치료의 윤리적 실천에 부적절한 기초라고 주장한다. 대신에 그들은 도덕적 행위가 규칙이나 전문적인 규범뿐만 아니라 정서와 인간관계, 미덕, 특정한 개인의 맥락의 뉘앙스에 대한 감수성을 포함한다는 것을 인정하는 복합적인 윤리 이론을 제안한다.

간단하게 요약하자면, 덕이 있는 영성 지도자들과 목회 상담자들은 그들의 임상 활동에서 전문적인 윤리 규범들을 통합할 뿐만 아니라 그들의 개인적인 삶과 전문가적인 삶에서 미덕을 실천하고 귀감이 된다.

결론

이 장에서는 삶의 도덕적 영역에 대해 간략하게 설명한 후에 인격과 미덕으로 초점을 옮겨갔다. 도덕 신학과 심리학에서 그것들의 관계와 최근에 나타난 인격/미덕 전통의 회복을 상세하게 설명했다. 도덕적 영역과 실천에 관해서는 단순히 윤리 규정을 따르는 것과 덕이 있는 영성 지도자와 목회 상담자가 되는 것의 차이가 분명하게 설명되었다. 또한 미덕을 분류하려는 다양한 노력들은 영성 지도와 목회 상담의 실제에 적용할 수 있는 미덕의 분류법으로 완결되었다. 미덕의 이런 분류법은 6장에서 제안되는 전체론적이고 통합적인 모델의 핵심 요소다.

5장 | 변화에 대한 심리적 관점

Transforming Self and Community

심리적 영역은 변화의 메타-영역뿐만 아니라 영적 및 도덕적 영역과 총체적으로 관련된다. 한 사람이 심리적 영역과 변화의 차원들에 대해 가지고 있는 관점은 영성 지도와 목회 상담에 대한 그 사람의 관점에 영향을 미친다. 대부분의 목회 상담과 영성 지도가 환원주의적이라는 비판은 거의가 심리적 영역을 지나치게 강조하는 것과 심리학적 구성 개념들에 과도하게 의존하는 것에 대한 것이었다.

이 장에서는 삶의 심리적 영역에 대해 간략하게 설명한 후 심리학과 영성, 그리고 심리학과 인격 및 미덕의 도덕적 구성 개념들 사이의 복잡한 관계로 옮겨가고자 한다. 거짓 자기(false self)로부터 참 자기(true self)로의 여행을 이해하는 데 가장 유용한 자기-이론(self-theory)은 좀더 상세하게 설명할 것이다. 그리고 마지막으로 자기-능력(self-capacities)의 분류법에 대해 소개할 것이다.

삶의 심리적 영역

심리적 영역은 인지적 능력과 기능화의 모든 측면들뿐만 아니라 모든 감정적이거나 정서적인 기능화와 안녕을 포함한다. 서구 문화는 심리학적 상상력에 의해, 즉 서구 사람들이 심리학적 범주들과 설명들을 사용하여 현실에 대해 인식하고, 생각하고, 행동하는 만연된 방식에 의해 상당한 영향을 받았다. 오늘날 심리학적 범주들을 사용하지 않고 영성을 논하는 것은 상상하기가 어렵다.

심리학과 영성의 관계

오늘날 특히 초개인 심리학(transpersonal psychology)의 옹호자들 사이에서 "인간 경험의 심리학적 및 영적 차원들은, 그것들이 때로는 중복되기도 하지만 영성이 토대가 된다는 점에서 다르다"[1]는 일치된 생각이 새롭게 나타나고 있다. 초개인 심리학이 형성되는 가장 초기에는 심리적 및 영적 발달선이 동일하거나 하나의 연속선 또는 스펙트럼을 형성한다고 가정했다.[2] 또한 개인은 처음에는 심리적 통합을 추구하고 그 다음에 영적 통합으로 옮겨간다고도 가정했다. 그것은 대개 심리 치료로 시작해서, 그것이 성공적으로 끝났을 때 영적 실천을 시작하고, 영적 안내자의 인도를 받는다는 것을 의미했다. 기본적으로 충분히 치유되고 심리적으로 통합된 사람들만이 진실한 영적 발달 및 실현을 이룰 수 있다고 여겨졌다.

그러나 그러한 믿음은 현재의 임상적 연구 및 실제와는 맞지 않는다. 고도의 영적 발달을 이룬 어떤 내담자들이 심리적으로 그리고 대인 관계적으로는 초보적인 수준으로 기능할 수 있는가 하면, 다른 사람들에게서는 심리적 발달이 영적 발달을 훨씬 능가한다. 그런가 하면 영적 및 심리학적 발달이 좀더 균형을 이룬 내담자들도 있다. 유사하게, 역사적으로도 장애가 있거나, 정신병이 있거나, 신경증이 있는 성인들과 영적으로 성숙한 개인들이 많이 있었음을 보여준다. 더구나 역사 전체를 통하여 모든 성인들과 현자들이 어린 시절의 외상들과 무의식적인 방어들을 어느 정도 자발적으로 극복하고 영적 발달에 앞서 높은 수준의 심리적 통합을 이루었다고 생각하는 것은 매우 미덥지 않다.[3]

초개인 심리학을 지향하는 임상가들은 심리적 및 영적 발달이 서로 상호 작용을 하지만 다른 복합적이고 복잡한 발달 경로들로 이루어진다는 것을 관찰했다. 다른 말로 하자면, 심리적 작업이 이루어진 후가 아니라 심리적 작업 중에, 그리고 그러한 작업을 통해서 영적 발달이 이루어진다는 것이다. 더구나 심리 치료에 대한 초개인적 접근 방식을 신봉하고 있는 임상가들은 그들의 작업을 영적 발달의 맥락에서 보려는 경향이 있는데, 그것은 초개인 심리학의 기본적인 가정이 개인은 단순히 심리학적 자아가 아니라 오히려 영적 존재라는 것이기 때문이다. 초개인 심리학의 또 다른 기본 교의는 심리적 통합을 이루는 것이 영적 실현에 필수적인 것도 아니고, 영적 실현이 심리적 통합을 가져오는 것도 아니라는 것이다. 그럼에도 불구하고, 영적 실천의 결과로서 생겨난 내면의 성장이 심리적인 작업에 유익할 수 있는 것처럼, 심리 치료는 회피들과 무의식적인 방어들과 싸우면서 영적 순례 중에 있는 사람들에게 아주 유익할 수 있다. 단언하자면, 각각은 다른 것에 도움을 줄 수 있지만 어느 것 하나도 다른 것의 진보를 위해 요구되지는 않는다.[4]

초개인 심리 치료를 실행하는 임상가들은 심리적 전체성과 영적 전체성을 동시에 추구하는 것이 가능하고, "때때로 심리학적 전체성 또는 영적 전체성이 우세할 수 있지만, 그것은 양자택일이나 순차적인 것이라기보다는 양자 모두이고 하나의 과정이다"[5]라고 말한다. 심리 치료는 영적 에너지를 가두어 놓을 수 있는 무의식적이고 방어적인 패턴들을 효과적으로 극복할 수 있기 때문에 영적 실천만 하는 것보다는 좀더 영적 발달을 촉진할 수 있다. 결국 심리 치료는 의식을 확장하는 것을 목표로 하기 때문에 일종의 영적 활동으로 생각될 수 있다.

인격에 대한 심리학적 관점

인격(character)은 성격(personality) 연구에서 "초기 그리스 시대까지 더듬어 올라갈 수 있는"[6] 오래되고 유서 깊은 전통을 가지고 있다. 비록 기질을 강조한 성격의 연구에 생물학적 전통이 있긴 했지만, 1960-70년대까지는 인격을 강조하는 심리학적 전통이 인기가 있었다. 현재 성격은 더 넓은 관점에서 개념화되고 있고, 인격과 기질 두 가지의 합류점으로서 설명되기에 이르렀다.[7]

앞에서 도널드 젤피(Donald Gelpi)[8]에 의해 설명되고 스탠리 하우어와스(Stanley Hauerwas)[9]와 윌리엄 브라운(William Brown)[10]에 의해 암시된 것과 같은 도덕적 인격에 대한 설명을 확증하는 것처럼 보이는 인격에 대한 심리학적 연구조사의 특별한 라인이 있다. 로버트 클로닝거(C. Robert Cloninger)와 그의 동료들은 성숙한 성격이나 인격 구조를 가지고 있는 사람들이 자기-책임감이 있고, 협동적이고, 자기-초월적인 경향이 있다는 것을 발견했다.[11] 젤피의 설명은 자기-책임감과 생명을 주는 관계를 위한 능력을 모두 포함하는데, 그것은 협동과 관계가 있다.[12] 나아가 회심에 관한 젤피의 설명은 자기-초월성을 의미한다. 반대로 클로닝거와 그의 동료들은 성격 또는 인격 장애가 있어서 자기-수용에 어려움이 있는 것으로 보이는 사람들은 다른 사람들에 대해 편협하고, 복수심이 깊고, 자의식이 강하고, 부족하다고 느낀다고 했다.[13] 이것은 성격 장애의 유무가 자기 주도성이나 책임감, 협동심 또는 자기-초월성과 같은 인격적 차원들에서 규정될 수 있음을 보여준다.[14]

자기 주도성

자기 주도성의 기본적인 개념은 자기-결정을 말한다. 그것은 한 개인이 선택한 목표와 가치에 맞게 행동을 통제하고, 조절하고, 채택할 수 있는 능력이다. 개개인마다 자기-결정 능력에 있어서 다르다. 적당한 수준이나 높은 수준의 자기-결정 능력을 가진 사람들은 성숙하고, 효율적이고, 잘 조직화된 사람들이라고 할 수 있다. 그러한 사람들은 자존감을 드러내고, 잘못을 인정하고, 그들 자신을 있는 그대로 수용할 수 있고, 그들의 삶이 의미와 목적을 가지고 있다고 느끼고, 그들의 목표를 이루기 위하여 만족을 늦출 수 있고, 주도적으로 도전을 극복할 수 있다. 반면에 낮은 수준의 자기-결정 능력을 가지고 있는 사람들은 자존감이 낮고, 그들의 문제에 대해 다른 사람들을 비난하고, 그들의 정체성 또는 목적에 대해 불확실하게 느끼고, 때로는 반동적이고, 의존적이고, 자원들이 없다.

자기-결정은 다양한 하위-요소들, 예를 들면 내적 통제 소재(internal locus of control), 목적성(purposefulness), 변통성(resoucefulness), 자기-효능감(self-efficacy)을 가진 것으로 생각될 수 있다. 내적 통제 소재를 가지고 있는 사람들은 그들의 성공이 그들 자신의 노력에 의해 통제된다고 믿는 경향이 있는 반면, 외적 통제 소재를 가지고 있는 사람들은 그들의 성공이 그들 외부에 있는 요인들에 의해 통제된다고 믿는 경향이 있다. 통제 소재에 대한 연구는 내적 통제 소재를 가지고 있는 사람들이 더 책임감이 있고 변통성 있는 문제 해결사들인 반면, 다른 사람들은 더 고립되어 있고, 무감각하고, 다른 사람들을 비난하고, 우연히 문제 상황을 만나게 되는 경향이 있다.

목적성과 의미 있는 목표-지향성은 성숙한 사람들에게 있어서 동기 부여를 하는 힘이다. 그러한 목적성은 사람들 사이에 폭넓게 다양하다. 유능한 관리자들의 특징이 되는 주도적이고 변통성 있는 문제 해결 능력은 성숙한 인격의 중요한 측면이다. 자기-효능감은 또한 목표 지향적인 행동의 변통성 및 주도성과 관계가 있다.

무한한 능력과 영원한 젊음에 대한 환상 없이 자신의 한계들을 변명하지 않고 수용할 수 있는 능력과 자존감은 성숙한 자기-주도적 행동 발달의 결정적인 측면들이다. 낮은 적응력과 열등감이나 부적절감을 가진 사람들은 흔히 반동적이고 언제나 모든 일에서 최고가 되기를 바라면서 그들의 잘못을 부인하거나, 억압하거나, 무시하는 반면, 적응력이 뛰어난 사람들은 그들 자신에 대한 있는 그대로의 진실을 인정하고 수용할 수 있다. 그러한 긍정적인 자존감과 개인의 한계들을 수용할 수 있는 능력은 책임감 및 변통성과 분명한 상관관계가 있다. 자기-주도성이 없는 것은 모든 범주의 성격 장애의 공통적인 특징이다. 다른 성격상의 특징 또는 상황과 관계없이, 성격 장애는 자기-주도성이 낮은 경우에 나타나는 것 같다.

발달 과정으로서 고려한다면, 자기 주도성에는 다양한 차원들이나 지표들이 있다. 이러한 지표들은 건강 또는 높은 기능화에서 장애 또는 낮은 기능화에 이르는 연속체와, 생각하기에 따라서는 미덕/악덕 연속체를 반영하는 것으로서 이해될 수 있다. 클로닝거는 다섯 가지의 차원 또는 지표를 다음과 같이 제시했다: '책임감 있는' 대 '비난하는', '목적성 있는' 대 '목표 없는', '변통성 있는' 대 '수동적인', '자기-수용적인' 대 '갈망하는', '훈련된' 대 '훈련되지 않은'.15)

협동성

협동성(cooperativeness)의 인격 요소는 다른 사람들을 동일시하고 수용함에 있어서 개별적인 차이들을 설명하기 위해 공식화된 것이다. 이 요인은 기꺼움(agreeability) 대 자기-중심적인 공격성 및 적대감과 관련이 있는 인격의 척도다. 협동성이 낮은 경우 실질적으로 수반되는 성격 장애의 가능성의 원인이 된다. 자기 주도성이 높거나 단지 적당히 낮더라도 협동성이 낮으면 성격 장애로 진단될 가능성이 커진다. 모든 범주의 성격 장애는 낮은 협동성과 관련된다. 협동적인 사람은 사회적으로 관대하고, 공감적이고, 유용하고, 동정적인 경향이 있는 반면, 비협동적인 사람은 사회적으로 관대하지 않고, 다른 사람들에게 무관심하고, 유용하지 않고, 적대적인 경향이 있다. 협동적인 사람은 다른 사람들에 대한 무조건적인 수용, 다른 사람들의 감정과의 공감, 다른 사람들을 이기적으로 지배하지 않고 그들이 자신의 목표를 이루도록 기꺼이 돕는 마음을 보이는 것 같다. 사회적 수용, 유용함, 다른 사람들의 권리에 대한 관심이 긍정적인 자존감과 상관관계가 있다는 것은 놀라운 일이 아니다. 다른 사람들과의 일치나 동일시의 감정인 공감은 의사소통과 동정을 한층 더 촉진시킨다. 유용한 생산성(generativity)과 동정은 흔히 발달 심리학에서 성숙의 표지로 알려져 있다. 예를 들어, 그러한 동정에는 다른 사람들에게 복수를 하거나 그들의 낭패나 고통을 즐거워하기보다는 그들의 행동과 상관없이 기꺼이 용서하고 친절하게 대하는 마음이 포함된다. 거기에는 형제애의 감정이 포함되고 적대감이 없다. 성숙한 사람들은 개인적인 이익에 탐닉하기보다는 문제에 대해 서로를 만족시키는 '승-승' 해결 방식을 잘 찾는다. 마지막으로, 종교적 전통들은 불가피하게 개인이나 사회에 심각한 결과를 초래하지 않는 한 깨뜨려질 수 없는 원칙들을 '순수한 마음으로' 수용하는 것을 강조한다.

자기-초월성을 발달 과정으로서 고려할 때 그것에는 다양한 차원들 또는 지표들이 있다. 이러한 지표들은 건강 또는 높은 기능화에서 장애 또는 낮은 기능화에 이르는 연속체, 그리고 생각하기에 따라서는 미덕/악덕의 연속체를 반영하는 것으로서 이해될 수 있다. 클로닝거는 다섯 가지의 차원 또는 지표를 다음과 같이 제시한다: '친절한' 대 '편협한', '공감적인' 대 '무감각한', '유용한' 대 '이기적인', '동정적인' 대 '적대적인', 및 '원칙적인' 대 '기회주의적인'.[16]

자기-초월성

영성과 관련된 자기-초월성과 인격의 특성들은 전형적으로 체계적인 연구 조사에서 무시되었고, 성격 목록들에서 빠져 있다. 그럼에도 불구하고 자기-초월성과 자기-실현에 대한 관찰 연구는 많이 있다. 구체적으로 살펴본다면, 통찰과 묵상 기법의 결과로서 자기-초월 상태에 도달한 사람들의 주관적인 경험들과 행동상의 변화들은 초개인 심리학 문헌에 잘 입증되어 있다. 자기-초월적인 사람들의 안정된 자기-망각은 사람들이 전적으로 몰입하고, 강렬하게 집중하고, 한 가지 사물에 매료될 때 자신이 어디에 있는지를 잊어버리고 시간의 흐름에 대한 감각을 잃어버리는 것과 같은 일시적인 경험으로 설명되었다. 그러한 몰입은 때때로 개별적인 자기 외부에 있는 것들과의 '초개인적' 동일시를 초래한다. 그 사람은 어떤 것 또는 모든 것과의 영적 연합의 감각을 확인하거나 느낄 수 있다.

자기-초월성은 일반 공동체에 속한 성인들보다는 정신과에 수용되어 있는 환자에게서 상당히 더 낮다. 분열성(schizoid) 및 분열형(schizotypal) 성격 장애가 있는 개인을 제외하면, 자기-초월성의 요인을 가지고서는 환자들이 성격 장애가 있는지 없는지를 구별할 수 없었다. 자기-초월성은 분열성 환자를 분열형 환자로부터 구분해 내는 데 특히 유용한데, 왜냐하면 분열형 환자들은 자기-초월성의 초감각적인 지각과 측면들에 대한 질문을 수긍하는 경향이 있기 때문이다. 또한 분열성 성격 장애를 가지고 있는 개인은 낮은 수준의 자기-초월성을 나타내는 경향이 있다. 대조적으로 자기 주도성과 협동성은 모든 성격 장애자들에게서 낮았다.[17] 그러므로 심리학적으로 건강한 영적 구도자들은 덜 성숙한 사람들보다 상당히 더 많은 자기-초월성을 나타내는 것으로 보인다.

자기-초월성을 발달 과정으로 고려할 때 그것에는 다양한 차원들 또는 지표들이 있다. 이러한 지표들은 건강 또는 높은 기능화로부터 장애 또는 낮은 기능화에 이르는 연속체, 그리고 생각하기에 따라서는 미덕/악덕의 연속체를 반영하는 것으로서 이해될 수 있다. 클로닝거는 다섯 가지의 차원 또는 지표를 다음과 같이 제시한다: '상상력이 풍부한' 대 '인습적인', '직관적인' 대 '논리적인', '순종하는' 대 '의심이 많은', '영적인' 대 '물질주의적인' 그리고 '이상주의적인' 대 '상대주의적인'.[18]

미덕의 과학적 연구

앞에서 지적한 것과 같이, 현대의 심리학과 심리 치료에 대한 포스트모던적 비평은 가치 중립적인 심리학이나 심리 치료는 결코 있을 수 없고, 심리학은 도덕 철학과의 관계를 재고해야만 하는 상황을 만들었다. 다소 관련이 있는 맥락으로, 심리학 연구 공동체에서의 주요 인물들은 인격과 미덕에 대한 심리학의 초기 관심을 회복하기 시작하고 있다.[19] 이러한 회복의 노력은 '긍정의 심리학'(positive psychology)으로 불린다. 긍정의 심리학이란 인간의 약점과 질병 또는 정신 병리 모델을 강조하는 심리학의 어두운 측면보다는 강점과 발달 또는 성장 모델을 강조하는 것을 말한다. 다른 말로 하면, 현대의 심리학과 심리 치료의 많은 부분이 치유(healing)에 몰두하게 되었고, "인간 기능의 질병 모델 속에서 상처를 회복시키는 것에 집중하고 있다. 병리에 대한 이러한 거의 배타적인 관심으로 인해 자기 실현을 이룬 개인과 성공적인 공동체가 간과된다."[20] 사람들은 어떻게 사회과학, 특히 심리학이 "인간의 강점들과 미덕들 - 이타주의, 용기, 정직, 의무, 기쁨, 건강, 책임감 및 원기(good cheer) - 을 파생적이거나 방어적이거나 터무니없는 환상으로 보았던 반면에, 약점과 부정적인 동기들 - 불안, 탐욕, 이기심, 편집증, 분노, 무질서 및 슬픔 - 을 진정한 것으로 보게 되었는가?"라고 의아해 한다.[21] 긍정의 심리학 분야의 목표는 "인생에서 최악의 것들을 고쳐 나가는 것뿐만 아니라 긍정적인 특성들을 쌓아 나가는 것으로 심리학의 초점에 있어서 변화를 촉진하는 것"[22]이다.

긍정의 심리학을 위해 세 가지의 기둥이 제안되었다: 주관적인 안녕, 긍정적인 인격 그리고 긍정적인 공동체. 주관적인 안녕은 만족, 희망, 낙관주의를 포함한다. 긍정적인 인격은 "사랑의 능력과 소명감, 대인관계 기술, 미적 감수성, 끈기, 용서, 독창성, 미래 지향성, 영성, 풍성한 재능 및 지혜"[23]를 포함한다. 마지막으로 긍정적인 공동체는 "개인들을 좀더 나은 시민 정신, 즉 책임감, 배려, 이타주의, 정중함, 중용, 관용 및 직업 윤리로 이끌어 가는 공중 도덕과 제도들을 포함한다."24)

심리학적 관점에서 볼 때 미덕은 "사람이 자기 자신과 사회 모두를 유익하게 하기 위해 생각하고 행동할 수 있게 하는 모든 심리적 과정"25)으로 규정된다. 이것은 "미덕은 한 사람이 많은 사람들 속에서 잘 살 수 있도록 돕기 위해 작용한다"26)는 로버츠(Roberts)의 진술과 유사하다. 개인과 공동체에 대한 이러한 이중적 강조는 현대의 많은 심리학과 심리 치료가 근본적으로 개인주의적인 특성을 암시적으로 또는 명시적으로 옹호하는 것과는 뚜렷이 구분된다. 아리스토텔레스와 같이 긍정의 심리학을 옹호하는 사람들은 덕이 있는 삶의 결과로서 성공 또는 번영을 강조한다.

모든 인본주의 심리학들이 인간의 강점 및 자기-실현을 과거 40년 동안에 걸쳐 옹호해 오긴 했지만, 오직 긍정의 심리학만이 미덕과 인간의 번영을 이루기 위한 과학적 이해와 효과적인 개입을 위해서 노력해 왔다. 마이클 맥컬러프(Michael McCullough)와 스나이더(C. R. Snyder)가 편집한 『사회 및 임상 심리학 저널』(the Journal of Social and Clinical Psychology)의 한 특별판은 일곱 가지 미덕, 즉 자기-통제, 희망, 용서, 감사, 겸손, 지혜 및 사랑에 대한 조사 연구의 현재 상황과 결과들을 설명하는 논문들로 구성되었다.27)

성격의 차원으로서의 미덕

로이 바움마이스터(Roy Baumeister)와 쥴리 엑슬린(Julie Exline)은 미덕을 성격의 핵심 차원으로 이해하기 위한 심리학적 틀을 제시했다.28) 그들의 기본적인 가정은 인간 존재의 사회적 본성인데, 그것은 개개인이 소속하고자 하는 기본적인 욕구와 단체 생활의 보편성에 의해 움직인다고 보는 것이다. 성격은 다른 사람들 가운데서 살아가야 할 필요성에 대한 적응으로서 이해된다. 만약 소속하고자 하는 욕구가 단지 인간의 동기라면, 도덕성과 미덕은 이루기 어려운 것이 아닐 수 있다. 그러나 불행하게도 개인 간의 충돌 가능성은 집단 생활에 본래부터 있는 것이다.

바움마이스터와 엑슬린은 "도덕성을 사람들이 조화롭게 함께 살아가는 것을 가능하게 하는 일련의 규칙들로, 그리고 미덕을 도덕적 규칙들이 내면화된 것"[29]으로 정의한다. 그러므로 덕이 있는 사람들은 최고의 시민들과 관계 상대자들이 되어야만 한다. 왜냐하면 그들은 그들 자신의 바람 때문에 다른 사람들이나 집단이나 공동체에 해로운 행동들을 야기하지 않을 것이기 때문이다.

그들은 도덕적 특성들이 사회적 관계의 맥락에서 이해되어야만 한다는 견해를 지지하기 위해 죄책감의 대인 관계적 본질에 관한 연구를 했다. 마찬가지로 만약 도덕성이 사회적 관계에 의존한다면, 사회적 관계의 본질에 있어서 변화는 그 관계를 유지하기 위해서 다른 미덕의 개발을 필요로 할 수 있다. 바움마이스터와 엑슬린은 특별히 미덕에 대해 소홀한 사회적 환경을 만들어 낸 현대 서구 사회의 삶을 세 가지 측면으로 설명했다. 첫째, 사회적 관계의 불안정성이 증가함으로 인해 부도덕한 행동에 처벌을 부과하는 사회적 힘이 약화되었다. 둘째, 새로운 경제 패턴은 집단의 이익을 이루기 위해 이기심의 추구에 의존한다. 셋째, 자아(selfhood)에 대한 도덕적 이데올로기가 부상하면서 이기심과 선함을 구성하는 것의 많은 측면들을 재범주화하게 되었고 자기와 도덕성 사이의 오랜 대립이 무너지는 변화가 일어났다.

바움마이스터와 엑슬린은 미덕의 성격 이론을 개발하기 위한 중요한 도전은 어떻게 사람들이 그들 자신의 이기적인 성향을 넘어서는지를 이해하고 사회적으로 바람직하고 기대되는 것을 하는 것이라고 주장한다. 그들은 심리학에서 가장 적합한 일은 자기-통제(self-control)와 자기-조절(self-regulation)에 대한 연구라고 제시한다. 자기-조절은 자기가 자기 자신의 반응을 바꿔 나가는 과정이다.

그들에 따르면 자기-통제는 악덕과 미덕의 핵심적인 역동인 것으로 여겨진다. 악덕은 자기-통제의 실패를 의미하는 한편, 미덕은 일관되고 규율 있는 자기-통제의 훈련을 포함한다. 그러므로 바움마이스터와 엑슬린은 자기-통제가 사실상 주된 미덕으로서 간주될 수 있다고 결론짓는다.30)

어떻게 자기-통제가 작동하는가에 대해서, 최근의 연구는 그것이 전통적인 의지력의 개념과 유사하기 때문에 근육과 비슷하다는 것을 시사해 준다. 개개인은 이러한 도덕적 근육(moral muscle)의 힘이 다를 수 있으며, 그러한 개인적인 차이들은 미덕의 차이들의 원인이 될 것이다. 바움마이스터와 엑슬린은 성격에 기초한 미덕의 이론은 도덕적 근육이 자기 통제와 더불어 책임 있는 선택과 적극적인 주도성과 같은 다른 의지의 행동들을 위해 사용된다는 것을 인정해야만 한다고 믿는다. 흥미롭게도 그들은 "사람들이 그들의 강점을 책임 있는 의사 결정에 소진시킬 때 덕이 있는 행동이 타락할 수도 있다. 힘과 책임을 발휘하고, 중요한 결정을 하고, 스트레스나 유사한 요구들을 다루는 것은 자원을 고갈시키고 도덕적 타락으로 이끌어 갈 수도 있다"31)고 결론짓는다.

덕이 있는 행동에 차이를 가져오는 다른 요인들이 있는 것으로 여겨진다. 예를 들면, 도덕성은 사람이 도덕적 규범을 따름에 있어서 자신의 자기-조절력을 사용하는 것에 좌우된다. 그러므로 도덕적 규범을 인정하지 않는 사람들은 그들의 의지력의 정도와 관계없이 비도덕적인 방식으로 행동할 수 있다. 마찬가지로 성공적인 자기-조절을 위해서는 모니터링이 필요하다. 사람들이 그들 자신을 모니터링하기를 중단할 때, 즉 중독이 되거나 '취해 있는' 동안 미덕은 실패할 수 있다.

과학적 이상을 추구함에 있어서 가치-중립성을 이루기 위한 심리학의 탐색은 미덕 연구에 장벽이 되었다. 바움마이스터와 엑슬린의 미덕 이론은 이 장벽을 효율적으로 극복했다. 자기-통제를 주요 미덕으로 가정함으로써 성격 연구는 현재 활용할 수 있는 조사 방법을 따르는 방식으로 도덕적 특성들의 과정과 차이 두 가지 모두를 연구할 수 있게 되었다. 따라서 미덕은 다른 사람을 유익하게 할 방식으로 행동하기 위해 자기 자신의 바람직하지 않은 경향을 극복하는 것을 포함한다. 그 다음에 개개인이 자신의 행동을 바꾸어 사회적으로 바람직한 방식으로 행동할 수 있게 되는 과정이 객관적으로 연구될 수 있다. 아마도 그런 경험적 연구는 영성 지도와 목회 상담에 긍정적인 영향을 미칠 수 있을 것이다.

자기-이론

동양과 서양의 영적 전통들과 심리학 문헌에는 자기(self)에 관한 것이 많이 있다. 이 단원에서는 자기-이론을 간단하게 설명한 후 자기-초월성에 대해 논의 및 비평을 하고, 마지막으로 자기-능력(self-capacity)을 설명하고자 한다. 제임스 매스터슨(James Masterson)은 그의 책 『참 자기』(*The Real Self*)에서 자기에 대한 대상-관계적 견해를 설명했다.[32] 본질적으로 자기의 개념은 자기-이미지(self-image), 자기-표상(self-representation), 자기-조직(self-organization) 등과 같은 관련된 구성 개념들을 통해서 이해될 수 있고, 자아와 정체성과 같은 다른 구성 개념들과 비교될 수 있다. 매스터슨에 따르면 자기-이미지는 개개인이 특정 시간과 상황에서 그들 자신에 대해 가지는 이미지로 구성된다. 자기-이미지는 그 때의 그들의 정신적 표상뿐만 아니라 신체 이미지로 구성된다. 이 이미지는 의식적이거나 무의식적이고, 현실적이거나 왜곡된 것일 수 있다. 다른 한편으로, 자기-표상은 상이한 시간에 개개인이 가지고 있던 현실적이거나 왜곡된 많은 자기-이미지들로부터 자아에 의해 구성된다. 그것은 개개인이 의식적으로 또는 무의식적으로 그들 자신이 지각하는 그들 자신을 나타내고, 고정적이기도 하고 가변적일 수도 있다. 매스터슨은 주관적인 경험은 다양한 자기-표상들에 의해 조직될 수 있다는 것, 즉 어떤 경험에서의 '나'는 반드시 다른 경험에서의 '나'와 동일한 것은 아니라는 점을 관찰했다. 그는 다양한 하위 자기-이미지들과 자기-표상들의 조직화, 패턴화, 연결을 언급하기 위해서 '상위 자기-조직'(supraordinate self-organization)이라는 용어를 사용했다. 상위 자기-조직은 이러한 이미지들과 표상들 속에 연속성, 단일성, 전체성의 느낌을 제공한다.

자기는 자아를 표상하는 요소이고 자아는 자기를 실행하는 요소라는 점에서 자기와 자아는 전형적으로 나란히 발달하고 기능한다. 자아가 발달상 정지되면 자기 또한 발달상 정지될 것이다. 매스터슨은 자아 정체성은 그것의 중심적인 심리 사회적 기능에 비추어서 자아의 종합하는 힘인 반면, 자기-정체성은 개인의 자기 역할 이미지들의 통합이라고 주장한다. 따라서 앞으로 자기 자신을 일정하고 연속적인 것으로 지각하는 나에 대해 언급할 때는 자아-정체성보다는 자기-정체성이라고 해야 한다. 자기는 뚜렷하게 전의식적이거나 의식적인 한편, 자아는 뚜렷하게 무의식적이다.

매스터슨은 자기-발달의 과정은 청소년들이 아동기의 자기-이미지들을 청소년기와 성인기의 요구에 맞춰 시험하고, 선택하고, 통합하는 때인 청소년기의 정체성 위기에서 최고조에 달한다고 주장한다. 매스터슨은 "최종적인 자기는 청소년기 말에 개인의 아동기로부터 유래한 어떤 단일한 동일시보다 상위에 있는 것으로 고착이 된다. 비록 그것이 아동기의 자기-이미지들과의 동일시라는 측면에서 고착된다 할지라도, 추가적인 발달상의 변화에 대해 여전히 열려 있다"[33]고 했다.

간단히 말하면, 그는 참 자기의 발달은 대부분이 후기 청소년기나 초기 성인기에 완료된다고 주장하는 것이다. 이것은 자기-발달의 다른 이론들, 즉 자기-발달을 성인기의 중반 및 후기까지 계속되는 것으로 본 칼 융

(Carl Jung), 에릭 에릭슨(Erik Erikson), 로버트 케간(Robert Kegan), 다니엘 헬미니악(Daniel Helminiak) 등의 이론들과는 대비된다.

나아가 자기는 또한 '참 자기'와 '거짓 자기'로 분화될 수 있다. 임상 정신 의학이나 순수 심리학적 관점에서 볼 때, 참 자기는 자기 및 그것과 관련된 대상 표상들의 내적 이미지들의 총합으로 구성된다. 참 자기는 두 가지 기능을 한다. 그것은 자기 표현을 위한 정서적 전달 매체를 제공하고, 현실 과제들의 숙달을 통해서 자존감을 유지하는 작용을 한다. 참 자기는 환상에 기초하고 고통스러운 정서들을 방어함으로써 자존감을 유지하는 거짓 자기와는 구분된다.34)

키팅(Keating)은 심리 영성적 관점에서 거짓 자기를 초기 아동기의 정서적 외상을 극복하기 위해서 발달시킨 자기로 설명한다.35) 거짓 자기는 생존, 존중, 통제와 같은 본능적 욕구들을 만족시키는 것에서 행복을 추구하고, 그것의 자기-가치는 문화적 또는 집단적 동일시를 기초로 한다. 반대로 참 자기는 한 사람의 독특성 속에서 드러나는 신적인 삶에 참여하는 것이다. 토마스 머튼(Thomas Merton)의 거짓 자기에 대한 개념은 그것이 자기-초월에 실패한 것임을 시사한다.36) 대부분의 영성에 대한 저자들에게 거짓 자기로부터 실재 또는 참 자기로 옮겨가는 것은 자기-초월 과정을 포함하는 것이다.

자기-초월 이론

자기-초월 이론, 특히 월터 콘(Walter Conn)에 의해 명료화된 이론37)은 2장에서 설명되고 비평되었다. 본질적으로 이 책은 자기-초월에 대한 콘의 공식화를 영성 지도와 목회 상담을 위한 심리학적 및 영성 신학적 토대로 다듬고 개정하고 있다. 콘은 자기-초월을 자기를 넘어서거나 초월하고

자 하는 인간의 가장 기본적인 갈망이자 욕동(drive)으로 가정한다. 콘의 자기-초월 이론은 한편으로는 영성 신학과 심리학적 기초를 모두 가지고 있으면서도 대상 관계 이론과 자기 심리학의 이론적 구성 개념들에 크게 의존한다. 당연히 이 이론은 심리 내적 및 대인관계적 관점을 강조하고 공식적으로는 사회나 공동체, 또는 인격 차원들을 명료하게 드러내지 않았다.

게다가 콘은 '내적 변화'와 '구조적 변화'를 언급했지만, 그것들을 정의하지 않고 다만 그것들이 자기-초월과 같은 의미라는 것을 암시했다.38) 자기-초월은 자기-변화에 대한 동의어가 될 수 있는 반면, 사회적 변화와는 동의어가 될 수 없다. 나는 변화란 그것이 자기 변화와 사회적 변화를 모두 포함한다는 점에서 자기-초월에 대한 콘의 공식화보다는 더 넓은 구성 개념이라고 주장하고 싶다.

간단히 말하자면, 콘의 기본적인 공식화는 지금까지의 심리학적 및 신학적 구성 개념들을 가장 세련되게 통합한 것이긴 하지만, 여전히 현재 실제의 많은 단점들을 반영한다. 이러한 단점들에는 심리학적 구성 개념들에 지나치게 의존하고 공동체 및 사회·정치적 차원을 배제하면서 개인적인 차원을 강조하는 것이다.

목회 상담자들과 영성 지도자들이 이 자기-초월 이론을 — 그것이 인간의 경험의 모든 차원을 아우르는 전체론적이고 포괄적인 것이라고 믿으면서 — 그들의 상담과 지도의 실제에 사용하고는 있지만, 그들의 실제는 어떤 차원들, 가장 눈에 띄게는 도덕적 및 사회·정치적 차원이 최소화되거나 무시되었다는 점에서 실제로 환원주의적일 수 있다. 그러나 이 책은 영성 지도와 목회 상담의 목표가 자기와 사회의 변화 모두이고, 변화의 모든 차원들이 다루어져야만 한다고 주장한다.

자기-능력의 분류

특별히 영적 관점에서 바라보았을 때 심리학적 영역은 전통적으로 자기-이론을 강조했다. 이러한 자기-이론에 대한 강조 혹은 지나친 강조는 상당한 비평과 관심의 원천이 되었다. 그럼에도 불구하고 자기의 구성 개념은 인격의 구성 개념과 밀접하게 관련되어 있고, 이 두 가지는 동전의 양면을 나타내는 것으로 개념화될 수 있다. 자기의 가장 실체적인 측면은 자기-능력(self-capacity)이다. 자기-능력은 적절한 개인적 기능화 및 관계와 공동체에서의 적절한 기능화에 없어서는 안 될 능력으로 정의된다.[39]

건강한 참 자기를 가지고 있는 사람들은 심각한 위기뿐만 아니라 삶에서의 일상적인 좌절들을 관리할 수 있다. 개인적, 사회적, 직업적 또는 경제적 위기에 대한 경험은, 손상되었거나 거짓된 자기를 가지고 있는 사람들이 경험하는 무기력과 패배와는 대조적으로, 건강한 자기를 위한 성장의 기회가 될 수 있다. 건강한 자기가 발달하고 전체적이고 자율적으로 되어 갈 때, 그것은 많은 자기-능력들을 그 특징으로 드러낸다. 매스터슨은 『성격 장애』(*The Personality Disorders*)와 『참 자기』(*The Real Self*)에서 그의 임상적 연구로부터 도출된 열 가지의 능력을 간략하게 설명했다. 이것들은 변화의 차원들과 미덕 및 영적 실천의 분류법과 상관관계가 있는 분류법을 수립하기 위해서 세 가지의 부가적인 자기-능력으로 보충되었다.

자기-통제

이것은 자기가 인생에서 쾌락과 통제(mastery)의 적절한 경험에 대해 자격감(sense of entitlement)을 갖게 되는 능력이다. 이 능력은 인생 초기부터 부모와 양육자에 의해 참 자기를 인정받고 지지받았던 경험과 결합된 통제의 경험으로부터 발달한다. 내적 갈망과 열망의 균형을 잡기 위해서 외부적인 입력(예를 들면, 규칙, 정책, 의학적 조언 등)과 지지가 필요하다는 점에서 이것은 자기가 담고 있는 능력은 아니다. 이러한 통제감(sense of mastery)과 자기-통제(self-control)는 욕구, 갈망, 바람, 열망에까지 영향을 미친다. 이 능력은 경계선 성격들(borderline personalities)에는 결핍되어 있고, 자기애적 성격들(narcissistic personalities)에서는 지나치게 과장되어 있다.

자발성

이것은 폭넓은 감정들을 적절하고 깊게, 그리고 정서의 영향을 차단하거나 사장시키지 않고 경험할 수 있는 능력이다. 구체적으로 말하자면, 그것은 – 그것이 분노이든, 실망이든 또는 기쁨이든 – 상황이나 환경에 적절하고 일치하는 감정을 충분히, 자발적으로 표현하는 것을 말한다. 거짓 자기와 달리, 건강한 참 자기는 폭넓은 감정들을 수용하고 그것들을 표현하는 것을 두려워하지 않는다. 인격이나 기질의 영향을 고려한다 해도, 건강한 자기가 이루어지지 않은 기대, 상실 또는 갈등을 경험할 때는 적절한 수준의 정서가 존재한다.

자기-활성화

자기-활성화(self-activation) 능력은 자신의 독특한 개성, 목표, 꿈, 바람을 확인한 후 그것들을 주도적으로 표현하고 성취하는 능력이다. 자기-활성화를 발달시키는 능력은 자신의 정체성을 확인하고 자기 자신이 되어가는 데 필수적이다.

자기-인정

이 능력은 개개인으로 하여금 그들이 위기나 염려에 긍정적이고 창조적인 방식으로 효율적으로 대처한다는 것을 확인하고 인정하는 것을 가능하게 한다. 이것은 자존감을 회복하기 위해서 다른 사람들에게 의존하기보다는 자기 자신의 가치에 대한 믿음을 새롭게 할 수 있는 능력이다. 따라서 이 능력이 있는 사람들은 다른 사람들이 자신을 좋아하거나, 수용하거나 또는 소중하게 생각하도록 하기 위해서 과도하게 의존적이거나 애를 쓰는 방식으로 행동할 필요가 거의 없다.

자기-위로

자기-위로(self-soothing)는 고통스러운 정서들을 제한하고, 최소화하고, 위로할 수 있는 능력이다. 건강한 참 자기는 개인이 비참함이나 학대 속에 빠져 몸부림치게 놓아두지 않는다. 그것은 유해하고 비-지지적인 관계나 환경에 노출되는 것을 제한하고, 고통스러운 감정이 일어날 때 정서적인 마비, 내적 공허감 또는 비인간화 및 비현실화의 느낌에 의지하지 않고 그러한 감정들을 위로한다.

자기-연속성

이것은 자기의 내적 핵이 시공을 초월하여 지속되고 연속적이라는 것을 인식하고 인정할 수 있는 자기의 능력이다. 건강한 참 자기를 가지고 있는 사람들은 자신의 기분이나 성공 또는 실패에 대한 수용 여부와 관계없이 그들이 발달하고 성장할 때도 동일하게 유지되는 내적 핵, 즉 '나'(I)를 가지고 있다.

헌 신

헌신은 자기를 개인적, 공동체적 또는 직업적 목표나 관계에 맡기고, 그것을 이루기 위해서 끈기 있게 노력할 수 있는 능력이다. 건강한 참 자기를 가진 사람들은 좌절이나 장애물에도 불구하고, 결정이나 목표가 그들을 위해서나 공동체를 위해서 유익한 것일 때 그것을 포기하지 않는다.

창조성

이것은 오래되고 익숙한 패턴을 새롭고, 독특하고, 이전과는 다른 패턴으로 대체하기 위해서 자기를 사용할 수 있는 능력이다. 이것은 또한 포괄적인 자기-표현에 위협이 되는 성격 패턴들을 재배열하고, 그릇된 인상을 제거하거나 보다 적절한 것으로 대체하고, 위협과 부정적인 상황을 성장을 위한 기회로 보는 방법을 배울 수 있는 능력이다.

친밀감

친밀감은 밀접한 관계에서 거절에 대한 불안이나 두려움을 최소화하면서 자기를 충분히 표현할 수 있는 능력이다. 이것은 자신의 가장 깊은 자기감(sense of self)을 신뢰할 만한 사람들과 공유하면서 개인적인 경계선을 일시적으로 보류하는 것을 필요로 한다. 건강한 참 자기가 없는 사람들, 예를 들어 경계선 성격 장애자들은 빨리 친밀한 행동에 빠지고, 그들의 대인 관계적인 경계선이 그다지 신뢰할 수 없는 사람들에 의해 침범당하는 것을 무분별하게 허용한다.

자율성

자율성의 능력은 유기(abandonment)나 함입(engulfment)에 대한 두려움을 최소화하면서 정서와 자존감을 자유롭게 조절할 수 있는 능력이다. 그것은 자신의 감정과 생각을 다스리면서 혼자 있을 수 있는 능력이다. 그것은 참 자기의 손상으로 인해 생겨나고 병리적 공허감을 무분별하고 파괴적인 관계나 먹는 것, 물질 사용, 성적 활동과 같은 강박적인 행위들로 채우려는 강박적인 노력을 초래하는 정신적 외로움과는 다르다. 앞에서도 언급한 바와 같이 자율성은 콘의 자기-초월 이론의 핵심 요소다.

기타 자기-능력

건강한 참 자기는 자기 장애, 즉 이러한 능력들의 많은 부분 또는 대부분이 현저하게 결여된 성격 장애를 가진 사람들과는 대조적으로 이러한 자기-능력이 있는 것을 특징으로 한다. 이러한 열 가지 자기-능력은 심리적 안녕에 필수적이긴 하지만, 그것들이 영적 변화나 영적 안녕을 위해 충분한 것은 아니다. 세 가지의 다른 자기-능력이 변화와 관계가 있는 것으로 보인다. 그것들은 비판적인 자기-반성, 비판적인 사회 의식, 자기-포기다. 이것들에 대해서 각각 간단하게 설명하면 다음과 같다.

비판적 반성

비판적 반성이란 생각, 이데올로기, 상황 및 그것과 관련된 잠재적인 가정들을 객관적으로 그리고 체계적으로 분석할 수 있는 능력이다. 그것은 추상적으로 생각하고, 대안적인 설명들을 비교하고, 대조하고, 발달시키기 위해서 필요한 인지적 능력을 토대로 해서 형성된다. 비판적 반성은 점진적으로 더욱 복잡한 상황이나 문제에 대한 실천과 응용 능력에 의해 발달되고 연마되는 기술이다.

비판적 사회 의식

비판적 사회 의식은 사회와 조직의 상황과 역동을 윤리적 및 도덕적 가정들과 결과들의 관점에서 분석할 수 있는 능력이다. 그것은 비판적 반성 능력을 토대로 해서 형성된다. 비판적 반성과 같이 비판적 사회 의식도 점진적으로 더욱 복잡한 상황에 대한 실천과 응용 능력에 의해 발달되고 연마되는 기술이다.

자기-포기

자기-포기는 다른 사람들에게 배려하는 방식으로 행동하는 데 장애가 되는 자기 중심적인 이기심을 버릴 수 있는 능력이다. 자기-포기는 자신의 욕구와 갈망을 다른 사람들의 욕구와 갈망보다 하위에 두는 것을 필요로 한다. 앞 장에서 지적했던 것과 같이, 자기-포기는 콘의 자기-초월 이론의 핵심 요소다.

결론

이 장에서는 삶의 심리적 영역에 대해 간단하게 설명한 후, 심리학과 영성 그리고 심리학과 인격 및 미덕의 도덕적 구성 개념들 사이의 복잡한 관계에 대해 설명했다. 심리학은 가치 중립적 태도를 취하고, 인격보다는 성격을 그것의 가장 제한된 의미에서 강조함으로써, 그리고 미덕의 과학적 연구에 대해 심리학이 초기에 가졌던 초점을 피함으로써 도덕 철학으로부터 심리학 자체를 결정적으로 분리시켰다. 심리학은 미덕 대신에 도덕 발달의 인지-발달 모델로 선회했다. 가치 중립적인 심리학-심리 치료에 대한 최근의 비평과 심리 치료에서의 도덕적 차원의 회복, 그리고 미덕에 대한 경험적 연구를 회복시킨 '긍정의 심리학'의 출현은 전도유망한 발달로 설명되었다. 특히 주목할 만한 것은 클로닝거의 인격 이론과 자기-이론이다. 거짓 자기로부터 참 자기로의 여행을 이해하는 데 가장 유용한 자기-이론은 다소 상세하게 설명했다. 마지막으로 자기-능력에 대한 분류를 이 장에서 제시했다. 이 분류는 다음 장에서 제시될 전체적이고 통합적인 모델의 핵심 요소다.

6장 | 영성 지도와 목회 상담의 통합 모델

Transforming Self and Community

역사적으로 보면 도덕 신학, 영성 신학, 심리학, 도덕 철학의 분야들을 분리시키기 위한 지속적인 노력이 있었지만, 현대의 동향은 도덕적, 영적, 심리적 영역이 상당히 중복됨을 보여준다. 3장과 4장에서 이미 언급한 것처럼 기독교 전통에서 도덕 신학과 영성 신학은 그것들이 16세기 후반에 분리될 때까지는 단일한 학문 분야였다. 이러한 분열에는 여러 가지 요인들이 영향을 주었지만, 결과적으로 도덕성은 일반 대중의 영역이 되었고, 반면에 영성은 소수의 엘리트 집단의 영역이 되었다. 게다가 도덕성은 선함, 도덕 규범, 죄, 현실 세계에서의 일상적인 의무와 책임을 다하며 살아가는 것 대신에 옳음(rightness)과 연관되어 갔던 반면, 영성은 거룩함, 변화된 상태, 관상 기도, 수도원 또는 수녀원에서 다른 세상의 존재로 살아가는 것과 연관되어 갔다. 간단히 말해서 도덕적 차원은 선함(goodness)에 관한 것이고, 영적 차원은 거룩함(holiness)에 관한 것이다. 선함은 모든 사람이 드러내야 하는 것으로 기대되었지만, 거룩함은 소수에게만 기대되었다. 주목할 만한 것은 동양의 종교에서는 도덕성과 영성 사이의 그러한 분리가 없었다는 사실이다.

그런데 1960년대 후반 이후 서구의 도덕 신학과 영성 신학 사이에 점진적인 '화해'가 이루어지고 있다. 선함과 거룩함 두 가지 모두를 열망하는 것은 이제 수도원의 안과 밖 모든 곳에서 가능한 것으로 이해되고 있다. 그럼에도 불구하고, 소비자 운동과 유물주의, 거센 개인주의로 인해 영적 발달을 추구하는 대안 문화 운동(counter-cultural movement)이 일어나고 있는 것 같다. 많은 사람들이 영적 순례에는 영적 및 도덕적 영역이 동시에 추구되고 인간 경험의 다른 세 가지 차원과도 통합되는 것이 필요하다고 주장한다.1) 소위 '뉴 에이지' 영성들이 많은 경우 거룩함을 추구하는 것을 높이 평가하는 한편, 선함을 추구하는 것을 경시하는 것 같다. 영적 구도자들이 선함과 거룩함 두 가지의 여행을 추구하는가, 아니면 거룩함 한 가지만의 여행을 추구하는가는 영성 지도와 목회 상담의 기본적인 고려 사항이고 또 그렇게 되어야만 한다.

유사하게, 심리학 분야는 도덕 철학과 영성 신학으로부터 분리되었다. 가치 중립적인 입장을 받아들인 것은 심리학이 그 자체를 도덕 철학으로부터 멀어지게 했던 한 방편이었다. 인격의 개념을 훼손하고 미덕의 경험적 연구에 대한 초기의 초점을 부인하는 것은 도덕 철학으로부터 분리시키기 위한 또 다른 전략이었다. 20세기 초반에 학문적인 심리학은 종교와 종교적 경험을 일상적으로 연구했다. 5장에서 언급했던 것과 같이, 심리학이 그 자체를 도덕 철학으로부터 분리시켰던 것처럼 영적 영역, 특히 종교 및 영적 경험에 대한 연구로부터도 결정적으로 분리시켰다. 그럼에도 불구하고, '긍정의 심리학'과 미덕에 대한 과학적 연구와 그것을 임상 및 사회적 관심사에 적용하는 것에 상당한 관심이 있다. 유사하게 초개인 심리학(transpersonal psychology), 특히 초개인 심리 치료에 대해 연구하고 그것을 임상 및 사회적 관심사에 적용하는 것에 대한 관심이 증가하고 있다.

도덕 신학과 영성, 도덕 철학과 심리학 그리고 심리학과 영성 사이에 점진적인 화해가 이루어지고 있는 이러한 흐름은 고무적인 것이다. 기본적인 가정은 영적, 도덕적, 심리학적 영역이 밀접하게 관련되어 있고, 영성, 도덕 철학, 도덕 신학, 심리학의 학문 분야들이 학제간 연구(interdisciplinary)를 고무해야만 한다는 것이다.

다음 단원에서는 이 세 가지 영역들과 변화의 메타-영역의 관계에 초점을 맞춤으로써 세 가지 영역들 사이의 관계를 좀더 설명하겠다.

변화의 메타-영역

정확하게 변화란 무엇인가? 그것은 영적 순례(spiritual journey)와 어떤 관계가 있는가? 그것은 실천신학에서 어떤 역할을 하는가? 그것은 자기-초월과는 어떻게 다른가? 이러저러한 질문들이 이 단원에서 다루어질 것이다.

변화(transformation)라는 단어는 문자적으로는 '형태의 변화'를 의미하지만, 화학, 경제학, 문화 인류학, 의식 과학(consciousness studies)에서는 다양한 의미로 다양하게 적용된다. 인간 경험의 영적 차원에서 변화는 흔히 회심(conversion)과 동의어로 사용된다. 변화는 다른 세계 종교와 영성 시스템뿐만 아니라 성경에서도 공통되는 주제다(요 16:13ff.: 고전 15:51-52: 벧후 3:8ff.).2) 기독교 전통에서 변화는 자기-변화와 하나님의 주권 하에 있는 공동체 및 세계의 사회적 변화를 포함한다.

변화의 이러한 이중적 초점은 실천 신학에서 중심이 된다. 예를 들어, 목회대학원협회(Association of Graduate Programs in Ministry)의 사명 선언문은 실천 신학을 "그리스도 안에서 개인과 사회의 변화를 지향하는…기독교 전통과 현재 경험 사이의 상호 해석적이고, 비평적이고, 변화시키는 대화"3)로 기술하고 있다.

의식의 변화는 사람의 신체적, 지적, 도덕적, 사회-정치적, 정서적 그리고 종교적 차원에 영향을 주는 변화들을 설명하기 위해 보다 최근에 사용되고 있는 용어인데, 이것은 근본적으로 새로운 자기-이해와 세계관을 반영한다. 버나드 로너간(Bernard Lonergan)에 의하면 변화는 회심의 핵심이다.4) 회심은 인간 경험의 모든 차원, 즉 정서적, 도덕적, 사회-정치적, 지적, 신체적, 종교적 차원에서의 근본적인 변화다. 영적 차원은 인간 경험의 다른 모든 차원들의 중심에 있기 때문에 변화는 본질적으로 영적 변화다. 간단히 말해서 영적 순례의 목표는 변화이고, 기도와 다른 영적 실천의 목적은 변화를 촉진하는 것이다.

변화의 여섯 가지 차원은 다음 단원에서 설명될 것이다. 이들 여섯 가지 차원은 변화의 메타-영역(meta-domain)을 분명하게 드러내고 영적 순례에서의 진보를 나타내는 유용한 '지표들'로서 역할을 한다. 이들 여섯 가지 차원은 신체적, 정서적, 지적, 도덕적, 사회·정치적, 종교적/영적 차원이다.

변화의 차원들의 분류

변화가 회심과 동의어로 사용될 때 그것은 어떤 것을 그만두고 다른 어떤 것을 시작하는 것을 의미한다. 도널드 젤피(Donald Gelphi)는 회심을 경험의 어떤 영역에서 무책임한 행동을 그만두고 책임 있는 행동을 시작하는 것으로 설명한다.5) 회심에 관한 그의 신학은 로너간의 기초 신학(foundational theology)6)과 찰스 샌더스 퍼스(Charles Sanders Peirce)의 실용주의 철학을 기초로 했다. 회심과 연관된 복음 전도적 의미들 때문에 이 책에서는 회심 대신에 변화라는 용어가 사용될 것이다. 로너간의 신학에서는 두 가지 유형의 변화가 있다: 최초의(initial) 변화와 지속적인(on-going) 변화. 최초의 변화는 정서, 도덕, 지성 또는 종교와 같은 인간의 경험의 한 차원 또는 그 이상의 차원에서 이루어지는 무책임한 행동으로부터 책임 있는 행동으로의 시초적인 전환으로 정의된다. 지속적인 변화는 여섯 가지 차원 모두에서의 잇따르는 지속적인 발달을 말한다. 변화는 또한 삶의 모든 차원에서 이러한 근본적인 변화들을 이루어 가려는 의식적인 헌신이 있다는 것을 의미하기 때문에 통합적인 것으로 생각될 수 있다. 진정한 변화는 개인적 회심을 넘어서서 사회·정치적 세계에서의 회심을 이루어 가려는 것으로 설명된다.7) 젤피나 다른 사람들은 지적, 도덕적, 종교적 변화에 대한 로너간의 원래의 공식화를 확장해서 정서적이고 사회·정치적인 차원을 포함시켰다. 렌 스페리(Len Sperry)는 거기에 신체적 차원을 추가했다.[8]

다음은 변화의 여섯 가지 차원에 대한 간략한 설명이다.

변화의 종교적/영적 차원

기독교적 관점에서 볼 때 종교적 변화는 개인에게 단지 우상들이 아니라 유일하신 참 하나님을 위해 살도록 도전한다. 기독교에서 말하는 변화의 목표는 전적으로 예수님의 인격 안에서 계시된 하나님의 뜻과 하나님 나라에 대한 그의 비전을 구하는 데 헌신하는 것이다. 지속적인 종교적 변화를 위한 전략들에는 규칙적인 기도 생활, 금식, 영적 독서, 자선이 포함된다.

변화의 정서적 차원

정서적 변화는 모든 느낌(feelings), 열정(passions), 의도(intentions)를 포함하는 자신의 정서적 삶에 대해 책임을 지는 것을 의미한다. 정서적 치유를 위해서는 기꺼이 과거의 상처를 인정하고 용서하려는 태도가 필요하다. 그것은 일정 수준의 회개, 특히 개인을 하나님으로부터 멀어지게 하는 분노, 두려움, 죄의식을 버리는 것을 전제로 한다. 이러한 부정적인 정서들이 신앙 안에서 치유될 때, 개개인은 사랑, 우정, 동정, 감수성, 열정을 포함하는 긍정적인 정서들과 미덕들을 인정하고 표현하는 방법을 배울 필요가 있다.

지속적인 정서적 변화를 위해서는 "필요하거나 유익할 경우 적절한 영성 지도와 심리 치료"[9]를 받을 수도 있다. 그것을 위해서는 기꺼이 폭력과 파괴적인 행동에 대한 자신의 무의식적 성향에 직면하려는 태도가 요구된다. 나아가 용서는 그것이 새로운 수준의 의식적 통합의 시작이 되기 때문에 이러한 유형의 지속적인 회심에 필수적이다.

변화의 도덕적 차원

도덕적 변화는 사람들에게 단순히 눈앞에 있는 개인적 욕구를 만족시키는 것으로부터 일관된 윤리적 원칙들과 정의를 따라 살아가는 것으로 전환하도록 도전한다. 이 유형의 변화에 필수적인 것은 기독교의 도덕적 원칙을 토대로 하여 형성된 양심이다. 또한 그것은 매일 매일의 삶에서 직면하게 되는 도덕적 딜레마와 도전을 다룰 수 있는 능력을 포함한다. 지속적인 변화를 위해서는 각 개인이 필수적인 도덕적 미덕들을 개발할 뿐만 아니라 보편적인 선에 헌신했을 때 나타나는 실제적인 결과들을 알 필요가 있다. 또한 기독교적 양심을 오염시키는 잘못된 가치 체계를 비판하는 능력을 증진시키는 것이 필요하다.

변화의 지적 차원

지적 변화를 위해서는 개인이 그들과 하나님 및 예수 그리스도와의 관계를 개인적으로 의미 있는 용어로 이해하고 표현할 수 있어야 한다. 그것은 신학적인 질문에 대해 응답할 때 단순히 성경이나 요리문답에서 한 구절을 인용할 수 있는 능력이 아니다. 또한 지적 변화를 위해서는 개개인이 성실하게 진실을 추구하고 죄악된 행위를 합리화하는 모든 형태의 거짓된 이데올로기와 개인적인 편견들에 맞서야만 한다. 사람들은 복음의 가치와 일치하지 않는 신념들을 쉽게 인식하고 자기-기만이나 자기 의를 벗어 버려야만 한다. 나아가 지적 변화를 위해서는 "개개인이 기독교적인 성장과 발달의 모든 측면에 대해 정통해서 신앙에서 지속적인 회개와 적절한 정서적 성장의 역동을 알고 이해하는 것이 필요하다."[10]

지속적인 지적 변화의 과정에서 사람들은 단순히 종교적 신념과 교의를 아는 것을 뛰어넘어 이러한 신념들을 개인적으로 사용할 수 있어야만 한다. 그렇게 하기 위해서는 개개인이 그들의 신앙 전통에 관한 신학적 문제들과 논쟁들을 충분히 이해하고 이러한 문제들에 대한 그들 자신의 입장이나 반응을 공식화할 수 있어야 한다.

변화의 사회·정치적 차원

종교적, 정서적, 지적, 도덕적 변화는 '개인적인' 변화의 유형들로 간주되는데, 젤피는 이것들은 진정한 변화를 위해서는 불충분하다고 지적한다. 진정한 변화는 사람이 개인적인 변화를 넘어서서 사회·정치적인 변화로까지 성장하는 것을 필요로 한다. 이러한 형태의 변화는 개인을 세상, 즉 다른 가치 체계를 장려하는 단체, 제도, 기득권이 있는 이익 단체들과 직면시킴으로써 개인적인 변화를 탈개인화한다. 사회·정치적 회심에는 개인의 도덕적 원리들을 넘어서서 그것 나름대로의 도덕적 원리들이 뒤따른다. 여기에는 "모든 사람이 삶의 좋은 것들을 공유할 수 있는 권리와 합법적이고, 분배적이고, 상호적인 정의의 원리들"이 포함된다.11)

변화의 신체적 차원

신체적 차원은 사람의 몸, 몸의 구조, 몸의 감각 및 느낌 – 성적 느낌을 포함하는 – 그리고 기억을 말한다. 신체는 성령의 전(고전 6:19)이고, 한 개인의 영혼의 물리적인 표현 또는 발현이다. 따라서 자동차 사고나 뇌혈관 발작에서처럼 몸이 손상을 입었을 때, 이 신체적인 표현은 왜곡되거나 제한될 수 있다. 마찬가지로 만약 가까운 친족을 잃은 것에 대한 애도에서처럼 개인의 정신과 영혼이 고통을 받는다면 예측할 수 있는 신체적 표현은 비탄의 증상으로서 경험될 수 있다.

신체적 변화는 일차적으로 웰니스(wellness)*에 관한 것이다. 웰니스

---

* 웰니스(wellness)는 웰빙(well-being)에 행복(happiness)이 합쳐진 개념으로서 "신체 건강, 정신 건강, 사회 복지 등 전반에 이르는 포괄적인 건강 관리"를 의미한다.

는 건강(health)과 유사하지만 동의어는 아닌데, 왜냐하면 웰니스는 만성 질환, 질병 그리고 심지어 불치병과도 공존할 수 있기 때문이다. 높은 수준의 신체적 변화를 이룬 사람들은 그들의 건강 상태와 무관하게 높은 수준의 웰니스를 경험할 것으로 예상할 수 있다.12) 높은 수준의 웰니스를 경험하기 위해서는 신체적 차원에서 지속적인 변화가 필요하다. 여기에는 절제와 체력(physical fitness)과 같은 미덕의 개발이 포함된다. 또한 여기에는 적절한 식이요법, 운동, 수면과 같은 예방적 수단들이 포함되며, 이것들은 사람의 활력, 신체적 전일성, 변화의 수준에 효과적으로 기여할 수 있다. 그러나 예방적 수단들이 웰니스를 보장해 주지는 않는다. 왜냐하면 웰니스는 건강 상태에 의존하는 것이 아니기 때문이다. 결국, 높은 수준의 신체적 변화가 이루어진 사람들은 그들의 육체 – 성적인 것을 포함하여 – 에 대해 인생을 긍정하는 태도들을 가지는 것 같고, 이러한 태도를 그들의 인생 철학에 통합할 것이다.

변화의 역동과 반-역동

또한 젤피는 변화의 상호 역동에 대해서도 설명했는데, 여기서 '역동'(dynamics)이라 함은 서로 다른 형태의 변화가 서로를 상호적으로 강화시키는 과정을 말하고, '반-역동'(counter-dynamics)이라 함은 한 차원에서 변화가 없는 것이 다른 차원의 변화를 훼손하고 타락시키는 경향이 있는 과정을 말한다.13) 젤피는 이러한 일곱 가지의 역동을 설명한다. 정서적 변화는 다른 형태의 회심들을 활성화시킨다. 유사하게 지적 변화는 다른 형태의 변화들을 지도하고 질서를 부여한다. 개인의 도덕적 변화는 다른 네 가지의 변화들이 궁극적이고 절대적인 윤리적 요구들을 향해 방향을 잡도록 도와준다. 정서적, 지적, 도덕적, 종교적 변화는 인간이 만든 제도의 정의 또는 부정의를 판단하기 위한 규범들을 제공함으로써 사회·정치적 회심을 입증하는 것을 도와준다. 초기의 종교적 변화는 정서적 변화와 두 가지 형태의 도덕적 변화 사이를 중재한다. 또한 "지속적인 변화는 다른 네 가지 형태의 변화를 재평가한다."[14] 결국, 신체적 변화는 다른 모든 형태의 변화에 에너지와 활력을 주는 한편, 동시에 한 사람의 웰니스의 전반적인 수준을 가시적으로 반영한다.

자기-초월과 변화

그렇다면 자기-초월과 변화는 어떤 관계가 있을까? 자기-초월은 가장 기본적인 인간의 욕동(drive)으로서 설명되었는데, 그것은 하나님과의 관계에 대한 근본적인 갈망이다. 즉,

> 자기(self)의 근본적인 갈망은 세상, 다른 사람들, 하나님과의 관계에서 자기 자신을 초월하는 것이다. 그러나 단지 발달된 강한 자기만이 현저한 초월을 실현할 수 있는 힘을 가지고 있다…자기가 되고 자기를 초월하려는 갈망은 함께 이해되어야만 한다…이러한 인간 본성의 이중적인 갈망이 자기-초월이다.[15]

비록 월터 콘(Walter Conn)이 자기-초월을 신학적 기초와 심리학적 기초를 동시에 갖는 것으로서 설명하긴 했지만, 그의 자기-초월에 대한 설명은 대상 관계 이론과 자기 심리학 두 가지로부터 빌려온 이론적 구성 개념들에 크게 의존한다.

자기-초월은 자기-실현 또는 자기-성취와 동일한 것인가? 콘은 빅터 프랭클(Vicktor Frankl)[16]의 말을 인용해서 개인은 그 사람이 인생의 의미에 헌신하는 정도까지만 실현되거나 성취된다고 주장한다: "자기-실현은 그

자체를 목적으로 해서는 결코 획득될 수 없는 것이고, 단지 자기-초월의 부수적인 결과로서 획득될 수 있을 뿐이다."17) 나아가 콘은 자기-초월은 회심과 관련이 있고, 따라서 회심의 차원들을 "우리의 삶을 근본적인 방식으로 변화시키는 자기-초월의 특수한 경우들"로 설명함으로써 변화와도 관련이 있다고 주장한다.18) 이 책에서 채택하고 있는 입장은 회심의 차원들, 즉 변화의 여섯 가지 차원들이 단순히 콘이 설명한 것처럼 자기-초월의 '특수한 경우들'이라기보다는 삶의 변화의 메타 영역을 반영한다는 것이다. 나아가 이 책은 자기-초월을 중요한 요소이긴 하지만 단지 변화의 한 가지 요소라고 본다. 결국 세계 종교와 영적인 전통에서 사용되는 보편적인 용어는 자기-초월이라기보다는 변화다. 다른 말로 하면, 이 책에서 말하는 것처럼 변화는 자기-초월을 포함한다.

통합 모델: 영적 실천과 미덕, 자기-능력 그리고 변화

2장에서 변화의 차원들과 삶의 세 가지 영역의 관계를 설명했다. 여기에서 설명되는 전체론적이고 통합적인 모델은 그 토론을 더욱 확장시킨다. 제안된 모델은 자기-초월, 영적 실천, 미덕의 분류들 사이에 있는 관계들을 변화의 여섯 가지 차원과 연관시켜서 상술한다. 이러한 분류들에 대해 각각 간단하게 설명하고 그 분류들과 변화의 차원들 사이의 상호관계를 간략하게 언급하고자 한다.

변 화

주류 종교적, 영적 전통들에 있어서 변화는 영적 순례의 종점 또는 결과로 생각되었다. 앞에서 언급되었던 것처럼, 변화는 자기-초월보다는 상당히 더 폭넓은 구성 개념이다. 기독교 전통에서 변화는 자기-초월이나 회심뿐만 아니라 하나님의 주권 하에 있는 세상 및 공동체의 사회적 변화를 모두 포함한다. 변화는 인간의 관계와 행위에 영향을 미치는 하나님과의 성숙한 관계로 바뀌어져 가는 과정이다. 변화에는 은혜가 수반된다. 윌리엄 스폰(William Spohn)에 따르면 "변화는 일차적으로 하나님의 은혜에 의한 것이지만, 또한 그것은 인간의 협력을 수반한다."[19]

변화에 대한 분류법은 로너간,[20] 젤피,[21] 및 스페리[22]의 저서들로부터 빌려온 것인데, 이것은 자기와 공동체의 변화를 모두 반영한다. 이 분류법에는 변화의 여섯 가지 차원들이 포함된다: 신체적, 정서적, 종교적/영적, 도덕적, 지적, 사회·정치적. 하워드 클라인벨(Howard Clinebell)이 크게 주목받았던 그의 목회 상담과 영성 지도에 관한 '수정 모델'에서 거의 동일한 여섯 가지 차원을 설명한 것은 주목할 만하다.[23]

이 책에서 사용된 변화의 차원들에 대한 분류법은 변화의 메타 영역을 명료하게 나타내 주며, 도덕적, 영적, 심리적 영역을 명료하게 나타내는 다른 세 가지 분류법의 결과들 또는 '표지들'이라고 생각할 수 있다. 임상적으로 그러한 '표지들'은 내담자의 생활 기능의 전반적인 수준을 특히 영성 지도와 목회 상담의 맥락에서 평가하는 데 가장 유용하다. 아래의 표 6.1에 이러한 변화의 차원들을 간략하게 설명했다.

표 6.1: 변화의 차원의 유형과 설명

변화의 차원들	차원에 대한 설명
신체적 차원	몸의 구조, 몸의 감각, 기억을 말한다. 이것은 근본적으로 장애, 질병 또는 불치병에도 불구하고 상대적으로 높은 수준의 웰니스(wellness)를 이루고 유지하는 것에 관한 것이다.
정서적 차원	자신의 정서적 안녕에 대해 책임을 지는 것을 포함한다. 이것은 과거의 상처에 대해 용서하고 분노, 두려움, 죄의식을 사랑, 동정, 감수성, 공감으로 대체하는 것을 필요로 한다.
종교적/영적 차원	개인에게 명성, 부, 권력과 같은 우상 대신에 유일하고 참되신 하나님을 위해 살아가도록 도전한다. 이 차원의 목표는 전적으로 하나님의 뜻과 하나님 나라의 비전을 구하는 일에 헌신하는 것이다.
도덕적 차원	개인이 눈앞에 있는 개인적 욕구의 단순한 만족을 넘어서 일관된 윤리와 정의의 원리를 따라 살아가도록 도전한다. 여기에는 일상 생활에서 직면하는 도덕적 딜레마와 도전을 다루고 기독교적 양심을 오염시키는 잘못된 가치 체계를 비판하는 능력을 포함한다.
지적 차원	죄악된 행동을 정당화하는 이데올로기와 개인적 편견의 와중에서 진실을 추구하는 것을 포함한다. 여기에는 종교적 신념과 교의에 대한 지식을 넘어서 신학적 문제들과 논쟁들을 충분히 비판적으로 이해해서 적절하게 반응하는 것이 요구된다.
사회·정치적 차원	자기-변화를 넘어서 자신의 공동체와 세상에 하나님의 통치가 이루어지도록 하는 것을 포함한다. 여기에는 다른 가치 체계를 장려하는 단체, 제도, 기득권이 있는 이익 집단들에게 도전하는 일에 대한 헌신이 요구된다.

미덕들

삶의 도덕적 영역은 매우 폭이 넓다. 그 중에서도 몇 가지만 언급하자면 인격, 미덕, 죄, 도덕적 교훈, 금욕주의를 포함한다. 전통적으로 도덕 신학은 인격(character)을 강조해 왔는데, 그것은 인격이 인생에 대한 방향 감각을 제공해 주기 때문이다. "행동을 심으면 습관을 거두고, 습관을 심으면 미덕을 거두고, 미덕을 심으면 인격을 거두고, 인격을 심으면 운명을 거둔다"는 유서 깊은 격언은 이 점을 입증해 주고 인격의 필요 조건을 나타낸다.24) 인격은 개인의 미덕들과 악덕들로부터 생겨나기 때문에, 미덕은 영성 지도와 목회 상담의 실제와 밀접한 관계가 있는 도덕적 영역의 분류법을 개발하기 위한 토대로서 선택되었다. 일차적으로 개인에게 초점을 맞추는 성격(personality)이나 자기(self)와 같은 심리학적 구성 개념과는 달리, 인격은 일차적으로 자기와 공동체 모두에 대한 관계와 책임에 초점을 두는 구성 개념이다. 그러므로 인격과 미덕은 원리적으로는 개인적인 구성 개념이라기보다는 사회적인 구성 개념이다. 분류법은 제임스 케난25)과 버나드 헤링26)의 목록 또는 '분류법'으로부터 가져왔다. 선택은 변화의 여섯 가지 차원과의 상관관계의 정도에 기초해서 이루어졌다. 이런 분류법에 따라 아래의 미덕들이 정리되었다: 절제, 체력(physical fitness), 동정, 자기-보호, 사랑, 거룩, 신뢰, 충실, 신중, 정의. 아래의 표 6.2는 이러한 미덕들을 간략하게 요약하여 설명한 것이다.

표 6.2: 미덕의 유형과 설명

미덕	간략한 설명
절제	쾌락의 유혹을 완화시키고, 음식이나 음료, 또는 다른 감각적인 쾌락을 통해서 선을 이루려는 사람의 갈망의 균형을 잡아 준다.
체력	자신의 신체적 건강과 안녕에 대해 책임을 지는 것.
동정	다른 사람의 참조 틀(frame of reference)에 대해 친절함과 관심으로 이해하고 반응할 수 있게 해준다.
자기-돌봄	자신의 심리적 건강과 안녕에 대한 책임을 지는 것인데, 이것은 자기 사랑(self-love) 미덕의 표현이다.
사랑	우리를 하나님과 연합시키고 우리의 자기 중심성을 억제하고 다른 사람에게 다가갈 수 있게 하는 아낌없이 주신 하나님의 선물.
거룩	개인이 자신의 환경에서 하나님의 현존을 드러내도록 할 수 있다.
신뢰감	한 사람이 다른 사람들과 정직, 공정, 진실, 충성, 믿을 수 있음, 겸손으로 관계할 수 있게 해준다.
충실	자신과 밀접하게 관련되어 있는 사람들, 즉 친구, 배우자, 자녀, 공동체 구성원 등에게 특별한 돌봄과 관심으로 대하는 것.
신중	환경에서 진정한 선을 식별해 내고 그것을 성취하기 위한 올바른 수단을 선택할 수 있게 한다.
정의	다른 사람들을 평등하고 공정하게 대할 뿐 아니라 우리를 둘러싸고 있는 세상에서 불공정과 불평등을 인식하도록 한다.
꿋꿋함/용기	어려움들, 즉 두려움, 시련, 정당한 명분을 위한 희생 그리고 일관되게 선을 추구함에 있어서 굳세게 해준다.

영적 실천

삶의 영적 영역 또한 매우 광범위하고, 영적 훈련이나 기술의 실제적인 실천은 영성의 가장 개인적이고 명백한 측면들 가운데 하나다. 그러한 영적 실천의 분류법을 찾거나 개발하는 것은 중요한 도전이다. 로저 왈쉬(Roger Walsh)는 주류 영적 및 종교적 전통에서 가져온 영적 실천의 일곱 가지 종류 또는 범주를 설명했다.27) 이러한 영적 실천의 종류는 변화의 여섯 가지 차원과 큰 상관관계가 있고, 영성 지도와 목회 상담의 실제와 밀접한 관계가 있는 것 같다. 또한 결과적인 분류는 미덕의 분류와 상관관계가 있다. 영적 실천의 종류로는 다음과 같은 것이 있다: 열망 변화시키기, 마음 치유하기와 사랑하는 법 배우기, 영적 비전 자각하기, 지혜와 이해력 개발하기 그리고 봉사 정신 표현하기. 아래의 표 6.3은 이러한 실천의 실례를 나타낸다.

표 6.3: 영적 실천의 유형 및 실례

영적 실천의 유형	영적 기술 및 방법의 실례
열망 변화시키기와 욕망 조정하기	단식, 지금 여기에 집중하기, 감각의 관리, 운동 요법, 삶을 단순하게 살기
마음 치유하기와 사랑하는 법 배우기	용서, 화해, 내적 치유 작업, 두려움과 상처, 분노의 재구성
영적 비전 자각하기	관상 기도, 묵상, 공동체 예배, 일상 생활에서 깨어있는 마음 갖기
윤리적으로 살기	올바른 행동의 실천, 뒷말 안 하기, 진실하려고 노력하기, 고백, 잘못된 것 바로잡기
지혜와 영적 이해력의 개발	영적 독서, 침묵과 고독의 시간 갖기, 만물의 거룩함을 인식하기
봉사하기	자선, 십일조, 정기적인 투표 참여, 자원 봉사 활동 참가, 가난한 사람들을 위한 정의 옹호

자기-능력

특별히 영적 관점에서 보았을 때 심리학적 영역은 전통적으로 자기-이론을 강조해 왔다. 자기-이론을 강조하는 것 혹은 지나치게 강조하는 것은 상당한 비판과 관심의 원천이 되어 왔다. 그럼에도 불구하고 자기의 구성 개념은 인격의 구성 개념과 밀접하게 관련되었고, 이 두 가지는 동전의 양면을 나타내는 것으로서 개념화될 수 있다. 가장 실체적인 자기의 측면은 자기-능력(self-capacities)이다. 자기-능력은 개인이 적절하게 기능하는 것과 관계나 공동체에서 적절하게 기능하는 것을 위해 반드시 필요한 능력으로 정의된다. 제임스 매스터슨은 대상 관계 이론 및 자기 심리학 분야의 연구 결과로부터 도출된 그러한 능력을 열 가지로 설명했다.[28] 이것들은 변화의 차원들과 미덕 및 영적 실천의 분류법과 상관관계가 있는 분류법을 정립하기 위해서 세 가지의 자기-능력이 추가된 것이다. 이러한 자기-능력은 다음과 같다: 자기-활성화(self-activation), 자기-통제, 자기-인정, 자발성, 자기-위로, 친밀감, 자기-연속성, 창조성, 자율성, 자기-포기, 헌신, 비판적 반성 그리고 비판적 사회 의식. 아래의 표 6.4는 이들 자기-능력을 간단하게 설명한 것이다.

표 6.4: 자기-역량의 유형 및 설명

자기-능력	간단한 설명
자기-활성화	자신의 독특한 개성, 목표, 바람을 확인한 후 주도적으로 그것들을 표현하고 성취할 수 있는 능력
자기-통제	쾌락의 균형과 욕구, 욕망, 바람, 갈망에 대해 자기 조절을 성취할 수 있는 능력

자기-인정	자기 자신의 가치에 대한 신념을 새롭게 하고, 위기 또는 근심에 대해 효과적으로 대처해 온 것에 대해 인정할 수 있는 능력	
자발성	폭넓은 느낌들을 적절하고 깊이 있게, 그리고 그것들의 영향을 차단하거나 둔화시키지 않고 경험할 수 있는 능력	
자기-위로	정서적 마비, 이인증(depersonalization) 또는 현실감 상실에 빠지지 않고 고통스러운 감정들을 제한하고, 최소화하고, 위로할 수 있는 능력	
친밀감	가까운 관계에서 거절에 대한 불안이나 두려움 없이 자기를 온전하게 표현할 수 있는 능력	
자기-연속성	내적 자기가 계속 확고히 서 있고 시간과 공간을 초월하여 연속적이라는 것을 인식하고 인정할 수 있는 능력	
창조성	자기를 사용해서 오래되고 익숙한 패턴을 새롭고, 독특하고, 다른 패턴으로 대체할 수 있는 능력	
자율성	자존감을 조절하고, 유기 또는 함입에 대한 두려움 없이 홀로 있을 수 있는 능력	
자기-포기	친절하고 측은히 여기는 마음에 방해가 되는 이기심을 버릴 수 있는 능력	
헌신	개인이나 공동체, 또는 직업적 목표에 대해, 또는 관계에 대해 헌신하고 그 헌신을 유지할 수 있는 능력	
비판적 반성	사상, 이데올로기 그리고 상황과 관련된 잠재적인 가설들을 객관적으로 분석할 수 있는 능력	
비판적 사회 의식	사회적 상황을 윤리적·도덕적 가정 및 결과의 관점에서 분석할 수 있는 능력	

아래의 표 6.5는 도덕적, 영적 및 심리적 영역과 변화의 상관관계를 공식화한 것이다.

표 6.5: 도덕적, 영적 및 심리적 영역의 측면들과 변화의 상관관계

도덕적 영역	영적 영역	심리적 영역	변화의 메타-영역
미덕	영적 실천	자기-능력	변화의 차원들
절제, 체력	열망 변화시키기	자기-활성화, 자기-통제	신체적
동정, 자기-돌봄	마음 치유하기, 사랑하는 법 배우기	자기-인정, 자발성, 자기-위로, 친밀감, 자기-연속성, 창조성, 자율성	정서적
사랑, 거룩	영적 비전 자각하기	자기-포기(자율성)	종교적/영적
신뢰, 충실	윤리적으로 살기	헌신(친밀감)	도덕적
신중	지혜와 이해력 개발	비판적 반성	지적
정의, 꿋꿋함/용기	봉사하기	사회 의식	사회·정치적

변화와 미덕의 관계

미덕(virtues)은 "우리가 바르게 살고 정당하게 행동하도록 우리 삶의 특별한 차원들을 실현시켜 주는 개발된 성향"으로 정의될 수 있다.29) 이 정의에서는 성향(disposition), 차원, 정당하게 행동하는 것의 세 가지 특성이 강조되었다. 첫째, 방법(technique)과 행동인 영적 실천, 또는 능력이나 기술(skill)인 자기 능력과는 달리 미덕은 성향을 개발하는 것이다. 성향은 경향(inclination)이나 타고난 자질이다. 미덕은 실천을 통해서 개발되어야만 하는 성향이다. 예를 들면, 반복적으로 용기 있게 행동함으로써 용기의 미덕을 개발하는 것이다. 만약 개발되지 않는다면 성향은 위축될

것이다. 둘째, 미덕은 변화의 여섯 가지 차원, 즉 신체적, 정서적, 도덕적, 지적, 종교적/영적, 사회·정치적 차원을 실현하는 것을 도와준다. 셋째, 자기-능력이나 영적 실천과 비교할 때 "정당하게 행동하는 것"은 미덕의 독특한 특성이다. 그것은 옳음의 규범이나 기준을 반영한다. 나아가 미덕에는 두 가지 종류가 있는데, 습득된 미덕(즉 실천에 의해 얻어지는 것들)과 주입된 미덕(즉 하나님께 선물로 받은 것들)이 그것이다.

좀더 구체적으로 들어가서, 미덕은 어떻게 변화를 촉진하는 것일까? 케난은 "미덕은 우리의 성향을 변화시킨다. 습득된 미덕은 궁극적으로 한 사람의 성향 또는 경향을 형성하고 바르게 규제하는 적절한 훈련으로 신중하게 안내함으로써 사람을 변화시키고, 주입된 미덕은 우리들의 고유한 성향에 대한 하나님의 역사하심에 의해 사람을 변화시킨다"30)라고 했다.

표 6.6은 변화의 차원들과 미덕의 관계를 설명한 것이다.

표 6.6: 변화의 차원들과 미덕

변화의 차원	관련된 미덕
종교적/기독교적	사랑, 거룩
지적	신중
정서적	자기-돌봄, 동정
도덕적	충실, 신뢰감
사회·정치적	정의
신체적	절제, 체력

변화와 자기-능력의 관계

앞에서 언급한 것처럼 자기-능력은 성향이나 활동이라기보다는 능력

(ability)이고 기술(skill)이다. 그것은 중추신경계에 '원래 들어 있는' 것으로 여겨지는 본능적인 또는 타고난 능력이다. 이러한 능력이 실현되고 드러나는 것은 많은 부분이 초기 환경 경험에 달려 있다. 예를 들면, 그러한 능력의 모델이 되고 아이에게 그러한 능력을 드러내도록 기대하고 도전을 주는 지지적인 부모나 양육자가 있는 환경이다. 적절히 지지적인 환경이 제공되었다면 일정 수준의 스트레스를 경험하는 유아와 어린 아이는 그들을 달래 줄 수 있는 사람이 없을 때 자기-위로의 자기-능력을 활용할 것이다.

자기-능력이 어떻게 변화를 촉진하는가? 자기-능력은 건강한 자기의 발달에 필요한 토대나 필요 조건으로서 기능한다. 주어진 자기-능력이 실현되고 드러날 것이라는 기대와 충분한 노력이 있는 정도에 따라서 특정한 변화의 차원이 결과로 나타난다. 예를 들어, 비판적 반성은 변화의 지적 차원을 개발하는 데 필요한 자기-능력이다. 나아가 이 차원을 개발하는 것은 신중의 미덕을 실천하는 것과 지혜와 이해력을 개발해 주는 영적 독서, 자서전 쓰기, 시각의 조정 등의 영적 실천들에 의해서 촉진될 수 있다.

아래의 표 6.7은 변화의 차원과 자기-능력의 관계를 나타낸다.

표 6.7: 변화의 차원과 자기-능력

변화의 차원	관련된 자기-능력
종교적/기독교적	자율성, 자기-포기
지적	비판적 반성
정서적	친밀감, 자발성, 자기-위로
도덕적	헌신
사회·정치적	비판적 사회 의식
신체적	자기-활성화, 자기-유지

변화와 영적 실천의 관계

앞에서 언급한 것처럼 영적 실천은 성향이나 능력이라기보다는 기술(technique)이고 활동이다. 그것은 영적 순례에서 구도자를 강하게 하고 지지해 주는 기술과 활동이다. 영성에 관한 저술가들은 영적 실천을 그 자체가 목적이라기보다는 성장과 변화를 위한 수단으로 본다. 예를 들어, 카스피의 성 요한(St. John Caspian)은 "금식, 철야 기도, 성경 연구, 소유를 포기하고 세상과의 인연을 끊는 것, 이러한 것들은 목적이 아니라 수단이다. 완벽은 그것들 안에서 발견되지 않는다. 그러나 그것들을 통해서 발견된다. 우리가 하나님과 이웃에 대한 사랑을 이루지 못했을 때 그러한 실천에 대해 자랑하는 것은 적절하지 못하다"[31]라고 했다.

영적 실천과 변화의 관계는 어떠한가? 영적 실천은 "우리의 습관적인 마음의 상태를 변화시키고 새로운 영적 의식을 일깨우는 것에 관한 것이다."[32] 예를 들어, 금식과 오감의 억제와 같은 활동은 열망을 변화시키는 오래된 영적 실천이다. 그것은 신체적 차원의 변화를 촉진한다. 아래의 표 6.8은 변화의 차원과 영적 실천의 관계를 나타낸다.

표 6.8: 변화의 차원과 영적 실천

변화의 차원	관련된 영적 실천
종교적/기독교적	영적 비전의 자각
지적	지혜와 이해력의 개발
정서적	마음 치유하기, 사랑하는 법 배우기
도덕적	윤리적으로 살기
사회·정치적	봉사하기
신체적	열망의 변화

요약하자면 제시된 모델은 미덕, 영적 실천, 자기-능력을 강조하여 설명했다. 미덕, 영적 실천, 자기-능력은 회기마다 목회 상담과 영성 지도의 실제를 위한 평가의 기초가 될 수 있다.

통합 모델의 가치와 유용성

통합 모델은 변화의 차원들과 세 가지 분류법에 중심을 둔다. 이 모델이 영성 지도와 목회 상담의 과정을 평가하고, 목표를 설정하고, 초점을 맞추고, 개입을 계획하는 데 상당한 가치와 임상적 유용성이 있었으면 하는 바람이다. 이 단원에서는 이 통합 모델의 개념적 가치와 실제적 가치를 설명하기로 한다.

개념적 가치

통합 모델의 가치는 개념적으로 증명될 수 있다. 첫째, 통합 모델은 영성 지도와 목회 상담의 실제의 토대가 되는 최근의 대부분의 이론들이 내담자나 피지도자의 삶의 관심사들을 심리적 및/또는 영적 구성 개념으로 '축소'시키고 도덕적 영역을 회피한다는 점에서 본질적으로 환원주의적이라는 비판을 제기한다. 그러나 통합 모델은 영적 및 심리적 영역뿐만 아니라 도덕적 영역까지도 포함한다. 나아가 통합 모델은 영적 발달, 심리적 발달, 도덕적 발달을 중복될 수 있고 실제로 중복이 되지만 하나의 발달선(line of development)으로 축소될 수는 없는 구분된 발달선으로 개념화한다.

둘째, 통합 모델은 최근의 대부분의 이론들이 심리학적 개념에 지나치게 의존적이고 개인주의와 영적 자기애(narcissism)를 조장하는 경향이 있다는 비판을 제기한다. 그러나 통합 모델은 세 가지 삶의 영역, 즉 도덕적,

영적, 심리적 영역을 모두 강조한다. 심리학적 이론과 구성 개념의 개인주의적 관점이 자기-변화의 목표를 강조하는 것은 놀라운 일이 아니다. 다른 한편으로 통합 모델은 자기-변화에 더해서 사회적 변화를 강조하고 옹호한다. 나아가 통합 모델은 자기와 사회적 변화의 과정을 미덕, 영적 실천, 자기-능력의 맥락에서 명료하게 설명해 준다.

실제적 가치

통합 모델의 가치는 실제적으로도 증명될 수 있다. 첫째, 통합 모델은 미덕, 영적 실천, 자기-능력뿐만 아니라 변화의 차원들인 내담자나 피지도자의 영적, 도덕적, 심리적 기능의 수준에 대한 전체론적인 평가를 용이하게 해준다.

둘째, 통합 모델은 전체론적 평가에서 언급된 결핍이나 발달 지연을 토대로 한 영성 지도나 목회 상담의 과정을 위한 초점과 목표를 선택하는 과정을 용이하게 해준다.

셋째, 통합 모델은 영성 지도나 목회 상담에서 개입을 계획하고 변화를 모니터링하는 과정을 용이하게 해준다.

마지막으로 통합 모델은 영성 지도와 목회 상담의 실제가 지나치게 편협해지지 않도록 해줄 수 있다. 통합 모델을 영성 지도에 활용한다는 것은 그것의 초점을 주로 변화의 종교적이고 도덕적인 차원으로 제한하지 않는다는 것이고, 또한 통합 모델을 목회 상담에 활용한다는 것은 그것의 초점을 기본적으로 변화의 정서적 차원에만 제한하지 않는다는 것을 의미한다.

영적 순례 중에 있는 대부분의 개인의 경우, 개인적 발달 및 영적 성장은 다섯 가지 차원에서 모두 동일한 정도로 진행되지는 않는다. 때로는 하나 둘 이상의 차원이 다른 것들에 비해 뒤쳐질 것이다. 아마도 통찰력 있는 영성 지도자나 목회 상담자는 전체론적인 평가에서 이러한 발달상의 지체들을 인지하고 그것들을 내담자들과 함께 다룰 수 있을 것이다.

영성 지도와 목회 상담의 실제에서 통합 모델의 활용

통합 모델은 개입 계획을 수립하는 것뿐만 아니라 초점과 표적으로 삼는 목표를 구체화하는 것을 포함하여 영성 지도나 목회 상담의 과정을 안내해 주는 틀로서 효과적으로 활용될 수 있다. 이 모델, 특히 변화의 차원을 활용하면 영성 지도자나 목회 상담자가 목회 상담에서 주로 정서적 영역에 초점을 두거나 영성 지도에서 종교적/영적 차원에 주로 초점을 두는 것과 같이 지속적인 변화에는 한 측면만 있는 것이 아니라 여러 측면이 있다는 사실에 민감해지게 된다.

치료 계획과 실제 지침

이 단원에서는 목회 상담과 영성 지도의 실제에서 통합 모델을 활용하기 위한 일련의 실제 지침들로 구성된 간단한 치료 계획을 설명하고자 한다. 이러한 지침들은 목회 상담자나 영성 지도자에게 과정과 결과를 촉진하는 전략들을 제공한다. 여기에서는 일곱 가지 단계 또는 전략을 소개했다.

1. 상호 관계를 수립하라. 적극적 경청, 존중, 무조건적인 긍정적 관심을 사용해서 피지도자나 내담자와 상담 또는 지도 과정을 시작하라. 영성 지도 또는 목회 상담을 위해 피지도자 또는 내담자의 관심과 기대를 끌어내고 그 과정에 집중하게 하라.
2. 변화의 차원들에 대한 평가를 시작하라. 피지도자나 내담자가 6차원에 대한 평가에 참여하도록 하라. 이것은 피지도자나 내담자가 영성 지도와 목회 상담의 목표인 변화 – 자기 변화와 사회 변화 두 가지 모두 – 에 대

한 방향 감각을 갖도록 해준다. 함께 각각의 차원의 기능 수준을 평가하라.

3. 미덕, 영적 실천, 자기-능력의 수준을 평가하라. 변화의 차원들의 기능 수준이 낮으면 그 차원의 미덕과 영적 실천이 없다는 것을 유념하라. 어떤 상담자와 지도자는 자기-능력에 대한 설명을 내담자나 피지도자와 함께 나누고 그들의 문제 해결을 위한 정보를 찾는 것이 유익하다고 본다. 이러한 평가는 최초의 회기에서뿐만 아니라 계속될 필요가 있다. 이렇게 하는 목적은 변화의 각 차원에 대하여 발달상의 어떠한 지체나 결핍을 확인하는 것이다.

4. 미덕, 영적 실천, 자기-능력의 결핍을 부각시켜라. 변화의 차원들과 자기-능력, 미덕, 영적 실천에 대한 이러한 평가에 기초해서 상응하는 자기-능력, 미덕, 영적 실천뿐만 아니라 결핍되거나 지체된 변화의 차원들을 부각시키거나 강조하라. 이것들이 상담이나 영성 지도의 초점이 될 것이다.

5. 계획을 구체화하라. 피지도자나 내담자와 협력하여 상담 또는 지도의 과정에 대한 계획을 결정하라. 그 계획에는 초점과 목표가 모두 포함될 것이다. 초점은 내담자나 피지도자가 제시한 관심사나 상담 또는 지도의 결과에 대한 기대일 수도 있고, 4단계에서 이루어진 분석으로부터 생겨날 수도 있다. 그런 다음에 초점의 종점 또는 결과인 목표들을 구체화하고 우선 순위를 정한다. 여기에는 갈고 닦아야 할 미덕, 구체적인 영적 실천 또는 증상의 완화, 주도성의 증진 등과 같은 치료적 목표들이 포함될 수 있다. 마지막으로 이런 목표들을 이룰 수 있는 구체적인 방법들, 예를 들면 기도 방법, 치료적 개입 또는 자신의 능력이나 범위를 넘어서는 목표들을 위한 의뢰(referral) 등을 제안하라.

6. 계획을 실행하라. 초점과 목표들을 겨냥한 방법들이나 개입을 활용하기 위한 계획을 실행하라.

7. 진행 과정을 평가하고 모니터링하라. 진행 과정의 겨냥된 '표지들'은

성장 또는 변화를 측정하는 데 도움이 될 것이다. 예를 들어, "일주일에 며칠, 그리고 하루에 몇 시간을 기도에 집중했는가", 또는 "혼자 있을 때 나 갈등 상황에서 불면증이나 불안 증상이 감소되었는가 혹은 없어졌는 가" 등이다. 다시 말해서, 피지도자나 내담자와 협력하여 표지들을 선정하고 진행 과정을 모니터링하는 것은 집중과 참여를 촉진한다.

실례와 적용

이 치료 계획을 실제로 어떻게 사용할 수 있을 것인가? 예를 들어, 목회 상담자가 변화의 모든 차원을 평가하고 정서적 차원에서 어떤 결핍을 발견해낸 상황을 생각해 보자. 상담자는 필요한 미덕들의 수준(예를 들면, 자기-돌봄에서 낮음)뿐만 아니라 필요한 자기-능력이 있는지 또는 없는지(예를 들면, 낮은 자율성), 내담자가 이 차원에서 필요한 영적 실천을 숙달한 수준(예를 들면, 마음 치유하기에서의 결핍)을 평가할 것이다. 초기에 또는 어느 정도 후에 상담자는 자율성의 증진, 정서적 치유, 자기-보호 미덕의 습득에 초점을 두게 될 것이다. 그런 다음에 상담자의 능력을 벗어나는 영역에 대해서 의뢰하는 것을 포함하는 개입 전략을 고려할 수 있다. 다음으로, 시간의 틀뿐만 아니라 전략과 방법을 내담자와 함께 논의하고 수립할 수 있다. 이 실례에서 전략과 방법에는 특정 상황이나 관계와 관련하여 용서에 초점을 맞추는 것과 마음 치유하기와 자기-돌봄의 미덕, 그리고 어쩌면 분노와 같은 정서에 대한 공식적인 치료적 초점을 촉진하기 위해서 특정한 영적 실천을 지시하는 것이 포함될 수 있다.

만약 내담자가 지적 차원에서 뒤떨어져 있다면 상담자나 지도자는 이 지체의 본질을 평가해야만 한다. 만약 개별적인 내담자가 신학적으로 상당히 무지한 상태라면 특별한 독서나 공식적인 교육이 제안될 수 있다. 만일 내담자가 아직 가족과 직업, 재정적인 문제를 균형 잡힌 인생 철학의 맥락에서 통합하지 못했다면 이것들 역시 적절한 상담 목표가 될 수 있다.

또 내담자가 사회·정치적 차원에서 뒤떨어져 있다면 이 지체의 본질에 대한 평가가 필요하다. 물론 이것은 개인적 요소(예컨대, 편견에 저항하고, 안전에 대한 강요를 극복하고, 가난한 자들을 희생하여 개인적인 사치를 누리는 것을 거부하는 것)와 정치적 요소(예컨대, 사회 정의 운동에 헌신하기)를 모두 가지는 두 갈래의 차원이다. 따라서 어떤 상담자들과 지도자들은 개인적이고 치료적인 것을 사회적인 것과, 또는 종교적인 것을 정치적인 것과 통합하려는 생각에 대해 불편해할 수도 있다. 그리고 그것은 대부분의 목회 상담자들, 특히 심리학적이고 정신 분석학적 이론들에 의해 영향을 받은 목회 상담자들의 훈련과 가치를 고려한다면 이해할 수 있는 일이다. 반면에 좀더 인류학적이고 초문화적인(cross-cultural) 모델로 훈련받은 목회 상담자들은 변화의 사회·정치적 차원에 더 민감한 경향이 있을 것이다. 한 사람의 훈련이나 정치적 신념이 무엇이든지 간에 복음의 메시지는 개인적인 죄와 사회·정치적인 죄를 모두 다루고 있다. 따라서 변화는 사회·정치적 차원을 포함한다.

결 론

변화의 메타-영역이 삶의 도덕적, 심리적, 영적 영역을 포함한다는 것은 이미 언급된 바 있다. 변화의 여섯 가지 차원을 설명하자면 지적, 정서적, 도덕적, 사회·정치적, 종교적, 신체적 차원이다.

목회 상담과 영성 지도의 실제를 위한 전체론적이고 통합적인 모델이 제시되었다. 그것은 영성 신학, 도덕 신학, 심리학, 그것들의 상응하는 영적, 도덕적, 심리적 영역으로부터 도출되었다. 영적 차원에 대한 논의로부터 영성과 영적 실천 두 가지가 모두 강조되었다. 도덕적 차원에 대한 논의로부터는 인격과 미덕이 강조되었고, 심리적 차원에 대한 논의로부터는 자기-이론과 자기-능력이 강조되었다. 자기-능력, 영적 실천, 미덕의 구성 개념들은, 그것들이 상응하는 변화의 차원과 관련이 있기 때문에, 목회 상담과 영성 지도의 실제에 대한 통합적인 접근 방식에 본질적인 요소라는 것을 보여주는 사례가 제시되었다.

마지막으로 통합 모델의 임상적 가치는 내담자의 욕구와 기능을 평가하고, 목표들과 초점을 설정하고, 개입을 계획하고, 영성 지도와 목회 상담의 전체 진행 과정을 모니터링하는 것에서 증명되었다. 7장과 8장에서는 두 가지의 구체적인 사례 연구를 통해서 이 통합 모델의 가치와 임상적 유용성이 설명될 것이다.

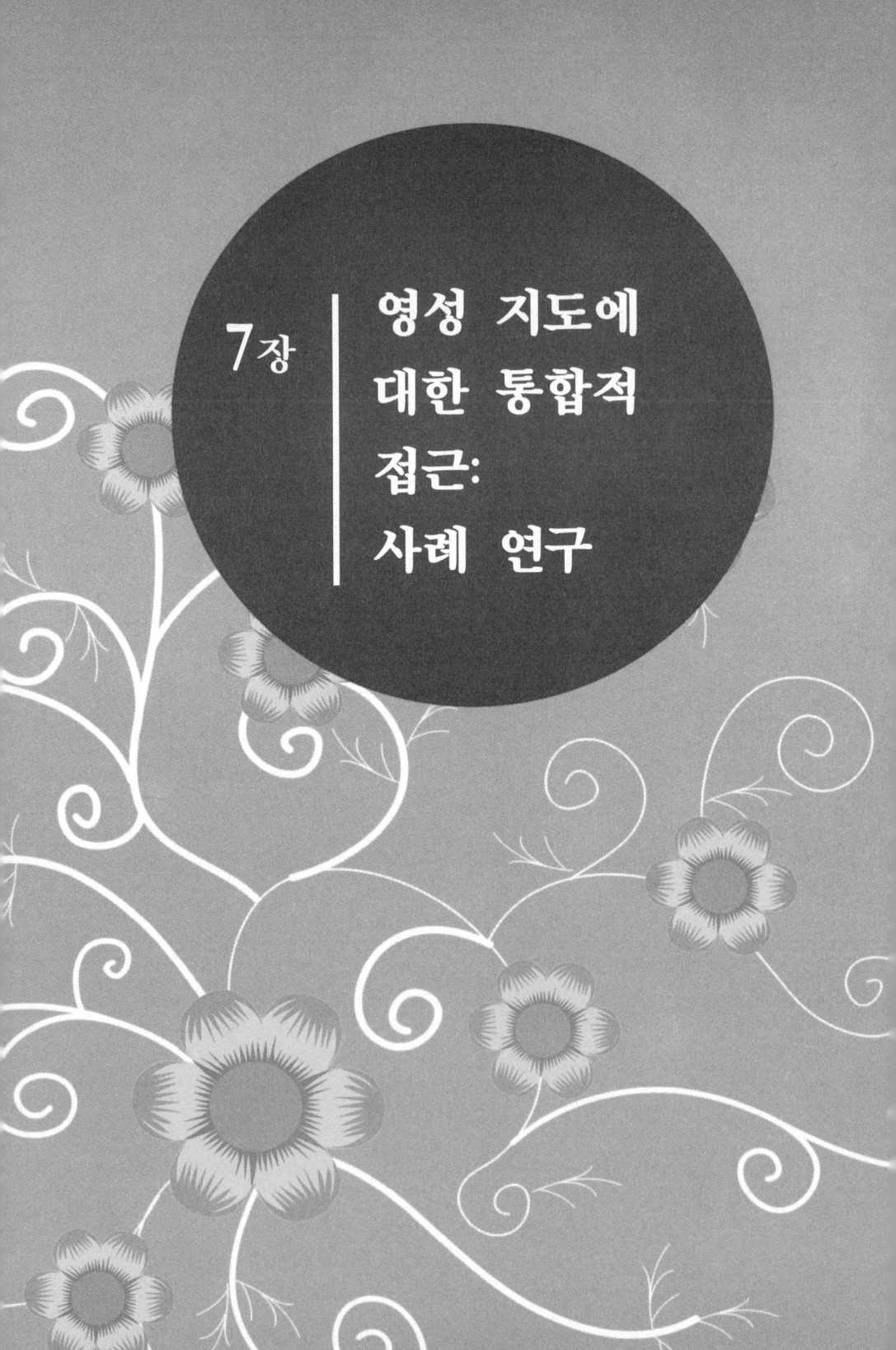

7장 영성 지도에 대한 통합적 접근: 사례 연구

Transforming Self and Community

우리는 사례 자료를 통해서 영성 지도의 이론적 전제와 실제의 패턴을 알 수 있다. 여기에 제시한 영성 지도 사례는 통합 모델이 비교적 일반적인 사례에 어떻게 적용되는지를 설명하기 위한 것이다. 사례는 또한 이 모델의 가치와 임상적 유용성을 보여준다. 비밀 보장을 위해서 실제 사례의 자료는 제시하지 않을 것이다. 그 대신 여기에 제시된 사례 자료는 나의 임상 경험과 수퍼비전 경험으로부터 모은 사례들을 합성하여 재구성한 것이다.

제인과의 영성 지도

피지도자 소개

48세의 제인은 9년 동안 중형 크기의 장로교 교회에서 교육사(director of religious education)로 사역했다. 그녀는 세 명의 자녀와 네 명의 손자를 둔 기혼 여성이다. 그녀의 막내아이는 최근에 대학을 가기 위해 집을 떠났고, 제인은 현재 "자신의 영적 삶에 대해 진지해질 수 있는 시간이 아주 조금밖에 없다는 것"을 느끼고 있다. 이것은 그녀의 첫 번째 영성 지도 경험이고, 그녀는 "잃어버린 시간을 만회하려는" 열망에 차 있다. 교육사로서 그녀는 종종 프로그램을 수료하는 사람들에게 영성 지도를 받을 것을 권유했었는데, 이제는 그녀 자신이 그런 권유를 받을 때라고 느꼈다.

지난 수 년 동안 그녀의 신앙 생활은 매일의 공식적인 기도, 성경 읽기-보통은 그녀의 가르치는 책임과 관련된- 및 주일 예배로 이루어졌다. 그녀는 전에도 묵상하려고 노력해 보았지만 일주일 정도 지난 후 포기했다. 그녀의 하나님 이미지는 "돌보는 할머니(caring grandmother)와 같다"고 진술되었다.

성격과 체계 역동

제인은 두 명의 자매 중 언니다. 그녀의 동생은 공인회계사로 미혼이고, 제인에 의하면 겉으로 보기에는 '종교적 정서'가 거의 없다. 부모는 생존해 있고, 비교적 건강한 편이며, 같은 도시에 살고 있다. 전해 듣기로 그녀의 부모는 그들이 다니는 교회에서 활동적이었고, 어머니 역시 다년간 교육사로 지내 왔다. 제인은 부모가 "기독교인이 되는 것이 무엇을 의미하는지에 대한 생생하게 살아 있는 실례를 보여주었다"고 믿는다. 그녀는 지방에 있는 장로교 신학대학에 다녔고 종교교육학으로 학사 학위를 취득했다. 그녀는 대학 졸업 직후 고등학교 시절의 친구와 결혼했고, 23년 동안의 결혼 생활은 꽤나 행복했다고 보고했다. 그녀는 남편이 그녀가 5년 전에 종교교육학 석사 학위를 취득하기 위해서 다시 학교에 갔을 때 그랬던 것처럼 영성 지도를 받으려는 그녀의 결정을 지지해 주었다고 보고했다.

그녀는 자신이 셋째 아이를 출산한 후에 산후 우울증을 치료하기 위해 약물 처방과 상담으로 이루어진 단기 치료를 받은 적이 있긴 하지만 양호한 건강의 축복을 받았다고 말했다. 정신 건강이나 약물 남용 치료에 관한 다른 개인력이나 가족력은 없다고 했다. 제인은 때때로 힘들기도 했지만 어머니, 아내 그리고 교육사로서의 자신의 역할이 만족스러웠다고 보고했다.

어떤 점이 힘들었는지에 대해 부연 설명을 요청했을 때 그녀는 사역자들 사이에서 공포 정치를 단행한 것으로 보이는 신임 목사에 대해 언급했다. 전임 목사가 1년 전 불시에 타계한 후에 담임 목사의 자리는 6개월 동안이나 공석이 되었다. 그런데 신임 목사는 새로 임직을 받고 얼마 있지 않아서 '불순종'을 이유로 9년 동안 전임으로 사역했던 음악사(director of music)를 해고했다. 최근에는 그녀의 교사 2명을 해고했는데, 왜냐하면 그들이 얼핏 보기에 목사가 한 말에 대해서 이의를 제기했기 때문이다. 그녀는 그들을 잃은 것에 대해 아주 슬퍼했는데, 그녀가 보기에 그들은 뛰어난 교사였을 뿐만 아니라 개인적으로 절친한 친구였기 때문이다. 그녀는 목사에게 두 사람의 복직에 대해 얘기하려고 했을 때 "여기에 계속 있고 싶다면 내 판단에 결코 이의를 제기하지 마시오"라는 말을 들었다. 3주 전에는 교사 중 한 사람이 목사가 그녀에게 위협적인 말을 했고 그에게서 술 냄새를 맡았다고 불평했다. 그 교사는 교육사가 어떻게 할 것인지를 알고 싶어 했다. 제인은 자신이 어떻게 처신해야 할지 확신이 서지 않았는데, 특별히 목사에게서 너무나 위협을 느꼈고 진심으로 그녀의 일자리를 잃고 싶지 않았기 때문이다. 그녀는 자신이 목양 팀의 일원으로서 이러한 문제들에 대해 어느 정도 책임이 있다는 것을 인정하긴 했지만, 그녀는 영성 지도에서 "저는 단지 기도 생활에 대해 다루고 싶어요"라고 말하면서 공손히 그것들에 대해 의논하고 싶다고 했다.

심리 영성적 역동

심리 영성적(psychospiritual) 관점으로 보면 제인은 영성 지도에 적합한 사람이라고 볼 수 있다. 그녀는 적절한 사회적 지지 체계를 가지고 있고, 뚜렷한 종교적 또는 영적 학대나 낡은 인습이 없었고, 적절한 동기가 있을 뿐만 아니라 보다 깊은 영적 순례를 떠나기 위해 헌신할 준비가 되어 있는 꽤 성숙한 사람 – 심리적으로나 영적으로 – 으로 보였다. 그녀의 성격은 다른 사람을 즐겁게 해주는 사람(pleaser)과 중재자(reconciler) 유형이었다. 현재 그녀의 추가적인 장점은 영적 실천에 대해 헌신적이라는 점과 하나님 이미지가 긍정적이라는 점이다. 영성 지도에 대한 그녀의 기대는 그녀의 기도 생활을 더 깊게 하는 것이다.

사례에 대한 환원주의적 접근

내담자의 관심사나 고민거리의 원인을 설명하는 사례 공식화를 전형적으로 상술하거나 함축하는 심리 치료사들이나 목회 상담자들과는 달리 영성 지도자들은 전통적으로 그러한 사례 공식화나 공식적인 치료 계획을 상술하지 않는다. 그럼에도 불구하고 영성 지도의 과정에는 보통 상술되거나 함축된 초점이나 목표들이 뒤따른다. 환원주의적 접근 방식은 영적 및/또는 심리적 영역에 제한된 초점이나 목표들을 상술하거나 함축하며 전형적으로 도덕적 영역을 배제한다. 영성 지도가 한 가지나 두 가지의 삶의 영역으로 제한되는 한 환원주의적 접근으로 간주될 것이다.

영성 지도의 초점과 목표

영성 지도의 적절한 초점과 목표는 어떤 것이 되어야 할까? 제인의 영성 지도에 대한 기대, 즉 "기도 생활에 대해서 다루고 싶다"는 기대와 전반적인 기능 수준이 중상 정도인 것에 비추어 보면, 과거나 현재의 심리 치료적 문제들에 대해 어떠한 초점이 제시된다고 할지라도 그렇게 많지는 않을 것 같다. 그러므로 적절한 초점과 목표는 일차적으로는 기도 생활을 깊이 있게 하는 데, 두 번째로는 자율성을 증진시키는 데, 즉 그녀의 동역자들과 상급자에게 보다 단호할 수 있도록 하는 데 집중될 수 있다. 적어도 이것은 영성 지도자의 첫 번째 인상일 수 있다.

추가 사항

　심리 유형의 관점에서 보면 제인은 에니어그램의 2유형에 가깝다. 많은 영성 지도자들이 내담자를 다양한 발달 단계, 즉 신앙, 자기, 영적 발달에 관해서 평가하지 않는 것으로 보이지만, 다음과 같은 제인의 발달 단계 프로파일은 그녀의 영적 능력과 기능에 대한 보다 충분한 그림을 제공하기 위해서 제시되었다. 파울러의 신앙 발달 단계 도식의 관점으로 보면 제인은 결합적(conjunctive) 신앙 단계에 있다고 평가될 수 있을 것이며, 이것은 그녀가 종교적이고 영적인 신념을 자기(self)와 통합할 수 있을 것으로 보인다는 것을 의미한다.[1] 로버트 케간의 자기-발달 단계와 관련지어 보면 그녀는 상호-개별적(inter-individual) 단계를 향하여 가고 있는 것으로 보이는데, 이 경우 그녀는 자율적으로 그리고 독립적으로 행동하면서도 동시에 다른 사람들에게 의존하는 것을 자유롭게 선택할 수 있음으로써 자기를 조절하는 능력을 성취했을 것으로 기대할 수 있다.[2] 독립성과 의존성을 모두 결합할 수 있는 이런 능력을 상호 의존성(interdependence)이라고 한다. 또한 이 단계에서 제인은 내면의 갈등을 인내하고 다른 사람들과 진정한 친밀감으로 관계를 맺는 것이 점점 더 쉬워진다는 것을 발견해야만 한다. 그녀는 또한 다니엘 헬미니악이 말한 영적 발달의 동정적(compassionate) 단계를 향하여 가고 있는 것 같고, 이 경우 삶과 관계에 대한 헌신은 보다 현실적이고, 섬세하고, 깊이 느껴지는 정서에 의해 지지된다.[3] 마지막으로 제인은 월터 콘의 이론에 따르면 상당히 높은 수준의 자기-초월, 적절히 균형이 잡힌 자율성과 자기-포기를 가지고 있는 것으로 보인다.[4]

환원주의적 접근 방식에 대한 고려 사항들

이러한 처음의 인상을 넘어서 많은 관찰이 이루어질 수 있고 관심사들이 표현될 필요가 있다.

(1) 비록 위의 사례가 최근에 유행하고 있는 여러 가지 요소들, 즉 자기와 신앙, 영적 발달의 단계들뿐만 아니라 하나님 이미지, 기도 양식, 종교적 및 영적 실천에 기초한 심리 영성적 공식화를 설명해 주지만, 자기-초월 수준의 징후와 함께 이러한 표지들이 있다고 해서 의도하는 치료 목표나 개입 계획이 쉽게 수립되는 것은 아니다. 영적 실천은 변화를 평가하고 모니터링할 수 있는 확실한 표지일 수 있지만, 내담자의 신앙과 자기, 영적 발달의 단계에 대한 지식이 특정 회기에 영적 지도자에게 어떤 분명한 가치가 있는 것 같지는 않다.

(2) 기도와 묵상에 초점을 맞춘다는 목표는 적절하긴 하지만 이 초점은 어떻게 구체적으로 적용될 수 있을까? 영적 지도자는 얼마나 정확하게 진행시켜야 하는가? 어떤 기도나 묵상 방법을 권유하거나 가르쳐 주어야만 하는가? 그리고 그러한 권유를 할 수 있는 근거는 무엇인가? 또한 '자율성을 증진시키기'라는 목표는 다소 막연하며 문제의 소지가 있다. 이것이 어떻게 이루어질 것인가도 제시되지 않았으며, 그녀를 좀더 주도적이게 되도록 촉진하는 노력은, 다른 사람들을 즐겁게 하고 자기를 내세우지 않는 그녀의 이전 패턴이 존재하는 경우 비현실적일 수 있다. 사실 목사에게 좀더 주도적으로 행동하게 하려는 계획을 따르면 실제로 그녀가 해고되는 결과를 초래할 것이다.

(3) 그녀의 하나님 이미지는 정말로 적절하고 건강한 것인가? '돌보는 할머니'와 같은 하나님 이미지는 하나님을 엄격한 재판관이나 전제 군주로 바라보는 것에 비하면 긍정적이고 활기를 주는 것일 수 있다. 하지만 하나님을 단지 이러한 방식으로만 상상한다면 그녀가 친절하고 돌보는 것 이

상의 것, 예를 들면 교구에서 그녀가 맡고 있는 행정적인 역할에서 주도적이게 되고 정의를 추구하는 것이 적절히 요구되는 상황에서 책임 있고 용기 있게 행동하지 못할 수도 있지 않겠는가? 그녀는 친절하고 사랑하는 하나님 이미지뿐만 아니라 정의롭고 용감한 하나님과 같은 다른 하나님 이미지를 형성하는 일을 잘 할 수 있을까?

(4) 도덕적 문제들은 어떠한가? 제인이 구체적으로 일과 관련된 문제, 특히 목사의 직권을 남용하는 행동이 지도의 초점이 되는 것을 특별히 요구하거나 동의하지 않았기 때문에 영성 지도자는 그 문제를 다루지 않아야만 하는가? 제인이 겉으로 보기에 직권을 남용하는 것으로 보이는 목사의 행동에 관한 그녀의 책임의 문제를 영성 지도의 초점으로 생각하지 않았기 때문에 영성 지도자는 그것을 그들의 공동 작업의 초점으로 삼지 않았다. 그것은 많은 훈련 프로그램과 수퍼바이저들이 내담자가 제기하지 않는 한 그것들을 다루어서는 안 된다는 입장을 취하기 때문이다. 예를 들어, 다른 사람에게 심각하게 해를 끼치려는 위협이나 자살의 기미가 보이는 것과 같은 몇몇 예외적인 경우들이 있을 수 있지만, 많은 영성 지도자와 목회 상담자는 이러한 실행 지침을 준수할 것이다. 아마도 다루어지지 않은 의문은 다음과 같은 것일 것이다: 만약 제인이 그렇게 해야만 했을 때 용기 있게 행동하는 데 실패했다면 그녀는 좀더 변화될 수 있는가?

(5) 마지막으로, 만약 제인이 어려운 상황, 특히 그녀의 교사들과 교인에 대한 목사의 직권 남용적이고 부적절한 행동의 영향을 다루는 것을 조용히 회피한다면 더 많은 변화라는 목표는 가능한 것인가?

여러 가지 측면에서 영적 차원의 과정을 위해 위에서 언급된 심리 영성적 공식화와 목표 및 계획은 대답된 것보다 더 많은 질문과 고려 사항을 제기한다. 이러한 질문과 고려 사항은 이 영성 지도자가 이 사례를 개념화하고 공식화했던 방법을 알려 주는 토대 이론이나 이론들의 핵심을 찌르는 것 같다. 또한 이러한 질문과 고려 사항은 전통적으로 영성 지도자들이 활용하도록 배웠고 예상하는 실행 지침 및 치료 계획, 예를 들어 도덕적 관심사를 다루는 것을 최소화하거나, 의뢰하거나, 거부하는 것은 내담자의 욕구에는 비-반응적인 것이고 비-방어적일 수 있음을 시사한다. 아래의 논의에서 제시되듯이 통합 모델을 활용하면 이러한 다섯 가지 고려 사항을 모두 다룰 수 있다.

통합 모델의 적용

통합 모델을 활용하면 보다 전체적인 공식화, 즉 '심리-영성-도덕적' 공식화를 얻을 수 있다. 또한 통합 모델은 영성 지도 과정의 보다 뚜렷한 목표와 보다 뚜렷하고 구체적인 계획을 제공해 줄 것이다. 또한 그것은 전 회기에 걸쳐 제인과 영성 지도자 사이에서 일어나는 변화들을 평가하고 모니터링하기 위한 '표지들'(markers)을 제공해 줄 것이다.

통합 모델을 활용하고 그것이 말하는 영성을 내면화한 영성 지도자들은 제인과 같은 피지도자들이 어렵고 곤란한 직업상의 관심사들에 대한 논의를 먼저 시작하는 것을 뒤에 앉아서 기다리고 있을 것 같지는 않다. 변화의 차원들에 대한 상호적인 평가에 피지도자들을 참여시킴으로써 그러한 관심사들은 반드시 다시 표면화될 것이고, 또는 영성 지도자들이 그러한 중요한 문제들을 적절하게 다시 제기하는 방법을 찾을 것이다. 만약 그들이 "제인이 목사의 관계 방식과 정당한 절차도 없이 제인의 교사를 해고시킨 것과 같이 어려운 상황들을 다루는 것을 조용히 피하려고 한다면 더 많은 변화라는 목표가 가능할까?"라는 질문을 받는다면 그들의 대답은 아마도 "아니오"가 될 것이다.

영성 지도의 과정과 결과

6장에서는 통합 모델의 활용 지침을 설명했다. 여기에는 영성 지도의 과정과 그 결과를 구조화하고 최적화하기 위한 일곱 가지의 전략이 포함되었다. 이 단원에서는 일곱 가지 전략의 관점에서 영성 지도의 과정이 구체화될 수 있는지에 대해 논의하려고 한다.

상호 관계를 수립하라

영성 지도자는 매 회기마다 제인이 하나님을 만날 수 있는 안전하고, 사랑이 넘치고, 기도할 수 있는 공간을 만들기 위하여 노력했다. 지도자는 적극적인 경청과 공감을 통해서 제인이 지도자와 함께 기도하고, 의심과 두려움, 영적 실천, 인생의 관심사들을 포함하여 하나님과의 관계를 토론할 수 있는 분위기를 촉진했다. 초기 회기에는 비밀 보장, 기간, 회기의 빈도, 비용 등을 포함하는 영성 지도의 구조뿐만 아니라 영성 지도에 대한 기대가 논의되었다.

변화의 차원들에 대한 평가를 시작하라

영성 지도의 전체적인 목표는 변화를 촉진하는 것이기 때문에 지도자가 피지도자에게 변화의 여섯 가지 차원의 방향을 제시하는 것이 좋다. 이것은 피지도자가 각 차원에서 어느 정도 기능의 수준을 갖고 있는지 상호적으로 평가하기 위한 단계다.

여섯 가지 차원을 평가하는 과정에서 제인은 사회·정치적 차원이 변화의 종교적/영적 차원과 밀접하게 관련되어 있고 불가분의 관계라는 것을 깨닫게 되었다. 비록 그것이 그녀에게는 다소 겁이 나는 일이긴 했지만, 그녀는 만약 자신이 영적으로 성장하려고 했다면 그녀의 사역의 상황과 목사와의 관계에 대해 직면하려고 했어야만 했다는 사실을 인정했다. 그녀는 이제 이러한 문제들을 영성 지도에서 다루기를 원했다. 여섯 가지 차원에 대한 평가는 제인이 신체적, 도덕적, 지적 차원에서는 그런대로 잘 기능하고 있는 것으로 나타났다. 그럼에도 불구하고 나머지 세 가지 차원에서는 발달상의 지체 또는 결핍이 확인되었다.

정서적 차원: 자기-인정과 자율성이라는 자기-능력에 지체가 있는 것으로 보인다. 제인은 자존감을 유지하고 거부당하는 것을 피하기 위해서 다른 사람을 염려하고 기쁘게 할 필요 없이 위기나 관심사를 다루는 것을 어려워하는 것 같다. 또한 그녀는 권위적인 인물을 두려워하고 독립적으로 행동하는 것을 어려워한다. 이러한 요인들은 그녀가 자신의 종교 교육 프로그램에 영향을 주는 개인적인 문제들을 다룰 때, 특히 목사를 대할 때 주저하는 것을 설명하는 데 도움이 될 수 있다. 또한 그것은 왜 그녀가 일과 관련된 문제를 언급하면서도 영성 지도자와의 회기에서 그것들을 처리하려고 하지 않았는지에 대해서도 설명이 될 수 있다.

종교적/영적 차원: 위에서 언급한 것처럼 자율성의 자기-능력 외에는 이 차원에서 뚜렷이 드러나는 결핍이나 지체는 없었다. 그럼에도 불구하고 제인은 아마도 어떤 유형의 묵상을 포함하여 자신의 기도 생활이 깊어지기를 열망하고 있었다.

사회·정치적 차원: 마지막으로, 그녀가 목사의 직권을 남용하는 방식의 심각성이나 사회적 결과를 이해하지 못하거나 부인한다는 점에서 비판적 사회 의식이라는 자기-능력의 발달이 지체된 것 같다. 해고당하거나 매도당한 교사들이 그녀에게 보고를 했기 때문에 그녀는 그들을 지지할 뿐만 아니라 보호할 책임이 있는데 그것을 회피했다.

미덕과 영적 실천, 자기-능력의 발달 수준을 평가하라

지도자와 제인은 기능 수준이 낮은 변화의 차원들에 대해 미덕의 유무 및 영적 실천의 유무를 함께 평가했다. 비록 지도자가 전문적인 심리학자는 아니었지만, 그는 그녀 자신의 진술과 개인, 가족, 영적 이력 및 그녀에 대한 관찰을 토대로 열세 가지 자기-능력에 대해 제인을 평가하는 것을 그런대로 편안하게 느꼈다.

미덕, 영적 실천, 자기-능력의 결핍을 부각시켜라

변화의 차원들과 자기-능력들, 미덕들, 영적 실천들에 대한 평가를 토대로 지도자와 제인은 자기-능력, 미덕, 자기-실천에서의 결핍을 확인할 수 있었다. 아래의 표 7.1은 이런 결함을 나타낸 것으로, 그것은 목회 상담의 초점이 될 것이다.

표 7.1: 제인의 영성 지도가 초점을 맞추어야 할 영역

미덕	영적 실천	자기-능력	변화의 차원
			신체적
자기-돌봄	내적 치유 기도	자기-인식, 자율성	정서적
	집중 기도나 기독교적 묵상		종교적/영적
			도덕적
			지적
정의, 용기		비판적 사회 의식	사회·정치적

계획을 구체화하라

영성 지도가 목회 상담이나 심리 치료보다는 덜 구조화된 경향이 있긴 하지만 영성 지도는 초점이 있으며 한 가지 목표나 여러 가지 목표들을

향해 나아간다. 비록 그러한 목표들은 공식적으로 명료화되지는 않지만 지도가 이루어지고 회기들이 구조화되는 등의 과정을 통해서 드러난다. 통합 모델은 영적 순례를 위한 지도(map)를 제공해 준다. 이 지도는 영성 지도 과정에 대한 일반적인 계획을 체계화하고 명료화하기 위한 기초로서 활용된다. 그러나 그러한 계획을 구체화할 때 피지도자와 지도자는 반드시 하나님/성령님이 제일의 영성 지도자이시고 어느 때든지 그러한 계획을 수정하실 수 있다는 것을 염두에 두어야만 한다.

영성 지도 과정의 초점과 목표들을 구체화하는 계획이 제인과의 상호 동의 하에 수립되었다. 이 계획에는 위의 표 7.1에서 부각되었던 미덕, 영적 실천, 자기-능력에 대해 다루는 것이 포함되었다. 그들은 주로 정서적, 종교적/영적, 사회·정치적 차원에 동시에 초점을 맞추기로 결정했다.

정서적 차원: 두려움이 핵심 역동인 것으로 보이기 때문에 마음의 치유를 목적으로 하는 영적 실천이 필요할 수 있다. 여기에는 단호함을 결여시키고 두려움을 낳게 했던 그녀의 초기 경험에 대한 내적 치유를 위한 기도가 포함되어야 한다.[5] 또한 여기에는 두려움을 위축이나 도피의 신호가 아니라 개인적 및 영적 성장에 대한 자극이나 부르심으로 재구성(reframing)하는 것이 포함되어야 한다. 자기-돌봄(그리고 꿋꿋함/용기)의 미덕을 촉진하는 것도 중요할 것이다. 이러한 영적 실천이 시작된 다음에 그것들로서 충분한지 아니면 심리 치료를 위해 의뢰하는 것이 필요한지를 결정하기 위해서 면밀한 검토가 이루어졌다. 이러한 자기-능력의 개발에 초점을 맞춘 심리 치료는 많은 도움이 될 수 있다.[6]

종교적/영적 차원: 그녀는 이전에 묵상하려던 시도가 성공적이지 못했다고 보고하긴 했지만 영적 지도자의 도움과 다른 방법이 제인에게는 더 잘 맞을 수도 있을 것이다. 존 메인(John Main)이 가르쳐 준 기독교적 묵상법[7]이나 토마스 키팅의 집중 기도[8]와 같은 최근의 묵상 방법이 그녀의 기도 생활을 깊이 있게 하는 데 매우 유용할 것이다.

사회·정치적 차원: 정의와 용기의 미덕을 개발하는 것은 계획에 포함되어야 할 적절한 목표다. 정서적 차원의 단락에서 언급한 것처럼 꿋꿋함과 용기를 실천하려는 노력은 자율성과 자기-인정이라는 자기-능력의 발달을 촉진시킬 수 있다. 제인은 자신들의 두려움과 불확실성을 극복하고 어려운 상황에서도 정의와 꿋꿋함, 용기를 드러낼 수 있었던 성인들과 다른 사람들에 대한 책을 읽고 그들을 모방하도록 격려를 받았다. 이러한 두려움이나 불확실성의 근원에 대한 내적 치유의 기도 또한 고려되어야 한다.

어떤 피지도자들은 그러한 영적 개입에 반응할 수 있지만, 다른 사람들은 심리 치료적 개입이 필요할 수 있다. 앞에서 언급했던 심리 영성적 공식화를 토대로 한 계획이 그랬던 것처럼, 심리-영성-도덕적 공식화를 토대로 한 이 계획도 내담자의 기도 생활을 깊이 있게 해주는 가치와 유용성이 있다. 그러나 앞서 언급했던 계획과는 달리 이 계획은 자기-돌봄과 정의의 미덕을 습득하는 데는 한계가 있는 것 같은 세 가지 자기-능력의 지체를 확인시켜 준다. 아마도 이 계획과 관련된 결과는 제인의 하나님 이미지가 변하고 확장되면서 보다 용기 있게 행동하고 그녀의 일에서 정의를 옹호할 수 있는 능력과 결단력이 드러나는 것이 될 것이다.

계획을 실행하라

첫 번째 회기에 지도자는 한 달을 기준으로 60분씩 4회기를 탐색 기간으로 하자는 제안을 했다. 그 기간이 끝날 때쯤에 그들은 지도의 과정을 계속할 것인지 함께 결정하기로 했다. 네 번째 회기에 그들은 계속하기로 결정했고, 3년 동안 정기적으로 만나기로 하고 만남을 계속하기 위한 계획을 세웠다. 앞에서 언급했던 것처럼 첫해 동안의 초점은 정서적, 종교적/

영적, 사회·정치적 차원에 동시에 맞추어졌다. 그런 다음 초점은 주로 종교적/영적 차원으로 옮겨갔다.

진행 과정을 평가하고 모니터링하라

처음 두 번의 회기에서 이루어진 초기 평가의 결과로서 제인과 지도자는 사역상의 문제, 특히 목사가 제인과 그녀의 교사들, 그리고 교인들에게 취했던 행동의 영향에 초점을 맞추기로 상호간에 합의했다. 제인은 그녀가 사역의 문제로 인해 너무나 스트레스를 받고 그것에 몰두했기 때문에 매일 기도하는 것도 어려움을 겪었음을 인정했다. 또한 그녀는 성경을 읽으려고 애를 쓸 때도 너무나 혼란스러웠기 때문에 성경 읽기를 멈추곤 했다. 그녀는 자신의 기도 생활에 영성 지도의 초점을 맞춘다면 "이런 모든 문제들이 그럭저럭 해결될 것이다"라고 순진하게 기대했음을 인정하는 것에 곤혹스러워했다.

두 번째 회기 동안에 지도자는 제인이 그녀의 인생에서 유사한 상황을 경험한 적이 있었는지에 대해 물었다. 약간 머뭇거린 후에 제인은 열다섯 살 때 어머니가 대학에 다시 들어가기로 결정했을 때 그녀의 아버지가 "공포 정치를 연출했다"고 말했다. 제인의 어머니가 그것에 마지못해 동의하고 학교에 가는 것에 대한 생각을 바꾸자마자 아버지는 "조용해졌고 모든 것이 정상으로 회복된 것처럼 보였다"고 한다. 그녀는 목사의 직권 남용에 대해 초기에 부인하고 묵인하면서 그를 기쁘게 해주려는 행동이 어머니의 패턴과 유사한 것이었다는 점에 대해 큰 소리를 내며 경악했다. 뒤이어서 하나님이 이 경험을 통해 그녀에게 어떤 교훈을 주려고 하시는가에 대한 논의가 이어졌다. 세 번째 회기 동안 제인은 상회에서 해고된 음악사가 건 소송을 포함하여, 목사에 대한 교인들의 불평에 대한 조사를 시작했다고 말했다. 목사는 계속해서 직원들에게 저자세를 취했다. 예상대로 제인은 '결국 시스템은 돌아가고 있다'고 생각했고, 문제에 대한 책임감을 견디도록 그녀를 짓누르는 압박감은 그녀를 함몰시키는 것 같았다. 그럼에도 불구하고 그녀는 결국 교회에서 자신이 관리자로서의 역할을 함에 있어서 정의와 동정의 균형을 잡는 법을 배워야만 했다는 것을 인정하기에 이르렀다. 그 후 수 개월 만에 목사의 연간 계약은 갱신되지 않았고, 결국 경질되었다.

지도자의 제안에 따라 다음 2년에 걸쳐 제인은 매일 집중 기도를 하는 훈련을 시작했고, 교육과 상호 지지를 위해 매주 한 번씩 집중 기도 모임에 참석했다. 또한 영성 지도는 그녀가 자기-돌봄, 정의, 용기의 미덕을 개발하려는 노력을 지지해 주었다. 내적 치유를 위한 기도는 다섯 번째 회기에 시작되었고, 제인은 계속해서 그 후에도 혼자서 이 기도를 하게 되었다.

진행 과정의 표지들이라는 측면에서 볼 때 제인은 신임 목사 및 교회와 관련된 많은 문제들에 대해서 서서히 그녀의 교사들의 옹호자가 되어 갔다. 그녀는 동정과 단호함 두 가지 모두를 가지고 행동할 수 있게 되었다. 유사하게 기도 생활 역시 집중 기도와 모임을 계속함에 따라 깊어졌다.

결론

제인에 관한 사례 연구는 현재 실행되고 있는 영성 지도에 대한 환원주의적 접근 방식에 대하여 몇 가지 고려 사항을 제기했다. 영성 지도의 과정을 위해 초기에 보고된 심리 영성적 공식화와 계획은 그러한 환원주의적 접근 방식을 반영한다. 비록 기도 생활의 향상과 '자율성의 증진'이라는 진술된 목표가 적절한 것처럼 보이긴 했지만, 어떻게 그 목표를 실행하고 그 결과가 어떻게 나타나는가에 대해서는 아무 것도 제시되지 않았다. 묵상과 관련된 제인의 부정적인 경험은 다른 접근 방식이 취해지지 않는 한 그 자체가 반복될 것이고, 목사에 대한 단호함을 증진시키려는 노력 또한 실제로 그녀의 면직을 초래하리라는 것이 예상되었다.

나아가 제인이 가지고 있던 돌보는 할머니로서의 하나님 이미지의 타당성에 대한 영성 지도자의 초기 평가 또한 의문이 생기는 것이었다. 그래서 돌보는 이미지뿐만 아니라 공정하고 용기 있는 하나님 이미지를 정립하는 것이 자기-능력과 미덕의 개발과 조화를 이룬다는 점이 제시되었다. 아마도 관련된 가장 중요한 고려 사항은 제인의 사역 상황과 그에 따른 도덕적인 문제들이었을 것이다. 많은 경우 영성 지도자들은 그들이 받은 훈련과 수퍼비전 때문에 제인이 그녀의 사역이 아니라 기도 생활에 초점을 맞추기를 원한다고 말하면 사역 문제에 대해서는 어떤 경우에도 논의를 시작하지 않는 것으로 생각했다. 물론 만약 그녀가 나중에라도 사역에서의 딜레마에 대해 논의하기 시작한다면 대부분의 영성 지도자들은 그 문제와 그것이 지닌 영적 및 심리적 발달과 관련된 함축적 의미에 대해 논의하는 것을 편안하게 여길 것이다. 많은 영성 지도자들이 도덕적 문제를 논의하는 것이 그들이 받은 훈련과 조화를 이루는 것으로 느낄 수 있는지는 또 다른 문제다.

통합 모델에 의하면 영성 지도 과정에 대해 상호 합의된 계획은 제인과 함께 수립되었다. 여기에는 구체적인 미덕, 영적 실천, 자기-능력을 포함하는 변화의 여러 차원들에 대한 작업이 포함되었다. 사역의 문제가 가진 긴박성 때문에 그들은 정서적, 종교적/영적, 사회·정치적 차원에 동시에 초점을 맞추기로 결정했다. 통합 모델의 일곱 가지 지침을 활용하는 것에 대한 자세한 설명은 영성 지도에 대한 보다 환원주의적인 접근 방식을 뛰어넘는 통합 모델의 가치와 유용성을 보여주었다.

8장 목회 상담에 대한 통합적 접근: 사례 연구

Transforming Self and Community

사례 자료는 목회 상담의 이론적 전제와 실제 패턴을 드러낼 수 있다. 여기에 제시한 목회 상담 사례는 비교적 일반적인 사례에 통합 모델을 적용한 것을 설명하기 위한 것이다. 또한 사례는 이 모델의 가치와 임상적 유용성을 보여준다. 비밀 보장을 위해서 실제 사례 자료는 제공되지 않을 것이다. 대신 여기에 제공된 사례 자료는 나의 임상 경험과 수퍼비전 경험으로부터 모은 사례들을 합성하여 재구성한 것이다.

매기와의 목회 상담

내담자 소개

매기는 23세의 간호사인데 친구의 권유로 목회 상담을 받으러 왔다. 그 친구는 과거에 자신이 상담을 받았던 목회 상담자를 추천했다. 그 목회 상담자는 정신 건강 상담가로서 전문가 자격이 있었고 기꺼이 매기의 계획을 받아들였는데, 그것은 매년 10회의 외래 회기를 허용하는 것이었다.

매기는 4주 동안 불면증, 불안, 식욕 감퇴, 과민성 대장 증후군을 나타냈다. 그녀는 최근 랄프와 약혼했고, 교구 목사와의 혼전 상담을 앞두고 있는 상황에서 이러한 증상들이 심해졌다고 한다. 그녀는 이 만남에 대해 약간의 불안과 죄의식을 느끼고 있었다. 그녀는 정신과 치료나 물질 남용 치료의 가족력이 없고, 이전에 정신과 치료나 물질 남용 치료와 목회 상담이나 심리 치료를 받은 적도 없다고 보고했다. 그녀는 꽤 건강했지만 18세가 되어 다른 주에 있는 대학에 가기 위해 집을 떠나려 했을 때부터 과민성 대장 증후군이 시작되었다.

성격과 체계 역동

사회력과 발달력에서는 매기가 두 남매 중 맏이고, 남동생은 최근에 대학을 졸업하고 2년의 공군 복무를 막 마친 것으로 나타났다. 부모는 생존해 있고, 건강하며, 교회 일에 적극적으로 참여하는 신앙인들이었다. 아버지는 보험회사의 이사였고, 어머니는 간호사였지만 그녀가 태어났을 때 일을 그만두었다. 그녀는 아이들이 학교를 졸업한 후에도 다시 일을 하지 않았다. 매기의 가족은 그물처럼 얽혀 있고 서로를 통제하긴 했지만 비교적 안정되어 보였다. 매기는 고등학교와 대학 시절 내내 평범한 학생이었고, 약 아홉 달 동안 응급실 간호사로 일했다. 그녀는 그 일을 좋아했지만 매주 4일 동안 12시간 일하고 12시간 쉬는 일정에 적응할 수 없었다. 이것은 랄프가 직업 때문에 한 달에 최소한 두 번, 일주일에 3-4일은 지방에서 근무해야 한다는 사실과 맞물렸다. 결과적으로 그녀는 외롭고 버림받았다고 느꼈다. 랄프는 성취 욕구와 통제 욕구라는 점에서 매기의 아버지와 상당히 비슷해 보였지만, 아버지는 매기가 여섯 살 때 그녀의 어머니가 교통사고가 나서 거의 죽을 뻔한 이후로는 업무적인 일로 여행하는 것을 중지했다. 매기의 아버지와 비슷한 랄프는 업무적인 일로 여행하지 않을 때는 그녀에게 많은 관심을 쏟아 부었다. 그녀의 불안 증상, 불면증, 과민성 대장 증후군은 랄프가 지방에 내려가 있을 때면 반복적으로 악화되었다. 여기에는 그녀의 삶에서 스트레스를 주는 사건들, 특별히 분리-개별화를 포함하는 사건들과 관련되는 패턴이 있다. 그녀가 마지막으로 그런 증상을 보인 것은 대학을 졸업할 무렵인 18개월 전쯤이었다.

영적 역동

종교적 신념과 영적 생활에 대한 간단한 질문을 통해서 그녀는 자신의 표현대로 '유아적인 기독교인'인 것으로 나타났다. 그녀는 부모님과 함께 살 때는 언제나 교회 예배에 출석했지만 지난해부터 혼자 살기 시작했기 때문에 다른 교회에 등록하고 가끔씩만 예배에 참석했다. 그녀는 유아세례를 받았고, 15세에 입교했다. 그녀의 하나님 이미지는 때로는 가까이 있지만 때로는 아주 멀리 있고, 세심하면서도 요구하는 하나님이었다. 그녀의 기도 양식은 대부분 공식적인 기도였고, 그녀는 아침 기도와 저녁 기도를 계속하고 있었다.

사례에 대한 환원주의적 접근

목회 상담의 모든 접근 방식에는 모종의 사례 공식화와 치료 계획이 포함된다. 환원주의적 접근 방식은 영적-목회적 역동에만, 심리적 역동에만 또는 심리 영성적 공식화에만 초점을 두는 사례 공식화를 의미한다. 매기의 사례에서 심리 영성적 공식화는 치료 초점과 목표들과 함께 구체화되었다.

심리 영성적 공식화

불안과 불면증 및 과민성 대장 증후군을 보이는 매기의 증상은 그녀의 약혼자가 지방에 가 있을 때 악화되었다. 이러한 증상들은 그녀의 단호하지 못함과 그물처럼 얽혀 있는 가족의 요구를 반영한다. 거기에는 분리 개별화와 관련된 갈등이 있는 것 같은데, 그녀는 그것들을 잘 견디거나 '소화시키지' 못하고, 그것들은 증상으로 표현되었다. 또한 그녀의 약혼자, 아버지 그리고 하나님 이미지 사이에는 어떤 공통적인 역동 – 권위와 통제를 포함하는—이 있는 것 같았다. 그녀는 혼자 있는 것을 두려워하고, 랄프가 더 이상 여행을 가지 않고, 그녀가 버려졌다고 느낄 때나 극복할 수 없을 때 하나님이 좀더 자기 옆에 있어 주기를 바라는 비밀스러운 바람을 숨기고 있는 것 같았다. 첫 번째 회기가 끝나고 나자 사례는 이렇게 공식화되었다.

목회 상담의 초기 초점 및 목표

초기 회기가 끝날 때쯤에 상담자는 해결 중심의 단기 목회 상담 과정을 제안했다. 그것은 일주일에 한 번씩 10회의 개별적인 회기로 구성되었다. 매기와 상담자는 모두 다음과 같은 상담 목표에 동의했다. (1) 그녀의 증상을 감소시키기, (2) 제한된 삶의 영역에서 개별화를 증진시키기, 예를 들면 다가오는 결혼을 앞두고 그녀의 원가족으로부터 벗어나도록 하기. 개입 전략에는 적극적인 경청, 재구성(reframing), 해석, 자기 주장 훈련(assertive training)이 포함된다.

또한 필요하거나 상호간에 동의할 수 있다면 회기를 연장할 수 있다는 것에 동의가 이루어졌다. 매기에게 말하지는 않았지만 목회 상담자는 분리-개별화와 권위와 통제와 관련된 기본적인 역동을 다루기 위해서 장기 치료의 초점이 지속되어야 할 것이라고 생각했다.

두 번째와 세 번째 회기에 사례의 다른 측면들이 나타났다. 특히 랄프가 일과 관련된 여행을 계속했기 때문에 매기가 결혼에 대하여 다소 혼란스러워한다는 것과 "목사가 보수적이고 혼전에 동거하는 커플에게는 엄격했다"는 말을 들었기 때문에 그녀가 혼전 상담에 대해 상당한 두려움을 드러냈다는 것이 더욱 분명해졌다. 외관상으로 매기와 24세의 약혼자는 두 달 전에 약혼했고, 잠정적으로 대략 6-8개월 내에 결혼식을 올리기로 계획을 세워 놓은 상태였다. 그들은 약 1년 동안 성관계를 해왔고, 5주 전에 매기가 랄프의 아파트로 이사를 했다. 그녀의 가족이 혼전 섹스와 동거를 금지

했기 때문에 매기는 랄프와 살면서도 그녀의 룸메이트와 그녀의 아파트를 계속 유지하고 있었다.

아마도 그녀의 가족은 매기가 '이중 생활'을 꾸려 가고 있는 것을 모르고 있었던 것 같다. 매기의 가족이 전화했을 때도 그녀의 룸메이트가 변명을 하기는 했지만, 그녀는 조만간에 부모가 사실을 알게 될 것을 예견하며 두려워했다. 또한 그녀는 어머니가 결혼 계획을 통제하는 방식에 갇혀 있다고 느꼈다. 그래서 매기는 가족을 실망시키지 않기 위해서 마지못해 부모의 교회에서 결혼식을 올리기로 했다. 그녀가 가장 두려워하는 것은 목사가 그녀가 랄프와 동거해 온 것을 알고 그들을 결혼시키는 것을 거부하고 가족에게 그 사실을 얘기하는 것이었다.

그녀의 증상들의 원인이 무엇인가에 대해 생각해 보았느냐는 질문을 받았을 때, 그녀는 잠깐 동안 생각한 후 그것은 근본적으로 결혼과 동거에 대해 그녀와 랄프가 가지고 있는 가치와 부모와 목사가 가지고 있는 가치 사이의 갈등이라고 믿는다고 대답했다. 그녀가 목회 상담에서 바라는 것이 무엇이냐는 질문에 대해 매기는 그녀가 바라는 것은 증상이 완화되는 것과 동거에 대하여 그녀가 예견하고 있는 부모나 목사와의 임박한 갈등을 해소하는 것이라고 말했다. 그녀는 자신이 세 가지의 선택을 할 수 있지만 그 중 어느 것도 결과를 알 수 없다고 생각하고 있었다. 그녀는 목회 상담자가 그녀가 좀더 '이해해 주는' 목회자가 있는 다른 교회에서 결혼식을 올려야 하는지, 또는 랄프의 아파트에서 나와 결혼식을 올릴 때까지 혼자 지내야 하는지, 부모와 목사에게 랄프와의 모든 관계를 말해야 하는지 결정할 수 있도록 도와주기를 바랐다.

추가 사항

많은 목회 상담자들이 내담자를 다양한 발달 단계, 즉 신앙, 자기, 영적 발달 단계의 관점에서 평가하는 것 같지는 않지만, 아래의 매기의 발달 단계 프로파일은 교육적 목적으로 제공되었다. 제임스 파울러의 신앙 발달 단계의 관점에서 보면 매기는 종합적-인습적 신앙의 단계에 있는 것으로 평가될 수 있다. 이 단계에서는 권위가 중요하며, 개인의 종교적 신념과 가치는 크게 고려되지 않는 것으로 예상할 수 있다. 로버트 케간의 자기-발달 단계와 관련해서 보면 매기는 자기의 제도적 단계를 향하고 있다고 평가할 수 있다. 또한 다니엘 헬미니악의 영적 발달 단계에서는 순응적 단계에서 기능하고 있는 것 같은데, 이 단계에서는 외부의 권위가 중요하고 신념이나 가치는 중요한 타자의 승인에 의해 지지를 받는다. 심리 유형의 측면에서 보면 매기는 에니어그램의 6번 유형과 닮았다. 마지막으로 매기는 월터 콘의 설명에 의하면 자기-초월의 수준이 상대적으로 낮은 것으로 보인다.

환원주의적 접근 방식에 대한 고려 사항들

이것은 많은 측면에서 전형적인 목회 상담 사례다. 두 가지 차원에서 치료 목표가 제시되었다: 첫째, 증상을 감소시키고 임박한 결혼과 관련하여 분리-개별화를 증진시킨다는 두 가지의 단기적인 목표가 구체화되었다. 둘째, 두 가지의 장기적인 목표가 구체화되었다: 내담자가 첫째 목표를 성취한 후에 계속해서 상담하게 될 경우 추구되어야 하는 기본적인 분리-개별화 역동을 해석하고 다루는 것, 그리고 권위와 통제의 역동을 다루는 것.

여전히 심리학적 공식화와 계획에 의해 야기된 약간의 어려운 고려 사항들이 있다. 첫째, 매기, 그녀의 부모 그리고 목사 사이에 있는 동거에 대한 가치의 갈등은 공식화의 일부분이 아니라는 점이다. 그것은 이 가족에게는 분명히 큰 관심사이며, 개인의 역동뿐만 아니라 가족에게도 영향을 끼칠 것으로 예상할 수 있다. 또한 상담 과정에 대한 공식화나 계획에 포함되지 않은 것은 도덕적 관심사다.

둘째, 목회 상담자의 공식화와 매기의 공식화 사이에 불일치가 있을 뿐만 아니라 치료에 대한 그녀의 기대와 상담자의 목표 및 치료 계획 사이에도 불일치가 있는 것 같다. 나아가 동거에 대한 있을 수 있는 가치 갈등과 매기의 영적 역동을 치료 계획에 포함시키지 못한 것은 그녀의 목회 상담 경험이 단지 그녀의 욕구와 기대에 부분적으로만 반응하는 것이 되리라는 점을 시사한다. 많은 영성 지도 수퍼바이저들은 내담자가 문제들을 제기하지 않는 한 그것들을 다루지 않는다는 입장을 옹호한다. 이러한 입장에 대한 예외적인 사항은 다른 사람에게 심각한 위해를 끼치는 것, 예를 들면 아동 방치나 배우자 학대 등과 같이 다른 사람을 심각하게 해치는 위험 상황을 포함하는 전문가 윤리 지침이나 주법(state laws)이다. 그러나 과연 이 상황은 어떠한가? 상담자는 그것을 분리/개별화, 권위와 통제, 의존성, 자기 주장 기술의 결여 그리고 그물처럼 얽혀 있는 가족 역동과 같은 심리학적 용어들로 설명한다. 매기의 공식화는 심리적 및 신체적 증상으로 나타난 도덕적 갈등이다.

셋째, 상담자가 이 도덕적 딜레마를 해결하도록 도와줄 것이라는 매기의 기대는 더 문제가 되는데, 왜냐하면 최근의 목회 상담의 이론과 실제는 심리학적 공식화와 개입을 선호하고 도덕적 공식화와 개입은 의도적으로 피하거나 경시하기 때문이다. 상담자는 어떻게 그녀가 표현한 치료에 대한 기대를 다룰 것인가?

넷째, 목회 상담자가 영적 역동에 대한 정보를 모았다 할지라도 그러한 정보는 치료 계획에 반영되고 있지 않다. 이것은 왜 그러한가?

마지막으로, 상담과 개입 방법들의 진술된 목표들이 막연한 것 같다. 예를 들어 '제한된'(limited) 개별화는 정확히 무엇이고, 자기 주장 훈련의 주요 목표는 무엇인가? 그것에는 목사에게 모든 것을 말하는 것을 포함하는가? 더구나 목회 상담자는 변화를 모니터링하고 평가기 위해서 어떤 '표지들' 또는 결과 지표들을 활용할 것인가? 거기에는 어떠한 '영적 표지들'이 있는가? 도덕, 신앙, 자기, 또는 영적 발달, 하나님 이미지, 영적 실천 등의 발달 단계와 같은 전통적인 표지들이 쉽게 치료 목표나 개입 계획으로 반영되지는 않는다. 유사하게, 이러한 표지들이나 최근의 이론적인 모델들은 모두 다소 다른 공식화들, 즉 매기의 도덕 중심의 공식화와 목회 상담자의 심리 영성 중심의 공식화에 대해 어떻게 해야 하는가를 다루지 않는다. 의심할 여지없이 어떤 목회 상담자들은 도덕적 및 심리 영성적 공식화의 모든 요소들을 포함하는 더 광범위한 공식화를 선택할 것이다. 그러나 그들이 무엇을 목회 상담 과정의 주요 목표와 개입 방법으로 구체화할 것인지는 여전히 의문으로 남는다.

통합적 접근 방식의 적용

이 사례는 통합 모델의 관점에서 공식화될 수 있다. 첫 번째 단계는 변화의 차원들에 대해 평가하는 것이다. 내담자와 상담자 사이의 상호 활동을 평가하는 이러한 과정은 내담자에게 상담자와 상담 과정에 대한 신뢰와 확신을 증진시킬 것이고, 공유된 사례 공식화를 용이하게 해줄 수 있고, 치료 목표를 성취하는 것에 대한 내담자의 헌신을 깊게 할 수 있다. 또한 그것은 위에서 언급한 처음 세 가지의 고려 사항들을 다룬다. 이 사례에서는 도덕적 갈등이 명백하게 드러나기 때문에 그것을 목회 상담 과정에서 논의하는 것이 필수적이다. 상담 초기에 이러한 도덕적 갈등을 다루자고 제안하는 것은 내담자를 너무 이르게 치료를 종결하려는 위험에 빠지게 할 수 있다.

통합 모델을 활용하면 이 사례는 심리 영성적 공식화보다 전체론적이고 임상적으로 유용한 양식, 즉 심리-영성-도덕적 양식으로 공식화될 수 있다. 이 사례에서 통합 모델을 활용한다면 또한 위에서 언급한 다섯 가지의 고려 사항을 다룰 수 있다.

목회 상담의 과정과 결과

6장에서 통합 모델을 활용할 때의 지침에 대해 설명했다. 여기에는 상담의 과정과 결과를 구조화하고 최적화하기 위한 일곱 가지의 전략이 포함된다. 이 단원에서는 위의 사례에서의 과정과 결과를 이러한 일곱 가지 전략의 관점에서 논의하려고 한다.

상호 관계를 수립하라

상담자는 적극적 경청과 공감, 무조건적인 긍정적 관심을 활용하여 매기를 상담 과정에 참여시키려고 노력했다. 그는 그녀가 제시한 관심사들과 그녀가 현재 상담을 받기로 결정한 이유에 대해 공감적으로 질문하기 시작했다. 그는 그녀가 상담에 대해 갖고 있는 기대뿐만 아니라 그녀의 관심사에 대한 그녀의 설명, 즉 공식화를 이끌어냈다. 그는 그녀의 도덕 중심의 공식화를 인정했고, 기꺼이 그녀가 제시한 관심사의 모든 차원을 고려하겠다고 제안했다. 그런 다음 그는 상담 과정의 기본적인 규칙, 내담자와 상담자 사이의 역할 기대, 두 사람 사이의 상호성과 협력의 중요성에 대해 설명했다. 첫 번째 회기를 마칠 무렵 일주일에 한 번씩 10회의 회기 동안 만나는 것에 상호 동의했다. 회기는 개인적인 상담을 위한 것이었고, 필요시 랄프나 매기의 부모와 같은 다른 사람들을 포함시키는 것이었다.

변화의 차원들에 대한 평가를 시작하라

영적 순례 중인 대부분의 사람들처럼 매기의 개인적 발달과 영적 성장은 어떤 영역에 있어서는 다른 영역에서보다 더 풍성하고 성숙했다. 상담자는 변화의 각 차원을 간단하게 설명했고, 평가 과정에 매기를 참여시켰다. 그들은 함께 각 차원에서의 그녀의 기능 수준을 평가했고, 종교적/영적 차원에서의 발달이 적절한 수준에 이르렀다는 결론을 내렸다. 그러나 신체적, 정서적, 도덕적, 사회·정치적, 지적 차원은 덜 발달된 것으로 드러났다.

미덕, 영적 실천, 자기-능력의 발달 수준을 평가하라

상담자와 매기는 기능 수준이 낮은 변화의 차원에 대해 미덕과 영적 실천의 유무를 함께 평가했다. 초기의 회기들 내내 상담자는 열세 가지의 자기-능력과 관련해서 매기를 관찰했다. 치료의 초점과 상담의 목표를 논의하기 전에 상담자는 그녀의 자기-능력에 대한 평가를 강점과 약점을 강조하면서 설명했다.

미덕, 영적 실천, 자기-능력의 결핍을 부각시켜라

변화의 차원들, 자기-능력, 미덕, 영적 실천에 대한 이러한 평가를 토대로 해서 상담자와 매기는 자기-능력, 미덕, 자기-실천에서의 결핍을 확인할 수 있었다. 아래의 표 8.1은 이러한 결핍들을 나타낸 것인데, 이것들은 목회 상담의 초점이 될 것이다.

표 8.1: 결핍들과 매기를 상담하기 위한 초점 영역들

(기타)	미덕	영적 실천	자기-능력	변화의 차원
	절제와 신체적 건강 실천하기	먹는 것에 주의하는 것 실천하기	자제 능력을 개발하기	신체적
죄의식의 심리적 요소 다루기	자기-돌봄을 실천하기	두려움을 재명명하고, 내적 치유를 실천하기	자기-인정, 자기-위로, 자율성을 개발하기	정서적
				종교적/영적
도덕적 갈등 다루기		매일 정직을 실천하기	헌신의 능력을 증진시키기	도덕적
	신중과 식별을 실천하기		비판적 반성을 개발하기	지적
	용기를 실천하기		비판적 사회 의식을 개발하기	사회·정치적

계획을 구체화하라

매기와 상담자는 초기 상담 과정의 초점과 목표에 대해 상호 동의했다. 이 계획에는 표 8.1에서 부각된 미덕, 영적 실천 및 자기-능력에 대해 상담하는 것이 포함되었다. 또한 이 계획은 위의 표에서 언급된 두 가지의 다른 측면, 즉 매기가 경험하고 있는 동거에 대한 도덕적 갈등을 다루는 것과 심리적 죄의식을 다루는 것을 강조했다.

통합 모델을 활용하면 목회 상담과 의도된 목표들을 위한 초기의 초점을 정립하는 것이 가능하다. 매기의 경우 이것은 일차적으로 도덕적 차원과 신체적 차원에 초점을 맞추어서, 도덕적 갈등과 과민성 대장 증후군,

불안, 불면증이 어느 정도 해소된 후에는 정서적이고 지적인 차원으로 초점을 옮기는 것을 의미했다.

정서적 차원: 먼저 세 가지의 자기-능력, 즉 자율성, 자기-위로, 자기-인정에 초점을 맞추는 것이 필요하고 또 유용할 것이다. 첫째, 자율성에 초점을 맞추어야 한다. 그것은 매기가 혼자 있고 버려져 있는 것을 두려워하기 때문인데, 랄프가 지방에 가 있고 그녀가 아파트에 홀로 남겨질 때 그 증상이 심해진다. 둘째는 자기-위로에 초점을 맞추어야 한다. 그녀는 신체적 증상이 없으면 자신의 고통스러운 정서를 위로할 수 없는 것으로 보이기 때문이다. 셋째는 자기-인정에 초점을 맞추어야 한다. 그것은 그녀가 자신의 자존감을 유지하기 위해서 다른 사람에게 지나치게 의존하기 때문이다. 그녀에게는 자기-돌봄의 미덕을 개발하고 실천하는 것이 도움이 될 것이다. 마음을 치유하고 사랑하는 법을 배우는 영적 실천을 발전시켜 나가기 위해서 다양한 영적 기법들을 생각해 볼 수 있지만 그 중에서도 특히 두 가지가 유용할 것이다. 첫 번째는 매기가 두려움을 성가신 것이 아니라 감당할 수 있는 내적인 느낌으로 재구성(reframing)할 수 있도록 가르치는 것이다. 두 번째는 매일 일기 쓰는 작업을 통해서 내면을 치유하는 것이다. 상담자는 인지 치료의 양식이나 다른 어떤 방식으로 일기를 쓰는 형식을 제시할 수 있다. 예를 들자면, 그녀는 먼저 자신이 경험한 강력한 느낌들을 기술하고, 그 다음에는 그 느낌과 연관된 고정된 형식의 자기 대화(self-talk)를 기술하고, 마지막으로 좀더 고정되지 않은 형식의 자기 대화를 기술한다.

도덕적 차원: 헌신과 친밀감의 자기-능력은 신뢰감(trustworthiness)과 충실(fidelity)의 미덕이 그런 것처럼 적절히 발달한 것 같았다. 그러나 그녀는 결혼의 신성함에 대한 그녀의 가족과 교회의 규범을 어긴 데 대해 죄책감을 느끼고 있는 것 같았다. 여기에서는 그녀의 도덕적 갈등을 다루는 것이 핵심 요인인 것 같았다. 아마도 그것은 그녀의 동거 형태,

부모와의 대화, 화해를 추구하는 과정에 어느 정도 변화를 가져올 것이다. 어쨌거나 이 문제는 먼저 도덕적 갈등으로서 목회 상담자와 다루어야만 하고, 그 다음에 필요하다면 심리적 문제, 즉 죄의식의 심리적 요소로서 다루는 것이 필수적이다. 도덕적 차원에서의 작업이 진행되면서 초점은 신체적 및 지적 차원으로 옮겨가기 시작할 수 있다.

신체적 차원: 자기-능력과 관련해서는 그녀가 적어도 특정 상황에서 신체적 증상으로 이어지는 자신의 사고와 감정을 조절하는 것에 상당한 어려움을 갖고 있기 때문에 자제(self-mastery)에 초점을 맞추는 것이 좋을 것이다. 이것은 이 자기-능력이 일정한 정도까지는 개발이 되지만 압도되거나, 버려지거나 혹은 통제하지 못한다고 느낄 때와 같이 특정한 한 상황에서는 작동하지 않는다는 것을 시사한다. 자기-돌봄의 미덕을 실천하고 먹을 때 주의하는 것을 매일 실천하면 자제의 능력이 증진될 것이다.

지적 차원: 비판적 반성을 위한 자기-능력이 개발되지 않은 것 같다. 이것은 그물처럼 얽혀 있거나, 보수적인 신념을 고수하거나 혹은 둘 다인 경우의 가족에게서 흔한 일이다. 신중의 미덕도 개발되지 않은 것 같고, 따라서 그녀는 판단과 결정을 내리기 위한 식별 과정을 배우도록 도움을 받거나 격려 받을 수 있다. 내담자에게 그러한 과정을 제공하고 그것을 활용하도록 격려하면 내담자의 비판적 능력이 증진된다.

사회·정치적 차원: 동거에 대한 도덕적 갈등이 도덕적 차원만을 반영한 것처럼 보일 수 있다. 그러나 이 문제는 매기의 부모나 랄프 외에도 교회, 목사 그리고 더 큰 공동체까지 확대된다. 그 자체로서 그것은 사회·정치적 차원에 어느 정도 영향을 준다. 많은 사람들이 이런 사실을 인식하지 못한다는 것은 비판적 사회 의식을 위한 자기-능력이 개발되지 못했다는 것을 반영해 주는 한 가지 예이다. 오늘날 동거는 널리 퍼져 있는 양식이기 때문에 그것은 커플들에게 규범적인 행동인 것처럼 보이고, 단기적으로 그리고 장기적으로 사회에 거의 영향을 거의 주지 않는다. 어떤 공동체에서는 동거하지 않겠다는 결정이 커플들의 하위 문화 중에서는 상당한 용기를 필요로 할 수도 있다. 그 자체로서 용기의 미덕을 실천하도록 조언하는 것은 매기와 함께 논의되어야 할 것이다.

계획을 실행하라

이 계획은 동의되었고, 실행되었다. 처음 네 번의 회기에서는 증상 완화라는 단기적인 목표에 초점을 맞춰서 정서적 및 도덕적 차원에 집중이 되었다. 그녀의 불안과 불면증은 뚜렷이 감소되었다. 과민성 대장 증후군이 한 번 재발되었는데, 그것은 두 번째와 세 번째 회기 사이에 발생했다. 그녀는 자신의 불면증, 불안, 과민성 대장 증후군의 재발과 밤에 혼자 있는 것 사이에 어떤 관계가 있다는 상담자의 관찰을 수용하고, 그것을 처리하기 시작할 수 있었다. 세 번째 회기 후에 매기는 그녀의 아파트로 돌아가기로 결정했다. 랄프가 지방으로 출장을 갔던 상황과는 달리 그녀의 룸메이트는 매일 밤 아파트에 있었다. 게다가 특히 매기와 랄프가 목사와 만나서 함께 결혼 계획을 세운 후에 그녀의 죄의식도 상당히 감소했다. 5회기부터 9회기까지에는 부모님과의 관계에 초점을 맞추었다. 이 기간 동안 그녀는 신체적 및 지적 차원과 관련된 실천 사항들에 대해 상담했다. 열 번째 회기 중에 그녀는 개별화와 권위자 문제에 대해 더 많은 상담을 하기 위해 장기적인 상담을 계속하고 싶다는 바람을 나타냈다.

진행 과정을 평가하고 모니터링하라

의도된 진행 과정의 '표지들'은 성장이나 변화를 측정하는 데 매우 유용할 수 있다. 여기에는 매기의 상담 진행 과정을 평가하고 모니터링하기 위해 활용되었던 구체적인 표지들이 많이 있다. 정서적 차원에서의 성장을 평가하고 모니터링하는 데 유용한 표지는 그녀가 혼자 있거나 갈등을 느낄 때도 불면증이나 불안 증상이 감소하거나 없다는 것일 것이다. 도덕적 차원을 평가하고 모니터링하는 데 유용한 표지는 죄책감이 감소하거나 없다는 것일 것이다. 동시에 정서적 차원과 도덕적 차원에 초점이 집중된다고 한다면 내담자가 경험하는 갈등 수준은 감소할 것이고, 따라서 증상의 감소를 경험하게 될 수 있다. 신체적 차원에서의 성장을 평가하고 모니터링하는 데 유용한 표지는 그녀가 혼자 있거나 갈등을 느낄 때 신체적 증상, 특히 염증성 내장 증후군이 감소하거나 없는 것일 수 있다. 사회·정치적 차원 – 비판적 반성과 신중 – 을 평가하고 모니터링하는 데 유용한 표지는 그녀의 결정이나 판단에 있어서 식별(discernment)의 적절성일 것이다.

열 번째 회기는 진행 과정을 평가하는 데 초점이 맞추어졌다. 매기는 불안, 불면증, 죄책감, 과민성 대장 증후군으로부터 자유로워졌다. 게다가 그녀는 결혼 전까지 랄프와 떨어져 살기로 결정한 일에 대해 자신감을 느꼈다. 랄프는 처음에는 그녀의 결정에 놀랐지만, 나중에는 매기의 증상적 상태와 그에 따른 과민성이 매우 힘든 것이었음을 알았기 때문에, 그것이 아마 그에게도 좋은 결정이었던 것 같다고 했다. 랄프가 매기에게 그녀가 상담을 시작하기 전에는 자신이 그녀의 증상적 상태를 무한정으로 견딜 수 있을지 의아해 하면서 결혼에 대해 다시 생각하고 있었다고 말했을 때 그녀는 놀랐다.

치료의 초기 과정 중에 매기는 제안된 영적 실천에 참여했고, 그 결과 자기-돌봄, 용기, 신중의 미덕에서 어느 정도 진보가 있었다. 결정에 있어서 식별을 실천하는 것은 그녀에게는 아주 새로운 것이었는데, 왜냐하면 전에는 그녀 스스로가 실제로 결정을 내려 본 적이 없음을 깨달았기 때문이다. 그녀가 이전에 했던 결정은 부모님을 기쁘게 하기 위한 것이거나 부모님의 바람에 대한 반작용이었다. 그녀가 랄프와 동거하기로 했던 것도 그러한 반작용의 하나였음을 그녀는 깨달았다. 그녀는 동거의 사회적 영향과 동거 중인 그녀의 또래들과 친구들의 규범에 의해 얼마나 많이 영향을 받았는지를 이해하기 시작했다. 부모와의 관계도 어느 정도 개선되었다. 그녀는 그들을 기쁘게 하지 못하는 것에 대해 덜 두려워하게 되었고, 그녀가 더 이상 이중 생활을 꾸려 가고 있지 않다는 사실에 안심했다. 비록 그녀와 랄프는 목사와의 혼전 상담을 마쳤지만, 그녀는 자신에 대해 좀더 좋게 느끼고 자신의 미래에 대하여 좀더 확실하게 느낄 때까지 결혼 날짜를 미루기로 결정했다.

그녀는 개별화와 권위자 문제에 초점을 맞춘 장기 상담을 원했다. 이 상담은 대략 1년 동안 주 1회씩 지속되었다. 이 기간 동안에 그녀는 초기의 인생 경험과 원가족 내에서의 자신의 역할, 그녀의 부모, 특히 아버지와의 관계에 대해 상당한 통찰력을 갖게 되었다. 그녀는 그녀의 삶의 관계 패턴, 그녀의 증상이 친밀감과 헌신을 어떻게 방해하는지, 그리고 그녀의 하나님 이미지가 그녀의 아버지와의 초기 관계 경험을 어떻게 반영하는지에 대해 더 잘 이해하게 되었다. 이 기간에 그녀의 하나님 이미지는 친절한 아저씨의 이미지로 변해 갔다. 그녀는 제안을 받은 영적 실천과 미덕 개발을 계속하였다. 또한 그녀는 이 기간에 자기-돌봄, 자율성, 헌신, 비판적 반성, 비판적 사회 의식의 능력을 발달시켰다. 이러한 장기 상담이 끝날 무렵, 매기는 랄프와의 관계를 끝내기로 결정했다. 상담을 완료하고 3년 후에 그녀는 상담자에게 편지를 보내 자신은 아주 잘 지내고 있고, 몇 년 전 직장 동료와 결혼했으며, 최근에 아들을 낳았다고 썼다. 그녀는 계속해서 부모와 만나고 있으며, 그녀와 남편이 결혼했던 교회에 잘 다니게 되었다.

결론

매기의 사례 연구는 현재 실행되고 있는 목회 상담에 대한 환원주의적 접근 방식에 대해 많은 것을 생각하게 한다. 위에서 서술한 초기의 심리 영성적 공식화와 목회 상담을 위한 계획은 그러한 환원주의적 접근 방식을 반영한다. 비록 '제한된' 개별화와 자기 주장 훈련에 대해 진술된 목표와 개입방법은 얼핏 보기에는 적절한 것처럼 보이지만, 그것들은 실제로는 매우 모호하다. 제한된 개별화라는 것은 정확히 어떤 것인가? 동거에 대한 그녀의 소신을 관철하거나 목사에게 분명하게 말하는 것이 자기 주장 훈련의 목적인가? 게다가 동거에 대한 매기와 부모, 그리고 목사 사이의 가치 갈등은 이러한 심리 사회적 공식화나 상담 과정을 위한 계획의 일부가 아니었다. 그것은 분명히 이 가족의 도덕적 갈등일 뿐만 아니라 가치 충돌이었고, 그것은 개인의 역동과 가족의 역동에 피할 수 없는 영향을 주었다. 또한 목회 상담자의 공식화와 매기의 공식화 사이뿐만 아니라 매기의 상담에 대한 기대(즉 도덕적 딜레마의 해소)와 상담자의 기대(즉 심리 영성적 역동에 초점을 맞춤) 사이에도 상당한 불일치가 있었다. 마지막으로 목회 상담자가 어쩌면 치료 계획에 포함되지 않았을 영적 실천과 역동을 왜 이끌어냈는지도 놀라운 일이었다.

매기의 사례는 통합 모델이 목회 상담에 흔히 제기되는 것에 어떻게 적용될 수 있는지에 대한 상당히 좋은 실례다. 통합 모델에 의하면 목회 상담 과정에 대해 상호 합의된 계획은 매기와 함께 수립되었다. 여기에는 구체적인 미덕, 영적 실천, 자기-능력을 포함하는 변화의 여러 차원들에 대한 상담이 포함되었다. 매기의 관심사와 증상의 긴급성 때문에 처음에는 도덕적 및 신체적 차원에 초점을 맞추었고, 도덕적 갈등과 과민성 대장 증후군, 불안, 불면증 증상이 어느 정도 해소된 후에는 정서적 및 지적 차원에 초점을 맞추기로 했다. 통합 모델의 일곱 가지 지침을 활용하는 것에 대한 확장된 해석은 목회 상담에 대한 환원주의적 접근 방식을 뛰어넘는 통합 모델의 임상적 가치와 유용성을 예증해 주었다.

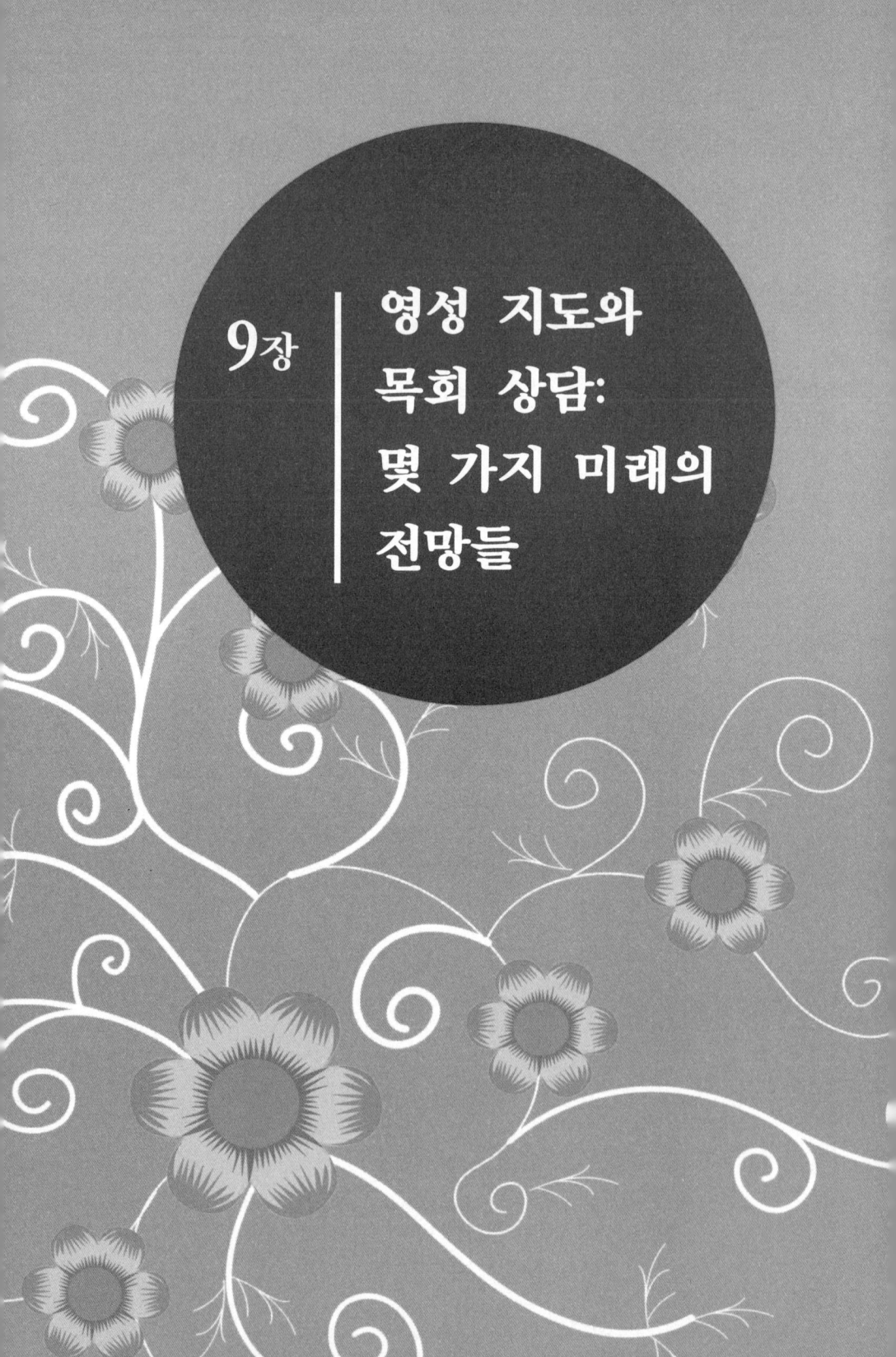

9장 영성 지도와 목회 상담: 몇 가지 미래의 전망들

Transforming Self and Community

결론에 해당하는 이 장에서는 이 책의 주요 핵심을 부각시키고자 한다. 또한 여기에서는 새로운 흐름들을 살펴보고 목회 상담과 영성 지도의 실제에 대한 몇 가지 미래의 전망들을 제시하고자 한다.

주요 핵심

이 책의 기본적인 목적은 두 가지다. 하나는 목회 상담과 영성 지도의 최근 이론과 실제에 대해 비판적인 분석을 제공하는 것이고, 다른 하나는 이 두 전문 영역의 실제를 위한 통합 모델을 제안하고, 설명하고, 그것을 예증하는 것이다.

이 책의 출발점은 이론보다는 오히려 인간의 경험, 보다 엄밀히 말하자면 인간 경험의 영역들과 차원들이었다. 최근 실행되고 있는 목회 상담과 영성 지도는 여러 면에서 문제가 있고, 목회 상담과 영성 지도의 저변에 놓여있는 현대의 이론들이 가진 개념적이고 실제적인 단점들을 반영한다는 점이 지적되었다. 이러한 단점들에는 환원주의, 특히 도덕적 영역을 다루지 않거나 최소화하는 것, 심리학적 구성 개념에 대한 과도한 의존, 의도적으로 또는 비의도적으로 개인주의를 조장하는 것, 실제의 한계들, 즉 실제의 지침과 기술이 있더라도 많이 제공되지 않는다는 점 등이 포함된다. 마지막 관심사는 목회 상담과 영성 지도가 모두 점점 전문화되면서 생겨나는 윤리적 문제, 즉 가난한 사람들이 접근할 수 있고 이용할 수 있느냐는 문제다.

또한 이 책에서는 목회 상담자들과 영성 지도자들이 주로 사용하는 네 가지 이론을 살펴보고 평가했다: 발달 단계 이론, 하나님 이미지 이론, 심리 유형 이론, 자기-초월 이론이다. 이론과 실천의 타당성이라는 관점에서 볼 때 그 어떤 이론도 비판적 검증을 피해 갈 수 없었다. 네 가지 이론 모두 개념적으로는 환원주의적인 것으로 판단되었는데, 왜냐하면 그 어떤 이론도 두 가지 이상의 삶의 영역에 대해 다루지 못했고, 자기-변화에 배타적으로 초점을 맞추지도 못했기 때문이다. 가장 잘 연구된 이론조차 그렇게 많은 지지를 받지 못한다. 따라서 그 이론들은 목회 상담과 영성 지도의 실제를 위한 토대로서는 부적절하다고 평가되었다.

이러한 이론들 가운데 월터 콘의 자기-초월 이론이 현재 목회 상담과 영성 지도의 토대가 되는 이론들 중에서 가장 전도유망한 것으로 설명되었다. 그럼에도 불구하고, 그것은 도덕적 영역을 소홀히 하고 심리적 및 영적 영역만을 강조했으며, 사회적 변화를 소홀히 하고 자기-변화와 유사한 자기-초월에만 초점을 맞추었다.

또한 현재 실행되고 있는 목회 상담과 영성 지도는 균형을 이루려는 여러 흐름들과 긴장관계에 있다. 그러한 흐름들에는 도덕 신학과 영성 신학의 재연결, 미덕 윤리학의 회복, 과학적 심리학에서 도덕 철학적 뿌리의 회복, 목회 상담과 영성 지도에서 심리 내적 및 대인 관계적 측면에 초점을 제한시킨 것에 대해 사회적 및 공동체적 균형을 제공하는 체계 이론(systems theory)의 출현 등이 포함된다.

또한 최근의 전도유망한 네 가지의 발달이 언급되었다. 여기에는 최근에 출현한 '긍정의 심리학'과 미덕의 연구에 초점을 맞춘 그것의 연구 의제, 영적 실천을 강조하는 초개인 심리 치료, 자기-능력에 초점을 맞추는 자기-이론, 회심의 국면들에 초점을 맞춘 변화 등이 포함된다. 이러한 발달들에 의해 목회 상담과 영성 지도의 통합적인 실제를 찾아갈 수 있는 틀이 제시되었다.

통합적이고, 전체론적이고, 또한 실제 중심적인(예를 들어, 실제 지침들을 제공하는 것과 같은) 새로운 기초 모델을 필요로 하는 사례가 제시되었다. 게다가 최근까지는 적절한 분류법과 모델-적절한 이론을 위해 요구되는 기본 원칙들-이 없었기 때문에, 충분히 정교화된 목회 상담과 영성 지도의 이론은 불가능했다는 점이 토론되었다.

제안된 모델은 개념적이고 실제적인 단점들 또는 유효성 검증에 초점을 맞춘다. 이것은 세 가지 영역, 즉 인격과 미덕의 구성 개념으로 이루어진 도덕적 영역, 자기와 자기-능력의 구성 개념으로 이루어진 심리적 영역 그리고 영성 및 영적 실천의 구성 개념으로 이루어진 영적 영역을 포함하고 그것들을 명료하게 다룬다는 점에서 전체론적이다. 또한 그것은 자기-능력, 미덕, 영적 실천을 변화의 차원들과 연관시키고 명료하게 다룬다는 점에서 통합적이다. 나아가 목회 상담과 영성 지도의 구체적인 사례들은 그것의 임상적 가치와 유용성뿐만 아니라 실제 지침들까지도 보여주었다.

요약하자면, 제안된 모델은 자기, 영성, 인격의 구성 개념들을 명료하게 드러내는 세 가지 '표지', 즉 미덕, 영적 실천, 자기-능력을 부각시켜 설명한다. 제안된 모델이 다양한 차원에서 변화의 개념적 지도를 만들어 주기 때문에 그것은 개인의 독특한 영적 순례를 이해하고 존중하는 데 유용한 관점을 제공한다. 그 지도는 영성 지도와 목회 상담의 전 과정을 통해서 평가하고, 목표와 초점을 선정하고, 진행 과정을 모니터링하는 데 큰 도움이 될 수 있다.

최근의 동향과 미래의 전망

최근의 동향은 영성 지도와 목회 상담의 실제가 점차 통합적이 될 것이라는 점을 시사한다. 이러한 동향은 다음과 같이 정리할 수 있다.

첫 번째로, 사회 심리학과 상담 심리학, 그리고 임상 심리학 분야가 '긍정의 심리학'(positive psychology)이라는 새로운 분야와 그것이 강조하는 미덕에 대한 경험적 연구를 점차 수용하고 있다. 유사하게 심리학은 인간 경험의 도덕적 및 영적 차원을 점차 더 수용하고 있다. 목회 상담자들과 영성 지도자들은 심리학의 새로운 동향들에 의해서 영향을 받는 경향이 있기 때문에 아마도 그들은 이러한 동향들을 통합하여 보다 통합적인 실제를 이끌어낼 것이다.

두 번째로, 목회 상담과 영성 지도에서 도덕적 및 영적 영역과 심리적 영역의 통합을 옹호하는 예언자적 목소리가 점차 늘어나고 있다. 통합을 향한 이러한 흐름과 함께 동시에 전문화가 더 많이 이루어지고 있고, 전문적이고 윤리적인 지침들이 이러한 흐름을 반영할 가능성이 증가하고 있다.

세 번째로, 잠재적인 내담자들이나 현재의 내담자들은 심리 치료사, 목회 상담자, 영성 지도자를 포함하는 임상가들이 실제에서 심리적 문제뿐만 아니라 영적 및 도덕적 문제까지도 다루어야만 한다는 기대를 내려놓지 않을 것 같다. 사실상 그러한 기대는 실제로 커질 것이다.

네 번째로, 대부분의 목회 상담과 영성 지도가 전형적으로 일 대 일 만남으로 이루어지는 데 반해, 가까운 미래에는 목회 상담과 영성 지도가 점차 집단 환경에서 제공될 것 같다. 일상 생활에 영적 차원을 통합하려는 현재의 관심이 지속된다면 집단 환경에서 이루어지는 영성 지도는 집단 환경에서의 목회 상담보다 더 보편적이 될 것 같고, 따라서 다음의 의견들은 주로 영성 지도에 초점이 맞추어진 것이다. 비록 20세기의 목회적 돌봄이 개인에게 초점을 맞추는 것을 그 특징으로 했지만, 많은 목회 관련 저자들이 개별적인 영성 지도보다는 오히려 집단 영성 지도가 규범이 되어야 한다고 주창했다. 예를 들어, 아드리안 반 캄(Adrian Van Kaam)은 일대 일 영성 지도는 주로 위기 상황을 위해 예비해 두어야 한다고 주장했다.[1] 개인 및 집단 영성 지도의 장단점도 상세하게 설명된 바 있다.[2] 아마도 집단 지도의 주요 장점은 더 많은 개인들이 공식적인 영성 지도에 참여할 수 있다는 것일 것이다. 일반적으로 얘기하자면, 집단 영성 지도는 특히 매우 다양한 영성 실천을 경험하는 것으로부터 유익을 얻거나 집단 내의 다른 사람들의 경험으로부터 피드백을 얻거나 배울 수 있을 뿐만 아니라, 그들 자신의 영적 순례에 대해 반성할 수 있는 사람들에게 유용할 수 있다. 다른 한편, 일 대 일 영성 지도는 특히 보기 드물거나 어려운 영적 경험을 하고 있는 사람들이나 중요한 인생 결정을 식별해 내는 데 도움을 필요로 하거나 바라는 사람들에게 유용할 수 있다.

다섯 번째로, 수년 내에 목회 상담과 영성 지도의 이론은 크게 발달하고 더 많이 보급될 것이다. 최근에는 치료의 질을 개선하는 전략들, 임상적 실제 지침들 그리고 결과 측정과 관리 체계와 같은 현존하는 방법론들이 심리 치료, 집단치료, 부부 및 가족 치료의 과정과 결과를 평가하기 위해 사용되고 있는데, 어떤 상황에서는 이러한 것들이 목회 상담에 이미 적용되기 시작했다. 그러한 방법론들은 과정과 결과를 개선시킬 수 있는 것으로 나타났다. 또한 흥미롭게도 점차로 이러한 방법론들은 간접적으로 이론의 발달에도 영향을 주고 있다. 예를 들어, 최근에 보고된 만성 우울증을 위한 병용 치료(combined treatment)에 대한 다면적 연구는 이미 많은 임상가들과 연구자들이 치료 계획, 특히 집중적이고 처방적인 심리 치료에 대한 생각을 바꿔 놓기 시작했다.[3] 아마도 이러한 방법들은 이론의 발달뿐만 아니라 영성 지도와 목회 상담 두 가지 모두의 과정과 결과에 긍정적으로 영향을 줄 수 있을 것이다.

여섯 번째 동향은 합리적으로 추구될 수 있는 미래의 연구에 대한 가능한 방향과 관련이 있다. 이 책의 가정들의 일부분에 대해 실험적으로 검증하는 연구들을 기획할 수 있다. 한 가지 가정은 환원주의적인 훈련과 수퍼비전이 환원주의적 실제를 조장한다는 것이다. 예를 들면, 한 연구를 통해서 훈련의 유형이 영성 지도자와 목회 상담자의 이념적 지향과 실제 패턴에 미치는 영향을 평가할 수 있을 것이다. 구체적으로 그것을 통해서 영적 순례에서 개인의 역동(예를 들면, 자기-변화와 같은)에 초점을 맞춘 훈련과 수퍼비전이 보다 전체론적이고 통합적인 훈련과 비교할 때 사회적 및 도덕적 관심사와 사회적 변화에 대한 초점을 맞추는 것을 어느 정도 제한하거나 방해하는지 평가할 수 있다. 존 월(John Wall), 토마스 니드함(Thomas Needham), 돈 브라우닝(Don Browning) 그리고 수잔 제임스(Susan James)가 최근에 발표한 경험적 연구는 이 가설을 간접적으로 지지하는 몇 가지 사항을 제시해 주고 있다.4) 존경받는 저자이자 목회 상담학 교수인 돈 브라우닝이 이 연구 프로젝트에 참여했다는 사실이 흥미롭다. 그들은 연구를 통해서 가족 체계의 역동을 강조한 훈련을 받은 상담자들과 치료사들이 개인의 역동을 강조한 훈련을 받은 상담자들과 치료사들보다 훨씬 더 사회적 및 관계 윤리적 또는 도덕적 관심사에 민감한 것 같다고 주장한다. 이러한 연구는 목회 상담자들과 영적 지도자들에게서 반복될 수 있을 것이다. 혹은 환원주의적 이론과 훈련의 가설을 보다 직접적으로 검증해 보는 연구가 시도될 수도 있을 것이다.

FOOTNOTES

서 문

1) Ronald Bullis, *Spirituality in Social Work Practice* (Philadelphia: Taylor & Francis, 1996) 20.
2) Walter Conn, *The Desiring Self: Rooting Pastoral Counseling and Spiritual Direction in Self-Transcendence* (New York: Paulist Press, 1998).

제 1 장

1) Ronald Rolheiser, *The Shattered Lantern: Rediscovering a Felt Presence of God* (New York: Crossroads, 1995).
2) Jean Stairs, *Listening for the Soul: Pastoral Care and Spiritual Direction* (Minneapolis: Fortress Press, 2000) 3.
3) David Steere, *Spiritual Presence in Psychotherapy: A Guide for Caregivers* (New York: Brunner/Mazel, 1997).
4) Elizabeth Lesser, *The New American Spirituality: A Seeker's Guide* (New York: Random House, 1999).
5) Elizabeth Lesser, "Insider's Guide to Twenty-First-Century Spirituality," *Spirituality and Health: The Soul/Body* Connection (Spring 2000) 47.
6) Brant Cortright, *Psychotherapy and Spirit: Theory and Practice in Transperonal Psychotherapy* (Albany: State University of New York Press, 1997) 235. Michael Downey, *Understanding Christian Spirituality* (New York: Paulist Press, 1997) 8.
7) Downey, *Understanding Christian Spirituality*, 106.
8) Ibid., 8-9.
9) Ibid.
10) Bruce Childs, "Pastoral Care and the Market Economy: Time-Limited Psychotherapy, Managed Care and the Pastoral Counselor," *Journal of Pastoral Care* (1999) 48.
11) Israel Galindo, "Spiritual Direction and Pastoral Counseling," *Journal of Pastoral*

Care 51 (1997) 395-402.
12) James Poling, "Ethical Reflection and Pastoral Care, Part II," *Pastoral Psychology* 32 (1984) 163.
13) Ibid., 167.
14) Alasdair MacIntyre, *After Virtue*, 2d ed. (Notre Dame, Ind.: University of Notre Dame Press) 30-2.
15) Poling, "Ethical Reflection and Pastoral Care, Part II," 167.
16) Paul Pruyser, *The Minister as Diagnostician* (Philadelphia: John Knox, 1976).
17) Don Browning, *The Moral Context of Pastoral Counseling* (Philadelphia: Westminster Press, 1976).
18) Ibid., 3.
19) Timothy Freke, *Encyclopedia of Spirituality* (New York: Sterling Publishing, 2000); R. Walsh, *Essential Spirituality* (New York: Wiley, 1999).
20) Carolyn Gratton, *The Art of Spirituality Guidance: A Contemporary Approach to Growing in the Spirit* (New York: Crossroad, 1992)
21) Galindo, "Spiritual Direction and Pastoral Counseling," 400.
22) Gerald May, *Care of Mind, Care of Soul: A Psychiatrist Explores Spiritual Direction* (San Francisco: HarperCollins, 1992).
23) Brian Lescher, "The Professionalization of Spiritual Direction: Promise and Peril," *Listening* 32 (1997) 81-90.
24) Tad Dunne, "The Future of Spiritual Direction," *Review for Religious* 53 (1994) 584-90.
25) Howard Stone, "Pastoral Counseling and the Changing Times," *Journal of Pastoral Care* 53 (1999).
26) Galindo, "Spiritual Direction and Pastoral Counseling."
27) Stone, "Pastoral Counseling and the Changing Times."
28) Galindo, "Spiritual Direction and Pastoral Counseling."
29) Stone, "Pastoral Counseling and the Changing Times."
30) Brian Childs, "Pastoral Care and Market Economy: Time-Limited Psychotherapy, Managed Care and the Pastoral Counselor," *Journal of Pastoral Care* 62 (1999) 47-56.
31) Lou Marinoff, *Plato Not Prozac: Applying Philosophy to Everyday Life* (New York: HarperCollins, 1999).
32) Ann Simpkinson and Charles Simpkinson, *Soul Work: A Field Guide for Spiritual Seekers* (San Francisco: HarperCollins, 1998).
33) Cortright, *Psychotherapy and Spirit*.
34) T. Bryam Karasu, "Spiritual Psychotherapy," *American Journal of Psychotherapy* 53 (1999) 143-62.
35) Bernard Tyrrell, *Christotherapy II: A New Horizon for Counselors, Spiritual Directors, and Seekers of Healing in Growth in Christ* (New York: Paulist Press, 1982).
36) Len Sperry, "Spiritual Counseling and the Process of Conversion," *Journal of Chri-*

stian Healing 20:3&4 (1998) 37-54.
37) Walsh, *Essential Spirituality*.
38) Joseph Rychlack, *A Philosophy of Science for Personality Theory* (Boston: Houghton Mifflin, 1968) 48.
39) Carl Jung, *Psychology and Religion: East and West* (London: Routelage & Kegan Paul, 1958).
40) Robert Assagioli, *Psychosynthesis: A Collection of Basic Writings* (New York: Viking Penguin, 1972).
41) James Masterson, *The Real Self: A Developmental Self and Object Relations Approach* (New York: Brunner/Mazel, 1985).
42) Don Riso and Russ Hudson, *Understanding the Enneagram*, rev. ed. (Boston: Houghton Mifflin, 2000).
43) Cortright, *Psychotherapy and Spirit*.
44) Ibid., 236.
45) Ibid., 237.
46) Bernard Lonergan, *Method in Theology* (New York: Herder & Herder, 1972) 78.
47) Poling, "Ethical Reflection and Pastoral Care, Part II," 107.
48) Ibid.
49) Pruyser, *The Minister as Diagnostician*.
50) Poling, "Ethical Reflection and Pastoral Care, Part II,"; Browning, *The Moral Context of Pastoral Counseling*.
51) Browning, *The Moral Context of Pastoral Counseling*, 3.
52) Howard Clinebell, *Basic Types of Pastoral Care and Counseling*, rev. ed. (Nashville: Abingdon, 1984).
53) Stairs, *Listening for the Soul*.
54) Walter Conn, *The Desiring Self: Rooting Pastoral Counseling and Spiritual Direction in Self-Transcendence* (New York: Paulist Press, 1998).
55) Ibid.

제 2 장

1) Ronald Rolheister, *The Shattered Lantern: Rediscovering a Felt Presence of God* (New York: Crossroads, 1995); James Hillman and Michael Ventura, *We've Had a Hundred Years of Psychotherapy-and the World's Getting Worse* (San Francisco: HarperSanFrancisco, 1992).
2) Ana-Maria Rizzuto, *The Birth of the Living God: A Psychoanalytic Study* (Chicago: University of Chicago Press, 1981).

3) Ibid., 179.
4) Ibid.
5) Ibid.
6) David Heinrichs, "Our Father Which Art in Heaven: Parataxic Distortions in the Image of God," *Journal of Psychology and Theology* 10 (1982) 127.
7) David Heller, *The Children's God* (Chicago: University of Chicago Press, 1986).
8) Kate Loewenthal, *The Psychology of Religion: A Short Introduction* (Oxford: One World Publication, 2000) 82.
9) Wade Roof and Jenifer Roof, "Review of the Polls: Images of God Among Americans," *Journal for the Scientific Study of Religion* 23 (1984) 205; Andrew Greeley, *The Religious Imagination* (New York: William H. Sadler, 1981).
10) Ana-Maria Rizzuto, "Religious Development: A Psychoanalytic Point of View," *New Directions for Child Development* (1991) 56-7.
11) Leroy Howe, *The Image of God: A Theology for Pastoral Care and Counseling* (Nashville: Abingdon Press, 1995).
12) Deborah Hunsinger, *Theology and Pastoral Counseling: A New Interdisciplinary Approach* (Grand Rapids, Mich.: Eerdmans, 1995).
13) Sharon Taylor, "Review of *The Image of God* by Leroy Howe," *Presence: The Journal of Spiritual Directors International* 3 (1997) 73-5.
14) Lawrence Kohlberg, *Essays on Moral Development* (New York: HarperCollins, 1984).
15) James Fowler, *Stages of Faith: The Psychology of Human Development and the Quest for Meaning* (San Francisco: HarperSanFrancisco, 1995).
16) Robert Kegan, *The Evolving Self: Problem and Process in Human Development* (Cambridge, Mass.: Harvard University Press, 1983).
17) David Helminiak, *Spiritual Development: An Interdisciplinary Study* (Chicago: Loyola University Press, 1987).
18) William Spohn, "Spirituality and Ethics: Exploring the Connections," *Theological Studies* 58 (1997) 109-23; Owen Flanagan, *Self-Expression: Mind, Morals and the Meaning of Life* (New York: Oxford University Press, 1996).
19) Joanne Wolski-Conn, *Spirituality and Personal Maturity* (New York: Paulist Press, 1989).
20) Elizabeth Liebert, *Changing Life Patterns: Adult Development in Spiritual Direction*, rev. ed. (New York: Paulist Press, 2000).
21) Richard Rohr and Andreas Ebert, *Enneagram: A Christian Perspective* (New York: Crossroads, 2001).
22) James Empereur, "Personality Types," *The New Dictionary of Catholic Spirituality*, ed. Michael Downey (Collegeville: The Liturgical Press, 1993) 738.
23) Don Riso and Russ Hudson, *Understanding the Enneagram: The Practical Guide to Personality Types*, rev. ed. (Boston: Houghton Mifflin, 2000) 66-135.
24) Richard Rohr, *Discovering the Enneagrm: An Ancient Tool for a New Spiritual*

Journey (New York: Crossroads, 1993).
25) Michael Downey, "Christian Spirituality: Changing Currents, Perspective, Challenges," *America* 170 (April 2, 1994) 8-12.
26) Michael Downey, *Understanding Christian Spirituality* (New York: Paulist Press, 1997).
27) David Daniels and Virginia Price, *Essential Enneagram* (San Francisco: HarperSanFrancisco, 2000).
28) Jerome Wagner, *Wagner Enneagram Personality Style Scales* (San Francisco: Western Psychological Services, 1999).
29) Dorothy Ranaghan, *A Closer look at the Enneagram* (South Bend, Ind.: Greenlawn Press, 1989) 32.
30) Susan Zuercher, *Enneagram Companions: Growing in Relationships and Spiritual Direction* (Notre Dame, Ind.:Ave Maria Press, 1993).
31) Peter Ball, *Anglican Spiritual Direction* (Cambridge, Mass.: Cowley, 1998).
32) Howard Addison, *The Enneagram and Kabbalah: Reading Your Soul* (New York: Jewish Lights Publishing, 1998).
33) Walter Conn, *The Desiring Self: Rooting Pastoral counseling and Spiritual Direction in Self-Transcendence* (New York: Paulist Press, 1998).
34) Ibid., 19.
35) 이 논의는 Talcott Parsons와 Edward Shils의 저술인 *Toward a General Theory of Action* (New York: Harper & Row, 1962) 50-1; 및 Chava Franfort-Nachmias와 David Nachmias의 *Research Methods in the Social Sciences*, 4th ed. (New York: St. Martin's Press, 1992) 38-40을 토대로 함.
36) 『정신 장애의 진단 및 통계 편람, 제4판』(DSM-IV)은 미국에서 정신 장애를 진단하기 위한 기준이다.
37) Carolyn Gratton, "The Ministry of Spiritual Guidance," *The Way Supplement* 91 (1998) 24.
38) Abigail Evans, *The Healing Church: Practical Programs for Health Ministries* (New York: Unoted Church Press, 1999) 127.

제 3 장

1) William Spohn, "Spirituality and Ethics: Exploring the Connections," *Theological Studies* 58 (1997) 109.
2) Mark O'Keefe, "Catholic Moral Theology and Christian Spirituality," *New Theology Review* 7:2 (1994) 60-73; Mark O'keefe, *Becoming Good, Becoming Holy: On the Relationship of Christian Ethics and Spirituality* (New York: Paulist Press, 1995).

3) Spohn, "Spirituality and Ethics," 110.
4) Dennis Billy, "The Unfolding of a Tradition," *Spirituality and Morality: Integrating Prayer and Action*, ed. Dennis Billy and Donna Orsuto (New York: Paulist Press, 1996) 9-31.
5) Billy and Orsuto, eds., *Spirituality and Morality*, 1.
6) O'Keefe, *Becoming Good, Becoming Holy*.
7) Billy and Orsuto, eds., *Spirituality and Morality*.
8) O'Keefe, "Catholic Moral Theology and Christian Spirituality."
9) Billy and Orsuto, eds., *Spirituality and Morality*.
10) Brian Johnstone, "The Dynamics of Conversion," *Spirituality and Morality*, ed. Billy and Orsuto, 32-48.
11) Ibid., 45.
12) Ibid.
13) Spohn, "Spirituality and Ethics," 109.
14) Ibid., 114.
15) Ibid., 119.
16) Ibid., 126.
17) O'Keefe, *Becoming Good, Becoming Holy*, 42.
18) Roger Walsh, *Essential Spirituality* (New York: J. Wiely, 1999).
19) Ibid., 9-10.
20) Ibid., 53.
21) Ibid., 117.
22) Ibid., 121.
23) Ibid., 168.
24) Ibid., 175.
25) Ibid., 177.
26) Ibid., 206.
27) Ibid., 216.
28) Ibid., 248.
29) Samuel Oliner and Pearl Oliner, *The Altruistic Personality* (New York: Free Press, 1988).
30) Walsh, *Essential Spirituality*, 256.
31) Ibid., 266.

제 4 장

1) Donald Gelpi, *The Conversion Experience: A Reflective Guide for RCIA Participants*

and Others (New York: Paulist Press, 1998).
2) Richard McBrien, *Catholicism*, new ed. (San Francisco: HarperSanFrancisco, 1994) 1235.
3) Ibid., 926.
4) Stanley Hauerwas, *Character and the Christian Life: A Study in Theoloical Ethics* (Notre Dame, Ind.: University of Notre Dame Press, 1975).
5) William Brown, *Character in Crisis: A Fresh Approach to the Wisdom Literature of the Old Testament* (Grand Rapids, Mich.: Eerdmans, 1996) 7.
6) Hauerwas, *Character and the Christian Life*.
7) Wilhelm Reich, *Character Analysis* (New York: Noonday Press, 1966).
8) Rudolph Allers, *The Psychology of Character* (New York: Sheed & Ward, 1931).
9) Hauerwas, *Character and the Christian Life*, 12-13.
10) Alasdair MacIntyre, *After Virtue*, 2d ed. (Notre Dame, Ind.: University of Notre Dame Press, 1984).
11) Hauerwas, *Character and the Christian Life*, 16.
12) Gordon Allport, *Personality: A Psychological Interpretation* (New York: Holt, 1937) 252, emphasis added.
13) Charles Taylor, *Philosophical Arguments* (Cambridge, Mass.: Harvard University Press, 1995).
14) Phillip Rieff, *The Triumph of the Therapeutic* (New York: Harper Collins, 1966); Phillip Rieff, *Freud: The Mind of a Moralist* (Chicago: University of Chicago Press, 1959).
15) Jerome Frank, *Psychotherapy and the Human Predicament* (New York: Shocken, 1978).
16) Ibid., 6-7.
17) Philip Cushman, "Why the Self Is Empty," American Psychologist 45 (1990) 599-611; Philip Cushman, *Constructing the Self, Constructing America: A Cultural History of Psychotherapy* (Reading, Mass.: Addison-Wesley, 1995).
18) Cushman, *Why the Self Is Empty*.
19) James Hillman and Michael Ventura, *We've Had a Hundred Years of Psychotherapy – and the World's Getting Worse* (San Francisco: HarperSan-Francisco, 1992).
20) Frank Richardson, Blaine Fowers, and Charles Guignon, *Re-envisioning Psychology: Moral Dimensions of Theory and Practice* (San Francisco: Jossey-Bass, 1999).
21) Ibid.
22) Benjamin Farley, *In Praise of Virtue: An Exploration of the Biblical Virtues in a Christian Context* (Grand Rapids, Mich.: Eerdmans, 1995).
23) James Keenan, "Proposing Cardinal Virtues," *Theological Studies* 56:4 (1995) 709-29.
24) Ibid; James Keenan, *Virtues for Ordinary Christians* (Kansas City, Mo.: Sheed & Ward, 1996).
25) Keenan, *Virtues for Ordinary Christians*.

26) James Keenan, *Goodness and Rightness in Thomas Aquinas's* Summa Theologiae (Washington, D.C.: Georgetown University Press, 1992).
27) Elliot Cohen and Gale Cohen, *The Virtuous Therapist: Ethical Practice of Counseling and Psychotherapy* (Belmont, Calif.: Brooks/Cole, 1999).
28) Gula, *Ethics in Pastoral Ministry*, 44.
29) Tom Beauchamp and James Childress, *Principles of Biomedical Ethics*, 4th ed. (New York: Oxford University Press, 1994).
30) Naomi Meara, Lyle Schmidt, and Jeanne Day, "Principles and Virtues: A Foundation for Ethical Decisions, Policies, and Character," *The Counseling Psychologist* 24:1 (1996) 4-77.
31) Beauchamp and Childress, *Principles of Biomedical Ethics*.
32) Meara, Schmidt, and Day, "Principles and Virtues."
33) Gula, *Ethics in Pastoral Ministry*.
34) Bernard Haring, *The Virtues of an Authentic Life: A Celebration of Christian Maturity* (Liguori, Mo.: Liguori, 1997).
35) Keenan, *Virtues for Ordinary Christians*, 49.
36) Keenan, *Proposing Cardinal Virtues*, 50.
37) Ibid.
38) Gula, *Ethics in Pastoral Ministry*.
39) Ibid.
40) Ibid.
41) Ibid.
42) Ibid.
43) Keenan, *Virtues for Ordinary Christians*.
44) Ibid.
45) Charles Shelton, *Morality of the Heart: A Psychology for the Christian Moral Life* (New York: Crossroads, 1990).
46) Gula, *Ethics in Pastoral Ministry*.
47) Ibid., 47-8.
48) Ibid., 47.
49) Ibid.
50) Keenan, *Virtues for Ordinary Christians*.
51) Ibid., 62.
52) Ibid.
53) Ibid., 69.
54) *Catechism of the Catholic Church* (Washington, D.C.: United States Catholic Conference, 1994) 444.
55) Haring, *The Virtues of an Authentic Life*, 42-3.
56) James Drane, *Becoming a Good Doctor: the Place of Virtue and Character in Medical Ethics* (Kansas City,Mo.: Sheed & Ward, 1988) 158.
57) Aristotle, *The Nicomachean Ethics*, trans. with an intro. by D. Ross (Oxford: Ox-

ford University Press, 1951).
58) Keenana, *Virtues for Ordinary Christians*.
59) McBrien, *Catholicism*, 949.
60) Keenan, *Virtues for Ordinary Christians*, 94-5.
61) Haring, *The Virtues of an Authentic Life*, 45.
62) Stephanie Paulsell, "Honoring the Body," *Practicing Our Faith: A Way of Life for a Searching People*, ed. Dorothy Bass (San Francisco: Jossey-Bass, 1997) 15.
63) Ibid., 16.
64) Keenan, *Virtues for Ordinary Christians*, 135.
65) Hauerwas, *Character and the Christian Life*, vii.
66) Cohen and Cohen, *The Virtuous Therapist*, 19-20.

제 5 장

1) Brant Cortright, *Psychotherapy and Spirit: Theory and Practice in Transpersonal Psychotherapy* (Albany: State University of New York Press, 1997) 237.
2) Ken Wilber, *The Spectrum of Consciousness* (Wheaton, Ill.: Quest, 1977).
3) Cortright, *Psychotherapy and Spirit*.
4) Ibid.
5) Ibid., 234.
6) Theodore Millon, *Disorders of Personality: DSM-IV and Beyond*, 2d ed. (New York: Wiley, 1996) 35.
7) Len Sperry, "Leadership Dynamics: Character and Character Structure in Executives," *Consulting Psychology Journal* 49 (1997) 268.
8) Donald Gelpi, *The Conversion Experience: A Reflective Guide for RCIA Participants and Others* (New York: Paulist Press, 1998).
9) Stanley Hauerwas, *Character and the Christian Life: A Study in Theological Ethics* (Notre Dame, Ind.: University of Notre Dame Press, 1975).
10) William Brown, Character in Crisis: *A Fresh Approach to the Wisdom Literature of the Old Testament* (Grand Rapids, Mich.: Eerdmans, 1996).
11) C. Robert Cloninger, Dragan Svrakic, and Thomas Pryzbeck, "A Psychobiological Model of Temperament and Character," Archives of General Psychiatry 50 (1993) 975-90.
12) Gelpi, *The Conversion Experience*, 1998.
13) Cloninger, Svrakic, and Pryzbeck, "A Psychobiological Model."
14) Ibid., 975.
15) Cloninger, Svrakic, Pryzbeck, "A Psychobiological Model."

16) Ibid.
17) D. Svrakic, C. Whitehead, T. Pryzbeck, and R. Cloninger, "Differential Diagnosis of Personality Disorders by the Seven-Factor Model of Temperament and Character," *Archives of General Psychiatry* 50 (1993) 991-9.
18) Cloninger, Svrakic, and Pryzbeck, "A Psychobiological Model."
19) Michael McCullough and C. R. Snyder, "Classical Sources of Human Strength: Revisiting an Old House and Building a New One," *Journal of Social and Clinical Psychology* 19 (2000) 2.
20) Martin Seligman and Mihaly Czsikszentmihaly, "Positive Psychology: An Introduction," *American Psychologist* 55 (2000) 5.
21) Martin Seligman, "Positive Social Science," *Journal of Positive Behavior Interventions* 1 (1999) 181.
22) Seligman and Czsikszentmihaly, "Positive Psychology," 5.
23) Ibid.
24) Ibid.
25) McCullough and Snyder, "Classical Sources of Human Strength," 1.
26) C. R. Snyder and M. McCullough, "A Positive Psychology of Dreams: 'If You Build It, They Will Come . . .," *Journal of Social and Clinical Psychology* 19:1 (2000) 151-60에서 인용됨.
27) Michael McCullough and C. R. Snyder, eds., special issue on Virtues, *Journal of Social and Clinical Psychology* 19 (2000).
28) Roy Baumeister and Julie Exline, "Virtue, Personality and Social Relations: Self-Control the Moral Muscle," *Journal of Personality* 67:6 (1999) 1165-94.
29) Ibid., 1166.
30) Ibid., 1170.
31) Ibid., 1189.
32) James Masterson, *The Real Self: A Developmental Self and Object Relations Approach* (New York: Brunner/Mazel, 1985).
33) James Masterson, *The Personality Disorders* (Phoenix: Zieg/Tucker, 2000) 63.
34) Ibid.
35) Thomas Keating, *Invitation to Love: The Way of Christian Contemplation* (New York: Continuum, 1998).
36) Thomas Merton, *New Seeds of Contemplation*, rev. ed. (New York: Norton, 1974).
37) Walter Conn, *The Desiring Self: Rooting Pastoral Counseling and Spiritual Direction in Self-Transcendence* (New York: PAulist Press, 1988).
38) Ibid., 117-118.
39) Masterson, *The Real Self*.

제 6 장

1) Ken Wilber, *Integral Psychology: Consciousness, Spirit, Psychology, Therapy: A Synthesis of Premodern, Modern and Postmodern Approaches* (Boston: Shambala, 1999); Thomas Keating, *Invitation to Love: The Way of Christian Contemplation* (New York: Continuum, 1998); Donald Gelpi, *The Conversion Experience: A Reflective Guide for RCIA Participants and Others* (New York: Paulist Press, 1998).
2) Roger Walsh, *Essential Spirituality: The Seven Central Practices to Awaken Heart and Mind* (New York: Wiley, 1999).
3) Maureen O'Brien, "Practical Theology and Postmodern Religious Education," *Religious Education* 94 (1999) 316에서 인용.
4) Bernard Lonergan, *Method in Theology* (New York: Herder & Herder, 1972).
5) Gelpi, *The Conversion Experience*; Donald Gelpi, *Committed Worship: A Sacramental Theology for Converting Christians*, vol. 1 (Collegeville: The Liturgical Press, 1993).
6) Lonergan, *Method in Theology*.
7) Gelpi, *The Conversion Experience*, 48.
8) Len Sperry, "Spiritual Counseling and the Process of Conversion," *Journal of Christian Healing* 20:3 & 4 (1998); Len Sperry, "Leadership Dynamics: Character and Character Structure in Executives," *Consulting Psychology Journal* 49 (1997) 268-80.
9) Gelpi, *Committed Worship*, 197.
10) Ibid., 199.
11) Ibid., 45.
12) Len Sperry, "The Somatic Dimension in Healing Prayer and the Conversion Process," *Journal of Christian Healing* 21:3 & 4 (1999) 47-62.
13) Gelpi, *The Conversion Experience*.
14) Ibid., 42-3.
15) Walter Conn, *The Desiring Self: Rooting Pastoral Counseling and Spiritual Direction in Self-Transcendence* (New York: Paulist Press, 1998) 5.
16) Vicktor Frankl, *The Doctor and the Soul: From Psychotherapy to Logotherapy* (New York: Knopf, 1955).
17) Conn, *The Desiring Self*, 175.
18) Ibid., 36.
19) William Spohn, *Go and Do Likewise: Jesus and Ethics* (New York: Continuum, 2000) 40.
20) Lonergan, *Method in Theology*.
21) Gelpi, *The Conversion Experience*.
22) Sperry, "Spiritual Counseling and the Process of Conversion"; Sperry, "The Somatic

Dimension in Healing Prayer and the Conversion Process."
23) Howard Clinebell, *Basic Types of Pastoral Care and Counseling*, rev. ed. (Nashville: Abingdon, 1984).
24) Richard McBrien, *Catholicism*, new. ed. (San Francisco: HarperSanFrancisco, 1994) 926.
25) James Keenan, *Virtues for Ordinary Christians* (Kansas City, Mo.: Sheed & Ward, 1996).
26) Bernard Haring, *The Virtues of an Authentic Life: A Celebration of Christian Maturity* (Liguori, Mo.: Liguori, 1997).
27) Walsh, *Essential Spirituality*.
28) James Masterson, *The Real Self: A Developmental Self and Object Relations Approach* (New York: Brunner/Mazel, 1985); James Masterson, *The Personality Disorders* (Phoenix: Zieg/Tucker, 2000).
29) James Keenan, "How Catholic Are the Virtues?" *America* 176 (June 7, 1997) 17.
30) Ibid.
31) Timothy Freke, *Encyclopedia of Spirituality* (New York: Sterling Publishing, 2000) 56에서 인용된 카스피의 성 요한.
32) Ibid., 54.

제 7 장

1) James Fowler, *Stages of Faith: The Psychology of Human Development and the Quest for Meaning* (San Francisco: HarperSanFrancisco, 1995).
2) Robert Kegan, *The Evolving Self: Problem and Process in Human Development* (Cambridge, Mass.: Harvard University Press, 1983).
3) Daniel Helminiak, *Spiritual Development: An Interdisciplinary Study* (Chicago: Loyola University Press, 1987).
4) Walter Conn, *The Desiring Self: Rooting Pastoral Counseling and Spiritual Direction in Seif-Transcendence* (New York: Paulist Press, 1998).
5) Francis MacNutt, *Healing*, anniversary ed. (Notre Dame, Ind.: Ave Maria Press, 1999).
6) James Masterson, *The Real Self: A Developmental Self and Object Relations Approach* (New York: Brunner/Mazel, 1985).
7) John Main, *Christian Meditation: The Gethsemani Talks* (New York: MedioMedia, 1999).
8) Thomas Keating, *Intimacy with God* (New York: Continuum, 1995).

제 9 장

1) Adrian Van Kaam, *The Dynamics of Spiritual Self-Direction* (Denville, N.J.: Dimension Books, 1976) 384.
2) Shawn McCarty, "On Entering Spiritual Direction," *Review for Religious* 35 (1976) 864-5.
3) James McCullough and Marvin Goldfried, *Treatment of Chronic Depression* (New York: Guilford Press, 1999).
4) John Wall, Thomas Needham, Don Browning, and Susan James, "The Ethics of Relationality-The Moral Views of Therapists Engaged in Marital and Family Therapy," *Family Relations* 48 (1999).

References

Allers, Rudolf. *The Psychology of Character.* Trans. E. B. Strauss. New York: Sheed & Ward, 1931.

Allport, Gordon W. *Personality: A Psychological Interpretation.* New York: Holt, 1937.

Aristotle. *The Nicomachean Ethics.* Trans. with an intro. by D. Ross. Oxford: Oxford University Press, 1951.

Baumeister, R., and J. Exline. "Virtue, Personality and Social Relations: Self-Control the Moral Muscle." *Journal of Personality* 67:6(1999) 1165-94.

Billy, Dennis J. "The Unfolding of a Tradition." *Spirituality and Morality: Integrating Prayer and Action.* Ed. Dennis J. Billy and Donna L. Orsuto, 9-31. New York: Paulist Press, 1996.

———, and Donna L. Orsuto, eds. *Spirituality and Morality: Integrating Prayer and Action.* New York: Paulist Press, 1996.

Brown, William P. *Character in Crisis: A Fresh Approach to the Wisdom Literature of the Old Testament.* Grand Rapids, Mich.: Eerdmans, 1996.

Browning, Don S. *A Fundamental Practical Theology: Descriptions and Strategic Proposals.* Minneapolis: Fortress Press, 1991.

———. *The Moral Context of Pastoral Care.* Philadelphia: Westminster Press, 1976.

Bullis, Ronald K. *Spirituality in Social Work Practice.* Washington, D.C.: Taylor & Francis, 1996.

Childs, Brian. "Pastoral Care and the Market Economy: Time-Limited Psychotherapy, Managed Care and the Pastoral Counselor." *Journal of Pastoral Care* 62(1999) 53, 57-76.

Clinebell, Howard J. *Basic Types of Pastoral Care and Counseling: Resources for the Ministry of Healing and Growth.* Rev. ed. Nashville: Abingdon Press, 1984.

Cloninger, R., D. Svrakic, and T. Pryzbeck. "A Psychobiological Model of Temperament and Character." *Archives of General Psychiatry* 50 (1993) 975-90.

Cohen, Elliot D., and Gale Spieler Cohen. *The Virtuaous Therapist: Ethical Practice of Counseling and Psychotherapy.* Belmont, Calif.: Brooks/Cole, 1999.

Conn, Joann Wolski. *Spirituality and Personal Maturity.* New York: Paulist Press, 1989.

Conn, Walter. "Self-Transcendence, the True Self, and Self-Love." *Pastoral Psychology* 46(1998) 323-32.

Cortright, Brant. *Psychotherapy and Spirit: Theory and Practice in Transpersonal Psychotherapy.* Albany: State University of New York Press, 1997.

Cushman, Philip. *Constructing the Self, Constructing America: A Cultural History of Psychotherapy.* Boston: Addison-Wesley, 1995.

_____. "Why the Self Is Empty." *American Psychologist* 45(1990) 599-611.

Downey, Michael. "Christian Spirituality: Changing Currents, Perspective, Challenges." *America* 170(1994) 8-12.

_____. *Understanding Christian Spirituality.* New York: Paulist Press, 1997.

Drane, James F. *Becoming a Good Doctor: The Place of Virtue and Character in Medical Ethics.* Kansas City, Mo.: Sheed & Ward, 1988.

Dunne, T. "The Future of Spiritual Direction." *Review for Religious* 53(1994) 584-90.

Edwards, Tilden. *Spiritual Friend: Reclaiming the Gift of Spiritual Direction.* New York: Paulist Press, 1980.

Erikson, Erik. *Identity and the Life Cycle.* New York: International Universities Press, 1959.

Evans, Abigail. *The Healing Church: Practical Programs for Health Ministries.* Cleveland: United Church Press, 1999.

Farley, Benjamin. *In Praise of Virtue: An Exploration of the Biblical Virtues in a Christian Context.* Grand Rapids, Mich.: Eerdmans, 1995.

Flanagan, Owen. *Self-Expressions: Mind, Morals and the Meaning of Life.* New York: Oxford University Press, 1996.

_____. *Varieties of Moral Personality: Ethics and Psychological Realism.* Cambridge, Mass.: Harvard University Press, 1991.

Frankfort-Nachmias, Chava, and David Nachmias. *Research Methods in the Social Sciences.* 4th ed. New York: St. Martin's Press, 1992.

Ford-Grabowsky, M. "Flaws in Faith-Development Theory." *Religious Education* 82(1987) 81-3.

Fowler, James W. *Stages of Faith: The Psychology of Human Development* and the Quest for Meaning. San Francisco: HarperSanFrancisco, 1995.

Frank, Jerome. *Psychotherapy and the Human Predicament: A Psychological Approach.* New York: Schocken Books, 1978.

Frankl, Viktor. *The Doctor and the Soul: An Introduction to Logotherapy.* Trans. Richard and Clara Winston. New York: Knopf, 1955.

Freke, Timothy. *Encyclopedia of Spirituality: Information and Inspiration to Transform Your Life.* New York: Sterling Publishing, 2000.

Galindo, I. "Spiritual Direction and Pastoral Counseling." *Journal of Pastoral Care* 51(1997) 395-402.

Gelpi, Donald. *Committed Worship: A Sacramental Theology for Converting Christians.* Vol. 1. Collegeville: The Liturgical Press, 1993.

———. *The Conversion Experience: A Reflective Guide for RCIA Participants and Others.* New York: Paulist Press, 1998.

Graham, Larry. *Care of Persons, Care of Worlds: A Psychosystems Approach to Pastoral Care and Counseling.* Nashville: Abingdon Press, 1992.

Gratton, Carolyn. *The Art of Spiritual Guidance: A Contemporary Approach to Growing in the Spirit.* New York: Crossroad, 1992.

———. "The Ministry of Spiritual Guidance." *The Way Supplement* 91 (1998) 17-27.

Gula, Richard. *Ethics in Pastoral Ministry.* New York: Paulist Press, 1996.

Haring, Bernard. *The Virtues of an Authentic Life: A Celebration of Christian Maturity.* Liguori, Mo.: Liguori, 1997.

Hauerwas, Stanley. *Character and the Christian Life: A Study in Theological Ethics.* Notre Dame, Ind.: University of Notre Dame Press, 1975.

Heinrichs, D. "Our Father Which Art in Heaven: Parataxic Distortions in the Image of God." *Journal of Psychology and Theology* 10(1982) 120-9.

Heller, David. *The Children's God.* Chicago: University of Chicago Press, 1986.

Helminiak, Daniel. *Spiritual Development: An Interdisciplinary Study.* Chicago: Loyola University Press, 1987.

Hillman, James, and Michael Ventura. *We've Had a Hundred Years of Psychotherapy—and the World's Getting Worse.* San Francisco: HarperSanFrancisco, 1992.

Holifield, E. Brooks. *A History of Pastoral Care in America: From Salvation to Self-Realization.* Nashville: Abingdon Press, 1983.

Howe, Leroy. *The Image of God: A Theology for Pastoral Care and Coun-

seling. Nashville: Abingdon Press, 1995.

Hunsinger, Deborah van Deusen. *Theology and Pastoral Counseling: A New Interdisciplinary Approach*. Grand Rapids, Mich.: Eerdmans, 1995.

Johnson, Susanne. *Christian Spiritual Formation in the Church and Classroom*. Nashville: Abingdon Press, 1989.

Johnstone, Brian. "The Dynamics of Conversion." *Spirituality and Morality: Integrating Prayer and Action*. Ed. Dennis J. Billy and Donna L. Orsuto, 32-48. New York: Paulist Press, 1996.

Jung, Carl. *Psychology and Religion: East and West*. London: Routelage & Kegan Paul, 1958.

Karasu, T. "Spiritual Psychotherapy." *American Journal of Psychotherapy* 53 (1999) 143-62.

Keating, Thomas. *Intimacy with God*. New York: Continuum, 1995.

_____. *Invitation to Love: The Way of Christian Contemplation*. New York: Continuum, 1998.

Keenan, James F. *Goodness and Rightness in Thomas Aquinas's* Summa Theologiae. Washington, D.C.: Georgetown University Press, 1992.

_____. "How Catholic Are the Virtues?" *America* 176:20(1997) 16-22.

_____. "Proposing Cardinal Virtues." *Theological Studies* 56:4(1995) 709-29.

_____. *Virtues for Ordinary Christians*. Kansas City, Mo.: Sheed & Ward, 1996.

Kegan, Robert. *The Evolving Self: Problem and Process in Human Development*. Cambridge, Mass.: Harvard University Press, 1983.

Kohlberg, Lawrence. *Essays on Moral Development*. New York: HarperCollins, 1984.

Lescher, B. "The Professionalization of Spiritual Direction: Promise and Peril." *Listening* 32(1997) 81-90.

Lesser, Elizabeth. "Insider's Guide to Twenty-first—Century Spirituality." *Spirituality and Health: The Soul/Body Connection*(Spring 2000) 46-51.

_____. *The New American Spirituality: A Seeker's Guide*. New York: Random House, 1999.

Liebert, Elizabeth. *Changing Life Patterns: Adult Development in Spiritual Direction*. Rev. ed. New York: Paulist Press, 2000.

Lomas, Peter. *Doing Good? Psychotherapy Out of Its Depth*. Oxford: Oxford University Press, 1999.

Lonergan, Bernard. *Method in Theology.* New York: Herder & Herder, 1972.
Loewenthal, K. *The Psychology of Religion: A Short Introduction.* Oxford: One World Publications, 2000.
MacIntyre, Alasdair. *After Virtue: A Study in Moral Theory.* 2d ed. Notre Dame, Ind.: University of Notre Dame Press, 1984.
Marinoff, Lou. *Plato Not Prozac: Applying Philosophy to Everyday Problems.* New York: HarperCollins, 1999.
Masterson, James F. *The Personality Disorders.* Phoenix: Zieg/Tucker, 2000.
———. *The Real Self: A Developmental, Self, and Object Relations Approach.* New York: Brunner/Mazel, 1985.
May, Gerald. *Care of Mind, Care of Soul: A Psychiatrist Explores Spiritual Direction.* San Francisco: HarperSanFrancisco, 1992.
McBrien, Richard P. *Catholicism.* New ed. San Francisco: HarperSanFrancisco, 1994.
McCarty, S. "On Entering Spiritual Direction." *Review for Religious* 35(1976) 854-67.
McCullough, James, with a foreword by Marvin Goldfried. *Treatment for Chronic Depression: Cognitive Behavioral Analysis System of Psychotherapy (CBASP).* New York: Guilford Press, 2000.
McCullough, M., and C. Snyder. "Classical Sources of Human Strength: Revisiting an Old House and Building a New One." *Journal of Social and Clinical Psychology* 19:1(2000) 1-10.
McCullough, M., and C. Snyder, eds. Special issue on virtues. *Journal of Social and Clinical Psychology* 19(2000).
Meara, N., L. Schmidt, and J. Day. "Principles and Virtues: A Foundation for Ethical Decisions, Policies, and Character." *The Counseling Psychologist* 24:1(1996) 4-77.
Merton, Thomas. *New Seeds of Contemplation.* Rev. ed. New York: Norton, 1974.
Millon, Theodore. *Disorders of Personality: DSM-IV and Beyond.* 2d ed. New York: J. Wiley, 1996.
O'Brien, M. "Practical Theology and Postmodern Religious Education." *Religious Education* 94:3(1999) 313-28.
O'Keefe, Mark. *Becoming Good, Becoming Holy: On the Relationship of Christian Ethics and Spirituality.* New York: Paulist Press, 1995.
———. "Catholic Moral Theology and Christian Spirituality." *New Theology Review* 7:2(1994) 60-73.

Oliner, Samuel, and Pearl Oliner. *The Altruistic Personality: Rescuers of Jews in Nazi Europe.* New York: Free Press, 1988.

Parsons, Talcott, and Edward Shils, eds. *Toward a General Theory of Action.* New York: Harper & Row, 1962.

Paulsell, S. "Honorin the Body." *Practicing Our Faith: A Way of Life for a Searching People.* Ed. Dorothy Bass, 13-27. San Francisco: Jossey-Bass, 1997.

Pattison, Stephen, and James Woodward. "An Introduction to Evaluation in Pastoral Theology and Pastoral Care." *The Blackwell Reader in Pastoral and Practical Theology.* Ed. James Woodward and Stephen Pattison. Oxford: Blackwell Publishers, 2000.

Poling, J. "Ethical Reflection and Pastoral Care, Part II." *Pastoral Psychology* 32(1984) 160-70.

Pruyser, Paul. *The Minister as Diagnostician.* Philadelphia: Westminster Press, 1976.

Ranaghan, D. *A Closer Look at the Enneagram.* South Bend, Ind.: Greenlawn Press, 1989.

Reich, Wilhelm. *Character Analysis.* New York: Noonday Press, 1966.

Richardson, Frank, Blaine Fowers, and Charles Guignon. *Re-envisioning Psychology: Moral Dimensions of Theory and Practice.* San Francisco: Jossey-Bass, 1999.

Rieff, Philip. *Freud: The Mind of a Moralist.* Chicago: University of Chicago Press, 1959.

_____. *The Triumph of the Therapeutic.* New York: HarperCollins, 1966.

Riso, Don, and R. Hudson. *Understanding the Enneagram: The Practical Guide to Personality Types.* Rev. ed. Boston: Houghton Mifflin, 2000.

Rizzuto, Ana-Maria. *The Birth of the Living God: A Psychoanalytic Study.* Chicago: University of Chicago Press, 1981.

_____. "Religious Development: A Psychoanalytic Point of View." Religious Development in Childhood and Adolescence. Special issue, ed. F. Oser and W. Scarlett. *New Directions for Child Development* 52(1991) 47-60.

Rohr, Richard. *Discovering the Enneagram: An Ancient Tool for a New Spiritual Journey.* New York: Crossroads, 1993.

Rolheiser, Ronald. *The Shattered Lantern: Rediscovering a Felt Presence of God.* New York: Crossroads, 1995.

Seligman, Martin. "Positive Social Science." *Journal of Positive Behavior In-*

terventions 1:3(1999) 181-2.

———, and Mihaly Czsikszentmihaly. "Positive Psychology: An Introduction." *American Psychologist* 55:1(2000) 5-14.

Shelton, Charles. *Morality of the Heart: A Psychology for the Christian Moral Life*. New York: Crossroads, 1990.

Simpkinson, Anne A., and Charles Simpkinson. *Soul Work: A Field Guide for Spiritual Seekers*. San Francisco: HarperCollins, 1998.

Snyder, C., and M. McCullough. "A Positive Psychology of Dreams: 'If You Build It, They Will Come . . . .'" *Journal of Social and Clinical Psychology* 19:1(2000) 151-60.

Sperry, Len. *Cognitive Behavior Therapy of DSM-IV Personality Disorder*. New York: Brunner/Mazel, 1999.

———. "Leadership Dynamics: Character and Character Structure in Executives." *Consulting Psychology Journal* 49:4(1997) 268-80.

———. "The Somatic Dimension in Healing Prayer and the Conversion Process." *Journal of Christian Healing* 21:3 & 4(1999) 47-62.

———. "Spiritual Counseling and the Process of Conversion." *Journal of Christian Healing* 20:3 & 4(1998) 37-54.

Spohn, William. *Go and Do Likewise: Jesus and Ethics*. New York: Continuum, 2000.

———. "Spirituality and Ethics: Exploring the Connections." *Theological Studies* 58(1997) 109-23.

Stairs, Jean. *Listening for the Soul: Pastoral Care and Spiritual Direction*. Minneapolis: Fortress Press, 2000.

Stone, Howard. "Pastoral Counseling and the Changing Times." *Journal of Pastoral Care* 5(1999) 47-56.

Steere, David. *Spiritual Presence in Psychotherapy: A Guide for Caregivers*. New York: Brunner/Mazel, 1997.

Taylor, Charles. *Philosophical Arguments*. Cambridge, Mass.: Harvard University Press, 1995.

Taylor, Sharon. Review of *The Image of God* by Leroy Howe. *Presence: The Journal of Spiritual Directors International* 3(1997) 73-5.

Thornton, Martin. *Spiritual Direction*. New York: Cowley, 1984.

Tyrrell, Bernard. *Christotherapy II: A New Horizon for Counselors, Spiritual Directors and Seekers of Healing in Growth in Christ*. New York: Paulist Press, 1982.

Van Kaam, Adrian. *The Dynamics of Spiritual Self-Direction*. Denville, N.J.:

Dimension Books, 1976.
Wall, J., Thomas Needham, Don Browning, and Susan James. "The Ethics of Relationality: The Moral Views of Therapists Engaged in Marital and Family Therapy." *Family Relations* 48(1999) 139-49.
Walsh, Roger. *Essential Spirituality: The Seven Central Practices to Awaken Heart and Mind.* New York: J. Wiley, 1999.
Wilber, Ken. *Integral Psychology: Consciousness, Spirit, Psychology, Therapy: A Synthesis of Premodern, Modern and Postmodern Approaches.* Boston: Shambala, 1999.
_____. *The Spectrum of Consciousness.* Wheaton, Ill.: Quest, 1977.
Woodward, James, and Stephen Pattison. Preface to *The Blackwell Reader in Pastoral and Practical Theology.* Oxford: Blackwell Publishers, 2000.